教育論の新常識

格差・学力・政策・未来

松岡亮二 編著
早稲田大学准教授

740
中公新書ラクレ

まえがき——まっとうな教育論のために

松岡亮二（早稲田大学准教授）

『教育論の新常識：格差・学力・政策・未来』の案内役を務める松岡亮二と申します。『教育格差：階層・地域・学歴』（ちくま新書、二〇一九年）の著者で、専門は社会階層論を基盤とした教育社会学です。

本書は中央公論新社の編集・黒田剛史氏によって近年の教育論をまとめた論考集として企画されました。黒田氏と編著者として依頼を受けた私の二人で「日本の教育を俯瞰する」「手軽に読める新書」という相反する二つの目的を満たす構成を検討しました。その結果、月刊誌『中央公論』などで発表された論考と書き下ろしを合わせた「格差・学力・政策・未来」の四部・全二〇章を選定しました。

各章の執筆者は様々な教育分野の研究者と文部科学省（以下、文科省）の行政官です。「手軽に読める新書」の著者数としては多い二二人となりましたが、全体として、何かと個人の経験や視界に入るエピソードで語られがちな教育という事象に対して研究知見やデータによって実態を的確に把握した上で、強く改善を志向する議論となっています。各部について概略を紹介しましょう。

第一部〈格差〉：教育格差

子ども本人に変更できない初期条件である「生まれ」によって、学力や学歴といった教育の結果に差があることを教育格差と呼びます。第一部では、「生まれ」として、貧困（2章）を含む出身家庭の社会経済的地位（1章・3章）、ジェンダー（4章）、それに、国籍と母語（5章）に着目します。

1章では私が拙著の記述に基づいて、日本の教育格差の全体像を解説します。軸となる「生まれ」の概念は出身家庭の社会・経済・文化的な資源量を示す社会経済的地位（Socioeconomic status、以下SES）です。2章では、このSESの低位層と大きく重なる「子どもの貧困」に焦点を合わせます。教育社会学者の卯月由佳総括研究官（国立教育政策研究所）が経済的に困窮する子育て家庭の実態と取るべき対策について概説します。

3章は二〇二〇年以降の新型コロナ禍による日本の教育行政の対応に関する論考です。社会階層論を専門とする教育社会学者である多喜弘文准教授（法政大学）が、一斉休校という未曽有の事態の中で、どのようなSES層がより困難を抱えていたのかについてデータを示します。その上で、学校教育におけるICT（情報通信技術）活用に関して教育格差の視角で留意すべき点を論じています。

初期条件である「生まれ」は、出身家庭のSESだけではありません。4章では社会的に構成された性であるジェンダーによる機会と結果の格差に着目します。教育におけるジェンダー研究を行ってきた教育社会学者の寺町晋哉准教授（宮崎公立大学）が、日本のデータと研究に基づいて、性別で子どもたちの可能性が制限されている実態と取り得る対策について解説します。

5章はもう一つの「生まれ」である国籍と母語に関しての論考です。日本のマイノリティ（少数派）研究を専門とする教育社会学者の髙橋史子特任講師（東京大学）が、外国籍や母語が日本語でない子どもたちの困難を説明し、どのような支援があり得るのかを提示します。

第二部〈学力〉：「学力」と大学入試改革

「学力」の定義と何を教えるべきかを定めたカリキュラムの内容は、時代によって揺れ動いてきました。実際のところ、学習指導要領（カリキュラム）や大学入試の中身は「変化の時代」に対応することを謳い、変わってきました。第二部ではこの「揺らぎ」を各分野の研究者が解説します。

まず、6章では国語の専門家である伊藤氏貴教授（明治大学）が、高校のカリキュラムに「論理国語」が導入されるようになった経緯を説明します。「国語」が固定された科目ではなく時代の流れの中で変容してきた様子がわかります。

続く二つの章の題材は英語です。7章では英米文学の研究者である阿部公彦教授（東京大学）が大学入試改革の英語「四技能」の論拠の薄さを明らかにします。8章では、教育社会学者の寺沢拓敬准教授（関西学院大学）が、そもそも英語教育政策が日本社会の実態を議論の出発点にしていないことを指摘します。

高校と大学の教育内容の接続、いわゆる、高大接続の議論も、「学力」の定義と無縁ではありません。9章では教育社会学者の中村高康教授（東京大学）が大学入試改革の迷走ぶりをまとめ、望ましい高大接続と選抜の在り方を論じます。10章では社会学を専門とする苅谷剛彦教授（オックスフォード大学）が、コロナ後を見据え、大学教育で教えるべき内容を提言します。

第三部〈政策〉：教育政策は「凡庸な思いつき」でできている

日本の教育改革の多くは「凡庸な思いつき」でできているといえます。たとえば、みなさんも「Society5.0」という造語を見聞きしたことがあるのではないでしょうか。11章は教育学者の児美川孝一郎教授（法政大学）が、この和製英語に依拠する「ＧＩＧＡスクール構想」に内在する問題点を論じます。

国の制度というと専門家集団によって熟考された精緻な設計を期待したいところですが、思いつきの政策論に基づいていることは残念ながら珍しくありません。新型コロナ禍への対応としてメディアを賑わせた入学・始業時期を四月から九月に後ろ倒しするいわゆる「九月入学論」はその最たる例の一つといえるでしょう。12章では、教育社会学者の相澤真一准教授（上智大学）が、「九月入学論」の迷走ぶりを詳述します。

「九月入学論」のように「思いつき」と言えるような法案のすべてが頓挫しているわけではなく、すでに制度化されたものもあります。13章では高等教育研究を専門とする教育社会学者の小林雅之教授（桜美林大学）が大学無償化法の問題点を列挙します。

日本の教育が中長期的に抱える最大の政策課題の一つは、教員採用倍率の低下です。14章では、教職志望者減少の主な原因と指摘されている教員の厳しい勤務実態について、教育社会学者の内田良准教授（名古屋大学）が論じます。そんな多忙な教員の負担軽減案の一つとして、長らく不評だった教員免許更新制度の廃止が検討されています。教師研究の専門家である教育学者の佐久間亜紀教授（慶應義塾大学）の15章を読むと、この教員免許更新制度も「凡庸な思いつき」で作られた事例であることがわかります。

第四部〈未来〉：少しでも明るい未来にするために

第四部は未来志向の論考を集めました。まず、16章で「中央教育審議会」の部会と「大学入試のあり方に関する検討会議」で委員を務めてきた教育行政学者の末冨芳教授（日本大学）が、どのように「凡庸な思いつき」の教育政策が作られているのかを解説し、あるべき政策形成過程を論じます。

17章は私と教育経済学者の中室牧子教授（慶應義塾大学）の対談です。日本の教育政策が現状把握を可能とするデータと効果検証の研究知見が不足したまま作られてきたことを確認します。このように論じると、文科省は（いわゆる）「全国学力テスト（全国学力・学習状況調査）」を毎年行っているではないか、現状把握をしているのでは？　と疑問に思うかもしれません。18章では教育社会学者の川口俊明准教授（福岡教育大学）が「全国学力テスト」の問題点を整理します。

では、日本の教育行政に何もよい取り組みがないのかといえば、そんなことはありません。

19章では、中室牧子教授と伊藤寛武上席所員（慶應義塾大学）を聞き手として、文科省の大根田頼尚氏が埼玉県の学力パネル調査について解説します。さらに最終章となる20章では、文科省の未来を担う官僚三人が、地方と国の意欲的な取り組みについて概要をまとめます。まず、文科省から埼玉県教育委員会に出向していた八田聡史氏が、どのような改善の努力が（政令指定都市であるさいたま市を除く）埼玉県で行われたのかを概説します。次に、新型コロナ禍による一斉休校で大混乱となった義務教育について、初等中等教育局がどのように現状把握をしているのか、担当部局の渡邉浩人氏が解説します。さらに大根田頼尚氏が文科省の教育データ利活用の進捗状況を報告します。

最後に、各章のような教育論が「新常識」になることを期待して、総括としてあとがきを私が書きました。多くの教育論と教育政策は実態を踏まえない思いつきで、教育行政はまっとうな効果測定をしないという「やりっ放し」をしてきたわけですが、それらの問題点を指摘するだけでは何も改善しそうにありません。そこで、私自身が研究者として実際に何をしてきたのかをまとめ、今後の具体的な計画を示した上で、最後に、まっとうな教育論が新常識となるよう、読者のみなさんにできることを提案しています。読者のみなさんのお力添えによって、本書がデータと研究に基づいた議論と政策が主流になる分岐点となることを切に願っています。

まつおか・りょうじ
早稲田大学准教授。ハワイ州立大学マノア校教育学部博士課程教育政策学専攻修了。博士（教育学）。東北大学大学院COEフェロー（研究員）、統計数理研究所特任研究員、早稲田大学助教を経て、同大学准教授。日本教育社会学会・国際活動奨励賞（二〇一五年度）、早稲田大学ティーチングアワード（二〇一五年度春学期・二〇一八年度秋学期）、東京大学社会科学研究所附属社会調査データアーカイブ研究センター優秀論文賞（二〇一八年度）、WASEDA e-Teaching Award Good Practice 賞（二〇二〇年度）、早稲田大学リサーチアワード〈国際研究発信力〉（二〇二〇年度）を受賞。著書『教育格差：階層・地域・学歴』（ちくま新書、二〇一九年）は、一年間に刊行された一五〇〇点以上の新書の中から「新書大賞二〇二〇」（中央公論新社）で三位に選出された。

目次

〈編集部注〉いくつかの章は雑誌記事を加筆修正のうえ転載しました。章末に掲げた「追記」は新たに書き下ろしたもので、その後の状況を補足するなどしています。

本文DTP／今井明子

教育論の新常識

格差・学力・政策・未来

I
教育格差

①社会経済的地位（SES）

日本社会が直視してこなかった「教育格差」

松岡亮二

「緩やかな身分社会」日本

まず、言葉を定義するところからはじめよう。「教育格差」とは、本人が変えることのできない初期条件（「生まれ」）によって、学力や学歴など教育成果に差があることだ。一方、「学歴格差」は、最終学歴によって処遇が異なることをいう。たとえば、（有名）大卒の学歴が潜在能力の高さを示すシグナルと解釈されて、希望する企業や官公庁に就職しやすかったり、組織内部でも昇進コースに配属されやすかったりすることだ。

二〇〇〇年代以降「教育格差」も話題になってきたが、多くの人が身近な話題として感じてきたのは戦後の長い期間メディアで取り上げられてきた「学歴社会」だろう。ただ、このようなメディアの報じ方や人々の感じ方は、必ずしも社会の実態を反映しているわけではない。これまでの調査結果が（多少の変動を伴いながらも）一貫して示しているのは、戦後日本社会には常に「教育格差」があり、また、同時に、「学歴格差」があることだ。「生まれ」は本人の学歴を通して収入を含む社会的地位に変換されていることになる。「生まれ」によって（平均的には）最終学歴が異なり、学歴確定後の人生の可能性が制限されているのである。前近代のように身分がそのまま世襲されるわけではないが、「生まれ」・学歴・その後の人生に関連がある日本は、「緩やかな身分社会」といえる。

「教育格差」が社会問題として指摘されるようになったのはバブル経済崩壊後である一九九〇年代後半、一般的にメディアなどで浸透するようになってきたのは二〇〇〇年代で、その後半になると「子どもの貧困」も頻繁に取り上げられるようになった。換言すれば、低成長期になってから「子どもの貧困」を含む「教育格差」が社会問題として認識されるようになってきたわけだ。ただ、高度経済成長期やその後のバブル崩壊前までの安定成長期であっても、「生まれ」によって学歴達成に違いのある「教育格差」は存在してきた。一部の研究者を除いては、注目してこなかっただけだ。

たとえば、図①-1にあるように、父親が大学を卒業しているかどうか（父・大卒）という単純な「生まれ」の区分だけでも、本人が大卒になったかという結果に大きな格差がある

図①-1 父親の学歴による子の最終学歴〈男性〉：2015年SSM調査

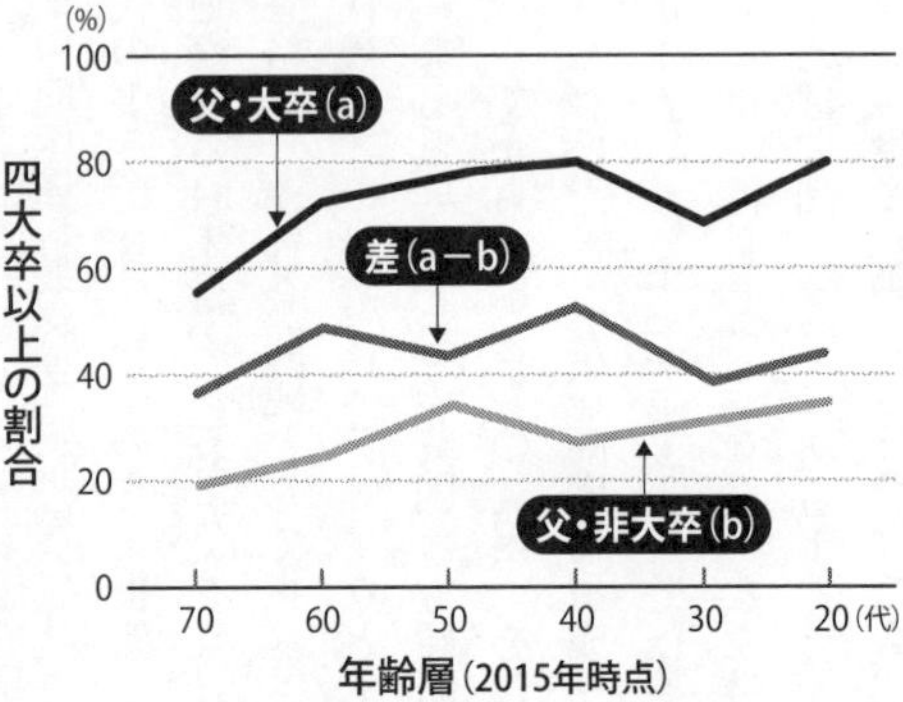

ことがわかる。二〇一五年時点の二十代男性であれば、父が大卒であると八〇%が大卒となったが、父が非大卒であると三五%に限られる。このような格差の傾向はすべての年齢層で確認できて、二〇一五年時点の七十代でも見られる（父・大卒だと五六%、父・非大卒だと一九%が大卒になった）。「教育格差」は二〇〇〇年代以降だけの話ではない、本書の読者全員が育つ過程で存在したのだ。すなわち、「いつの時代にも教育格差があった」、それが戦後日本社会である（女性についても同様。詳しくは拙著『教育格差』（ちくま新書）を参照）。近年話題になっている「子どもの貧困」は「教育格差」の一部であり、経済安定成長期の一九七〇、八〇年代に十五歳であった世代にも存在した。貧困「率」は上昇していてそれ自体注目されるべき点だが、一九七〇、八〇年代は十五歳の人口規模が大きかったので、「子どもの貧困」状態下にある子供の人数はそう変わっていないし、現在貧困下にある子供たちよりも（さらに）物質的に恵まれてい

なかった。それにもかかわらず、少なくとも『読売新聞』と『朝日新聞』は二〇〇八年になるまで「子どもの貧困」についてほとんど報じていない。このメディアに見過ごされた時期に貧困下で育ったと思われる子供たちの学歴達成は、同時期の他の子供たちと比べると明確に低く、学歴によって処遇が異なる「学歴社会」であることも変わっていない。

「平等」な義務教育は幻想

「いや、義務教育があるじゃないか、機会は全員に与えられているはずだ」、という声もあるかもしれない。確かに、日本の義務教育制度は「平等主義的」として海外の研究者にも評価されてきた。実際のところ、学習指導要領や地方への財政的支援（国庫負担金）などによって、日本のどの地域であっても一定の教育が保障されている。ただ、「生まれ」の影響を打ち消すにはあまりに不十分なのが実態だ。この点を、近年の信頼できるデータで確認しよう。

「国際数学・理科教育動向調査」（ＴＩＭＳＳ）の二〇一五年調査の分析結果によれば、小学校入学時点で、親の（短大卒以上の）大卒者数によって児童間に読み書きと算数の基礎学力の格差がある。小学校四年生の算数についても、たとえば、親の大卒者数で児童間に大きな学力格差が存在する（平均五〇・標準偏差一〇の国内偏差値でみると、親の大卒者数〇～二の順で、各層の平均は四六、四九、五四。偏差値六〇以上の割合は各層で七%、一二%、二六%)。

学校教育と親和性の高い両親大卒層(大卒者数二)は日本中の小学校に均等に住んでいるわけではないので、学校間格差も大きい。両親大卒割合が九〇%の小学校がある一方、〇%の学校も同じ国内に存在し、この割合は各学校の平均的な学力と一定の相関関係がある(係数〇・六三)。

九八%の児童は公立校に通っているので、これらは一部の国私立校だけが恵まれているという話ではない。そう、標準化された制度下における公立小学校であっても、社会経済的文脈は学校によってまったく異なり、公立学校間でも明確な学力格差があるのである。「この学校の子供たちは勉強がよくできる」と言うとき、それは間接的に両親大卒割合が高いという「生まれ」を称揚している可能性があるのだ。

小学校で確認できる格差は学力だけではない。詳しくは前掲の拙著『教育格差』で示しているが、個人間・学校間で、親の子に対する大学進学期待、習い事、通塾、学習努力(時間)、メディア消費時間、そして、親の学校関与について、格差を確認できる。制度として標準化されていても、どんな「生まれ」の家庭に育った児童が集まっているかによって、まったく異なる「ふつうの小学校生活」があるのである。「生まれ」(家庭環境)と居住地域によって相対的に有利・不利な教育環境が地層のように細かく折り重なっているのだ。

児童の「生まれ」と関連する様々な学校間格差という現実の前では「機会均等」は幻想に過ぎない。実際のところ、「扱いの平等」に基づく現在の制度では学力などの格差を埋めることはできていない。これは中学校に進学した後も同様だ。この点は、政令指定都市であるさいたま市以外で実施された「埼玉県学力・学習状況調査」のデータで確認できる（調査の詳細は、本書の19章）。公立小中学校に通っている小四から中三までの子供たちを毎年追跡し、同じ物差しで測ることで学力変化を明らかにできる学力調査だ。

親の学歴は調べられていないので「家庭の蔵書数」を文化的資源の代理指標として、小学校六年から中学校三年までの同年齢の集団を分析すると、まず、六年生のときに国語の学力格差がある。そして、家庭の蔵書数別のどの層であっても中学一年、二年、三年と前年より学力を向上させているが、格差そのものは大きくも小さくもなっていない。教科を数学にしても、他の年齢集団や異なる対象学年（たとえば小四～六）にしても、大まかな傾向は変わらない。学力格差は平均的には拡大も縮小もせず、維持されている。先を走っている集団と同じ速度で走っているだけでは、いつまで経っても追いつくことはできない。格差が平行移動しているだけなのだ。

生徒を隔離する高校教育制度

日本では「生まれ」による学力格差が縮小されないまま高校受験という選抜を行う。入学難易度を示す偏差値によって高校が序列化（ランク付け）されていることを知らない人はいないだろう。「生まれ」によって学力が異なり、中学生になってもその差が縮小しない以上、この制度は、生徒を間接的に「生まれ」で隔離していることになる。図①-2にあるように学校ランク（平均五〇・標準偏差一〇の学力偏差値）と学校ごとの「生まれ」の平均には明確な相関関係がある（係数〇・七九）。ここでの「生まれ」とは親の教育年数・職業的地位や文化的所有物などで構成されている社会経済的地位（Socioeconomic status、以下ＳＥＳ）を意味し、学力偏差値のように一つの連続変数となっている。

横軸の学校ランクが高いほど、縦軸の学校ＳＥＳ（生徒ＳＥＳの学校ごとの平均で、平均五〇・標準偏差一〇の偏差値換算）も高いのだ。設置者種別（公私）でも同じ傾向である。私立であってもランクが低ければ、そこに通っている生徒の平均的なＳＥＳは低い。同じランクの公私で比べると私立校の方が高ＳＥＳだが、公立であっても高ランク校のＳＥＳはかなり高い。たとえば、偏差値七〇の公立高校はどの地域にあったとしても進学校だが、平均的なＳＥＳは偏差値換算で六〇〜七〇あたりだ。これはＳＥＳの上位一六〜二％あたりを意味するので、相対的にかなり恵まれた層といえる。

進学校の生徒は、大学進学意欲を持ち、入学後の早い時期から塾・予備校を利用し、学習時間が長い。詳しい分析の結果によれば、これらは部分的に似たＳＥＳの生徒が制度的に集められたことが背景にある。「生まれ」（ＳＥＳ）という視点がないと、「能力が高いから」と理解してしまうことになるが、それは「能力」の過大評価なのだ。

図①-2 高等学校間のSES格差〈公私〉：2015年PISA調査

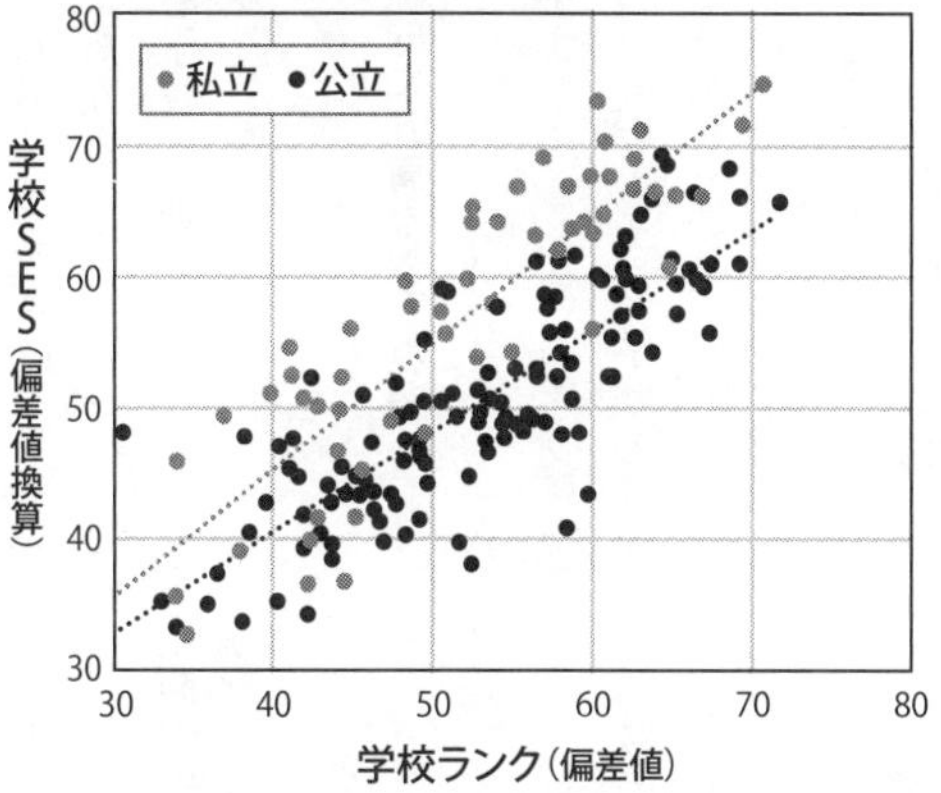

一方、低ランク高校に通う生徒のＳＥＳは平均的に低い。学習時間ゼロの割合が高く、放課後は学習以外のことに時間を使い、授業に規律がなく、学ぶことに喜びを見出せず、学校への帰属意識も低い。表層的な言動だけを見て「けしからん」と非難するのは簡単だが、低ＳＥＳを背景に小中学校で成功体験を積み重ねることができずに、受験を経て「似た」生徒が同じ校舎に集められている以上、これらの特徴を持つのは不思議なことではない。

このような低ランク・低ＳＥＳである「底辺

校」では親の支援を感じている生徒の割合は低く、教師にも期待されていないし、退学が具体的にあり得る選択肢になっている。日本の高校教育は「生まれ」によって生徒を序列化された各学校に隔離し、異なる教育空間の中で卒業生を見本として進路を自発的に選ばせる社会化装置なのだ。

国際的に凡庸な教育格差

さて、このような日本の「教育格差」の実態は国際的に見てどう評価できるのだろうか。概要をまとめると次のようになる。

①親の学歴と子の学歴の関連（「教育格差」）、それに学歴と賃金収入の関連（「学歴格差」）は、どちらも先進国の国際平均とあまり変わらない。

②日本の高校一年生の学力（読解力・数学・科学）・問題解決力は国際的に傑出している（平均値が高い）。

③「生まれ」による学力と大学進学期待の格差は、国際平均と同程度。

④学校の授業以外でまったく勉強しない十五歳（高校一年生）の割合が、日本は国際的に高い。

⑤高校の校長観察による「教師は学業成績を重視している」の割合が、他国と比べて日本

だけ突出して低い。

換言すれば、日本は平均的には優秀だが、教育格差という観点では凡庸なのだ。④と⑤は、主に低ランク校に集中しているので、これは高校ランキング制度の副作用といっていい。図①-2が示すように、低ランク校は低ＳＥＳ校なので、制度として「生まれ」が恵まれない生徒を物理的に集め、学習しないことが「ふつう」な学校「文化」を作り、教師も生徒の学業達成を諦めていることになる。この生徒たちはまだ高校に入ったばかりの十五歳（あるいは十六歳になったところ）だ。わたしたちは、格差を縮小できない義務教育制度と高校受験制度によって、低ＳＥＳ家庭出身である生徒を「底辺校」に隔離しているのである。

空回りする教育論議

国際的に凡庸な教育格差という現状を前に、わたしたちには何ができるだろうか。「詰め込み教育批判」であるとか「新しい能力」であるとか、言葉に多少の違いはあったとしても、基本的に同じような教育論議が過去何十年にもわたって繰り返されてきた。

メディアなどで教育を論じている者の大半は「エリート」で、少なくとも大卒である。まるで、「エリート」たちで満席の、錆だらけのメリーゴーラウンドだ。本人たちは熱心にまっとうな議論をしていると思っているかもしれないが、外から見れば、古びたメリーゴーラウンドがその場をグルグルと軋《きし》みながら空回りしているだけである。「エリート」がこの「遊び」に興じている間に、多くの子供たちの可能性が消えてきた。

メリーゴーラウンドを脱し、建設的な議論をするために踏まえるべき論点を拙著『教育格差』では四ヵ条としてまとめた。

①価値・目標・機能の自覚化
②「同じ扱い」だけでは格差を縮小できない現実
③教育制度の選抜機能
④データを用いて現状と向き合う

本章では紙面に限りもあるので、わかりやすい④を土台とする二つの提言を簡単に紹介しよう。

分析可能なデータの収集

戦後日本は「生まれ」によって教育機会と結果に格差があり、学歴によって社会的な達成に差のある「緩やかな身分社会」だ。この実態を少しでも改善するために欠かせないのは、分析可能なデータの持続的な収集である。「なんだ、そんなことか」と拍子抜けするかもしれないし、「全国学力テスト（全国学力・学習状況調査）があるじゃないか」と思われるかもしれないが、特定の教育実践や政策を評価することができる分析可能なデータは極めて少ない。

大きく分けて問題は四つある。

第一に、現在行われている各種調査の項目には学術的根拠のないものが散見される。調査票の内容は、文言も含めて複数の先行研究に基づいていることが望ましい。明確な理論的背景があり、査読付きの複数の論文で実証されているものとまったく同じ項目を使わないのであれば、いったい何を計測しているのかわからない。たとえば、「朝食を毎日食べている」かを毎年すべての児童・生徒に聞いて、その数値が多少上下していることを報告書にまとめたところで学術的に意味はないし、教育現場の役に立つような知見を得ることもできない。

第二に、回収された調査回答が分析可能な程度に整理された電子データとして保存されていない。分析を前提としないのであればそもそもなぜ調査を実施するのかもよくわからない。理論的背景のない度数を示すだけの表をいくら作っても研究にはならないし、教育実践の改善の参考にもならない。

第三に、教育現場で取得されているデータの大半は個人情報の名の下に研究者に公開されていない。アメリカ合衆国のように地方の教育行政官の修士・博士号取得が珍しくない社会であれば行政内部で有用な分析ができるだろうが、日本では意味のある分析をすることは難しいだろう。

最後に、実践・政策を評価することを前提としたデータ収集計画が国にも地方自治体にもないことを強調したい。実践・政策変更前から査読付き論文に使えるぐらいのデータを取得する分析計画がなければ、次の実践・政策の参考になるような知見を得ることはできないはずだ。分析を統括する部署の人材を育成した上で、必要に応じて研究者と協働する仕組み作りが望ましい。

教育改革を推し進めたい政治家、教育行政官、現場の校長や教師にとっては、現在進行形のデータ収集によって、格差が縮小していない実態を明らかにされるのは都合が悪いかもしれない。しかし、毎日の摂取カロリーと体重を把握せずに体脂肪を減らすことが難しいように、なんとなくやっても結果には結びつかないのだ。このまま今までのようにまっとうな分析を可能とするデータを取らずに、「改革」で「何かやっている感」の演出をしたところで、「いつの時代にも教育格差がある」状況に変化はないだろう。現場の調査負担を最小限に抑えながら、実践・政策に具体的に還元できるデータ取得と分析を行う必要があるのだ。

前述の「埼玉県学力・学習状況調査」は日本においては先進的な取り組みであるが、親と教師の調査、通知表や進学先の高校など各学校がすでに収集しているデータとの紐付け、政令指定都市であるさいたま市の参加など、改善できることは数多い。特に、児童・生徒の親学歴を含むＳＥＳは、教育実践が「誰」に効いているかを判別するためには必要な情報だ。習熟度別学習や少人数のグループ学習といった特定の教育実践が、すべての児童・生徒に対して同じ効果を持つとは考えづらい。親調査を実施できれば、たとえば、低ＳＥＳ児童・生徒に特に強い効果を示す実践とは何かを明らかにすることができる。

様々な技術や方法を駆使すれば、個人情報やプライバシーを守りながら実態を把握することが十分可能であるにもかかわらず、積極的にデータを収集しないというのであれば、それは教育格差の看過（あるいは隠蔽）を意味する。データと研究を充実させ、効果のある教育実践を特定し拡散する仕組みを作ることで、一人でも多くの子供たちの可能性を具現化することを提案したい。

教職課程で「教育格差」を必修化

格差の根にあるのは子供の「生まれ」、それに学校や地域のような集団間の社会経済的資源の偏りだ。これらは教育行政が直接手を入れることができない領域である。教育政策として介入可能なのは、雇用している教師であるが、すでにＯＥＣＤ（経済協力開発機構）の国際教員指導環境調査（ＴＡＬＩＳ）で明らかなように、日本の教師は過酷な長時間労働をしているので、現時点で（これ以上）多くを求めることはできない。長期的には、勤務時間や給与などを改善し、優秀な人材が教職を志望する流れを作る必要があるが、大幅な予算増加という政治的障壁がある。そこでここでは、（あまり）追加費用をかけずに実施可能な案として、教職課程の必修科目に「教育格差」（二単位）を追加することを提案する。

まず、大卒である教師は、平均的に恵まれた家庭出身である。この教師の「生まれ」は国内のデータで実証的に確認されている。一方、低ＳＥＳの児童・生徒に対する教師の期待が低い傾向が国内外の研究で指摘されている。教師が教育格差の再生産に寄与しているといえるのだ。

この傾向を回避するためには、教師と教職志望者たちが自らの出身家庭のＳＥＳについて自覚的になる必要がある。公立校で義務教育を受けたとしても、前述のように小学校ですでに学校間格差がある。似た「生まれ」の学習意欲が高い同級生とともに育ったのであれば、それは相対的に恵まれた教育環境だったことになる。そのまま高ランク・高ＳＥＳである高校を経由して大卒になったのであれば、その教育歴の社会的背景を振り返ることはとても重要だ。もし自分の「能力と努力」だけで大卒になったと解釈しているのであれば、自身が育ったのとは異なる、低ＳＥＳである地域の学校に勤務することになった際、かつての自分と違い一生懸命勉強しない児童・生徒の言動を「理解」することは難しいだろう。また、自分や同級生の親のように子育てに熱心であると思えない親に対して否定的な評価をしても不思議ではない。そこにあるのは出身家庭・地域のSES格差による分断であるのに、「最近の親は」のように適当な言説の継ぎはぎで「理解」することになる危険性があるのだ。

ただ、教育格差について体系的に学んでいないのは、教師たちの責任ではない。大多数の教師は、部分的にさえ教育格差を学ぶ機会を与えられていないのだ。この点を実証的に明らかにするために、教職課程において教育格差を扱う可能性が最も高い「教育に関する社会的、制度的又は経営的事項」に関する科目シラバスの計量テキスト分析を行った。対象は二〇一七年度において小学校教員免許の取得が可能な四年制大学通学課程の全数だ。

二一四大学二六〇課程五〇五科目分のシラバスを回収し分析した結果、教育格差を扱うと予測される教育社会学の科目数は三割に満たなかった。また、格差、貧困、階層などの単語を一度でも記載しているシラバスは全体で一割、教育社会学科目であっても四割に過ぎなかった。さらには、一学期全一五回の授業のうち、四回以上、教育格差について言及している科目は全体で三%、教育社会学科目でも一三%に過ぎなかった。体系的に学ぶには一学期一五回の授業でも足りないぐらいだが、実態は、大半の科目でほとんど教えていないのだ。中学・高校の免許については課程数が多いので調査対象を限定したが、教育格差を扱う頻度が少ないという傾向そのものは同じだった。

各科目の履修者数まではわからないので教職課程履修者数のうち何割という数値を出すこ

とはできないが、日本においては教育格差をまったく学ばないまま教員免許を取得する学生が大多数であると考えられる。一言でまとめれば、日本は国際的に凡庸な教育格差社会であるにもかかわらず、教育格差を学ばずに教師になれる国なのだ。なお、二〇一七年に文科省が「教職課程コアカリキュラム」を発表したが、「教育に関する社会的、制度的又は経済的事項」に教育格差に関しては何も追加されていない。もし教育格差を体系的に教えない教職課程の現状を放置するのであれば、比較的高SES家庭出身者が教師となり、低SESである児童・生徒と保護者に対して（悪気のないまま）低い教育期待を持つという負の連鎖が続くことを、制度として看過していることになる。

子供たちのために行動を

データの継続的な収集と教職課程における「教育格差」科目の必修化、どちらも一瞬ですべてを解決する魔法のようなものではないが、戦後日本社会に常に存在してきた教育格差に対する具体的かつ実施可能な提案である。日本は人類史上稀に見る少子高齢化の道をひたすらに走っている。人財である子供たち一人ひとりが可能性を最大限に開花させることができる仕組み作りのために、わたしたちの行動が求められる。

②子どもの貧困

経済や福祉のみならず、なぜ教育の役割が欠かせないのか

卯月由佳（国立教育政策研究所総括研究官）

新型コロナの前から存在する貧困問題

現代の日本にも貧困問題があり、七人に一人の子どもが貧困状態にある。この割合は、厚生労働省の「国民生活基礎調査」による二〇一八年の世帯所得データに基づく相対的貧困率（世帯人数で調整済みの世帯所得が、その平均的な額の半分に満たない世帯に暮らす子どもの割合）である。相対的貧困とは、衣食住に困るほどではないとしても、その社会の多くの人々があたりまえのように享受している基本的な生活を送ることができていない状態を指す。

日本にも衣食住に困っている人々がいることは無視できない事実だが、貧困を解決しよう

というとき、衣食住を充足するとともに、貧困状態にある人を一人の人間として尊重し、傷つけられた自尊心の回復を助け、その人自身が善いと考える生活や人生の実現に向けた多面的な資源や機会を分配する必要がある。[1]

二〇二〇年からの新型コロナウイルス感染症流行の影響で急激な所得の減少、失業や倒産を経験した人々も多く、貧困世帯に暮らす子どもたちは増加したと考えられる。これはより多くの子どもとその親が貧困に苦しんでいることに加え、その解決に取り組むべき私たちの社会がより大きな問題に直面していることを意味する。ただし注意すべきは、二〇二〇年より前から子どもの貧困は存在し、新型コロナの流行が収まり経済活動が回復した後も、対策が不十分であれば貧困は残り続けるということである。現在、貧困状態にある子どもたちを助け出すことが急務であるとともに、長期的な視野をもってどのような対策を推進し、貧困を生まない社会をどのように築いていくかを考える必要がある。

こうした状況のもと、本章では子どもの貧困に立ち向かう教育の役割（教育政策で担うべきこと）について整理したい。言うまでもなく、というよりはっきりと言っておくべきかもしれないが、貧困世帯の子どもには教育費の支援や手厚い学習指導・支援だけでなく、毎日の生活を成り立たせるための経済的・福祉的支援が必要である。後者のほうが緊急性が高いことも多い。それでも、子どもの貧困対策として教育の役割は欠かせないものである。

教育費の支援の必要性

貧困状態にある親のもとで育った子どもは成人してからも貧困に陥るリスクが高いという、貧困の世代間連鎖の問題が知られている。そしてこの知見をもとに、子どもを現在の貧困から脱出させることだけでなく、子どもが将来貧困に陥るリスクを低下させることの重要性が提言される。貧困の世代間連鎖が起きるメカニズムの一つが、貧困世帯において教育投資が少なく、子どもがスキル形成や学歴達成で不利になるからだということは、主に経済学の研究でたびたび明らかにされてきた。

国際的にみても教育費の家計負担割合が大きい日本では、貧困世帯における教育費の不足が特に大きな問題となる。この問題を緩和し得る制度として、一つには二〇二〇年に開始された「高等教育の修学支援新制度」がある。「高等教育の無償化」と呼ばれるが、実際には無償化ではなく、低所得世帯への授業料と学生生活費の支援である。本書の13章で論じられるように、この制度の設計は不十分であり、低所得世帯の高等教育就学機会を拡大する機能を果たすためには改善の余地もある。しかし、高等教育が無償で提供されていない現在、教育費の家計負担軽減は、子どもの貧困対策としても必要である。

手厚い学習指導・支援の必要性

一方で、貧困の世代間連鎖に関する研究によれば、貧困世帯の子どもがスキル形成で不利になる理由は、教育費の不足のみではない。心理学や社会学の研究が明らかにしたように、貧困世帯の親が、低所得、失業、離死別、借金などを経験することで心理的ストレスを受け、それが育児スタイルや親子関係にマイナス影響を及ぼし、そのため子どもは学習に取り組むのが困難になるからである。こうした家族のストレスの緩和には、例えば親が長時間労働を回避するのに十分な所得保障が早急に必要である。

しかし学習の不利は、所得保障の拡充により貧困を脱することができたとしても、その瞬間にただちに克服できるものではなく、また教育費の支援を利用して進学を達成すればなかったことにできるものでもない。子どもの時期の貴重な時間と重要な発達段階を逃さずに学習の不利に対応するには、学習を直接支援する必要がある。

学校教育では、様々な特性や背景を理由に学習に困難のある子どもへのきめ細やかな指導や支援が求められ、貧困も特別なニーズを生じさせる理由の一つである。

他の理由に比べると貧困は、スティグマにつながるような選別的な対応を回避したい場合も多く、誰もが利用可能な支援を普遍的に充実させることの意義も大きい。それでも、家に落ち着いて学習できる環境がない、親に相談できる状況ではないなど、どういった理由で貧困が子どもの学習の困難や不利につながる可能性があるかを理解しておくことは、その子どもに寄り添い、必要な支援が届いているか確認するために必要である。そのために学校や教師もまた資源や支援を得る必要がある。

制約のない希望の形成に向けて

貧困世帯の子どもの現状や希望に寄り添うことは必要だが、学校教育はそれと同時に、貧困世帯の子どもが現状に制約されずに将来への希望を形成していけるよう支援する必要もある。例えば、貧困世帯の子どもが希望する仕事に就くのに大学進学は必要ないと考え、それを目指さないとする。これが様々な可能性を考えたうえでの希望ならば、当然尊重されるべきである。しかし、家計が進学という選択肢を許さなかったり、大学での教育内容や大卒後の就職イメージを全く描けなかったりしたためにそのような希望を形成した場合には、それは本人の自由意思ではなく貧困という現状に適応したものであり、不正義を示唆する。

子どもの時期には、自分一人では学べないこと、家族などの身近な大人からは学べないことを含め、幅広く学ぶ必要がある。学校教育にはその機会を提供する役割が期待される。

二〇二一年一月に出された中央教育審議会答申「『令和の日本型学校教育』の構築を目指して」では、「個別最適な学び」と「協働的な学び」の一体的な実現が目指されているが、上述の観点では、特に「協働的な学び」の役割に期待される。貧困世帯の子どもが多様な他者との「協働的な学び」を通じ、これまで見聞きしなかった新しい世界を知り、考えられなかったことを考えられるようになることが重要である。

貧困を生まない制度や社会への改善に向けて

貧困問題に立ち向かうため、「協働的な学び」を通じて新たな学びを獲得すべきなのは、貧困世帯の子どもだけではない。貧困を生まない制度や社会への改善に向けて熟考し、熟議するための知識や思考を養う機会は、全ての人々に教育を通じて提供されるべきであろう。

貧困の世代間連鎖に関する研究では、既に述べた教育費の不足や家族のストレスの影響のほかに、不平等な社会構造そのものが特定の人々を貧困に落とし込むことがわかっており、その社会構造の改善が必要と論じられている。その改善に私たちが民主的に取り組むには貧困や不平等の実態に関する知識や分析的な思考だけでなく、社会正義の価値観も必要になるのではないだろうか。教育に特定の価値観を導入することについては警戒すべき場合も多いが、教育以外の公共政策のほうに既に特定の価値観が反映されている場合も多い。

例えば現在、日本の貧困対策に影響力を有していると考えられるのも、本章の冒頭で必要だと述べた、多様な価値ある生活や人生の実現に向けて多面的な資源や機会を分配しようという考え方ではない。むしろ、教育投資や就労促進による所得増加を重視する、積極的社会政策や社会的投資と呼ばれる戦略である。こうした戦略は、最低限の所得保障にとどまるよりは有効とみなされることも多い。しかし、人間を経済成長の手段とみなし、本来の目的である一人ひとりの生を軽視する価値観が反映しているといっても過言ではない。一人ひとりの多様な生を尊重するならば、育児や介護などのケア、無償の社会貢献活動や政治活動などに従事していたり、またそうしたいと考えていたりするために就労により所得増加が図れない場合の所得保障が必要である。また、就労を積極的な選択肢とするための良質な就労機会の整備も必要である。[2]

こうした状況下で、教育が、一人ひとりの多様な生を尊重する価値観の形成を担うことは重要だろう。不利な境遇に置かれた人の声に耳を傾けることを重視する価値観もそこに含まれる。教育では、特定の価値観をただ闇雲に受け入れさせるのではなく、作り変える余地のある知識として提示し、それについて批判的に熟考する機会を普及させることが可能なはずである。[3]教育にこの役割が欠けるならば、教育を受けることへの様々な制約を取り除いて貧困のリスクを低下できたとしても、その根本的な解決に向けた模索が停滞する恐れがある。貧困の解決を目指して公共政策をより望ましい方向へと導けるよう、貧困や不平等の問題についての理解と議論の機会を普及させることは、ほかのどの公共政策よりもまずは教育に求められる役割である。

1　より詳しくは、岩永理恵・卯月由佳・木下武徳著、二〇一八年、『生活保護と貧困対策：その可能性と未来を拓く』有斐閣を参照してほしい。

2　この視点は、Francesco Laruffa, 2020, "What is a Capability-enhancing Social Policy?: Individual Autonomy, Democratic Citizenship and the Insufficiency of the Employment-focused Paradigm," *Journal of Human Development and Capabilities,* 21 (1) に論じられている。

3　この視点は、Rosie Peppin Vaughan and Melanie Walker, 2012, "Capabilities, Values and Education Policy," *Journal of Human Development and Capabilities,* 13 (3) で論じられている。

うづき・ゆか
国立教育政策研究所総括研究官。東京大学経済学部卒業、東京大学大学院教育学研究科博士課程単位取得退学、ロンドン・スクール・オブ・エコノミクス博士課程修了。Ph.D. in Social Policy。専門は不平等、貧困、教育に関する社会政策。共著に『生活保護と貧困対策』（有斐閣、二〇一八年）など。

③デジタル化

ＩＣＴ導入で格差拡大
日本の学校がアメリカ化する日

多喜弘文
（法政大学准教授）

菅義偉政権の成立とともにデジタル庁が創設される運びとなり、ＯＥＣＤ（経済協力開発機構）諸国の中で最もＩＣＴ（情報通信技術）の導入が遅れているとされる日本の学校は急速な変化にさらされている。コロナ禍を機に、オンライン教育への関心は社会的に高まり、Society5.0（政府が提唱する未来社会のコンセプト）における「未来の教室」に向けての歩みを止めることは許されないといった空気すら漂う。だが、文部科学省（以下、文科省）が二〇二一年一月に答申を取りまとめた「『令和の日本型学校教育』の構築を目指して」に掲げられるように、ＩＣＴ教育は本当に「全ての子供たちの可能性を引き出す」平等な学びを提供するのだろうか。本章では、日本の公教育が構造転換の岐路に立たされているという見地に立って、この問題を教育格差の観点から論じていきたい。

臨時休業中に生じたオンライン教育の格差

新型コロナウイルス感染症の感染拡大に伴い、政府は二〇二〇年二月二十七日、すべての学校に対して臨時休業の要請を出した。春休みが明けてもコロナ禍は収束せず、全国の多くの小中高校生が五月末まで通常の登校ができなかった。

この状況で注目を集めたのがオンライン教育である。学校に通えないのだから、学びを止めないための手段として、オンライン教育が有力視されたのは当然だといえる。ここで、筆者の専門領域である社会階層論の立場から気になるのは、出身家庭や居住地域といった「生まれ」によって将来が左右される教育格差の問題である（松岡亮二『教育格差』）。まずは、筆者が早稲田大学の松岡亮二准教授と共同で内閣府の調査の個票データを分析した知見の一部を紹介したい*。

次頁の図③－1は、内閣府が臨時休業明けの六月に調査したデータを用いて、小学生あるいは中学生を末子に持つ家庭について、臨時休業中に広義のオンライン教育を受けた割合を家庭の収入（世帯収入六〇〇万円を基準に二分）および都市圏ごとに示したものである。どち

図③-1 居住地域・世帯収入とオンライン教育の受講割合

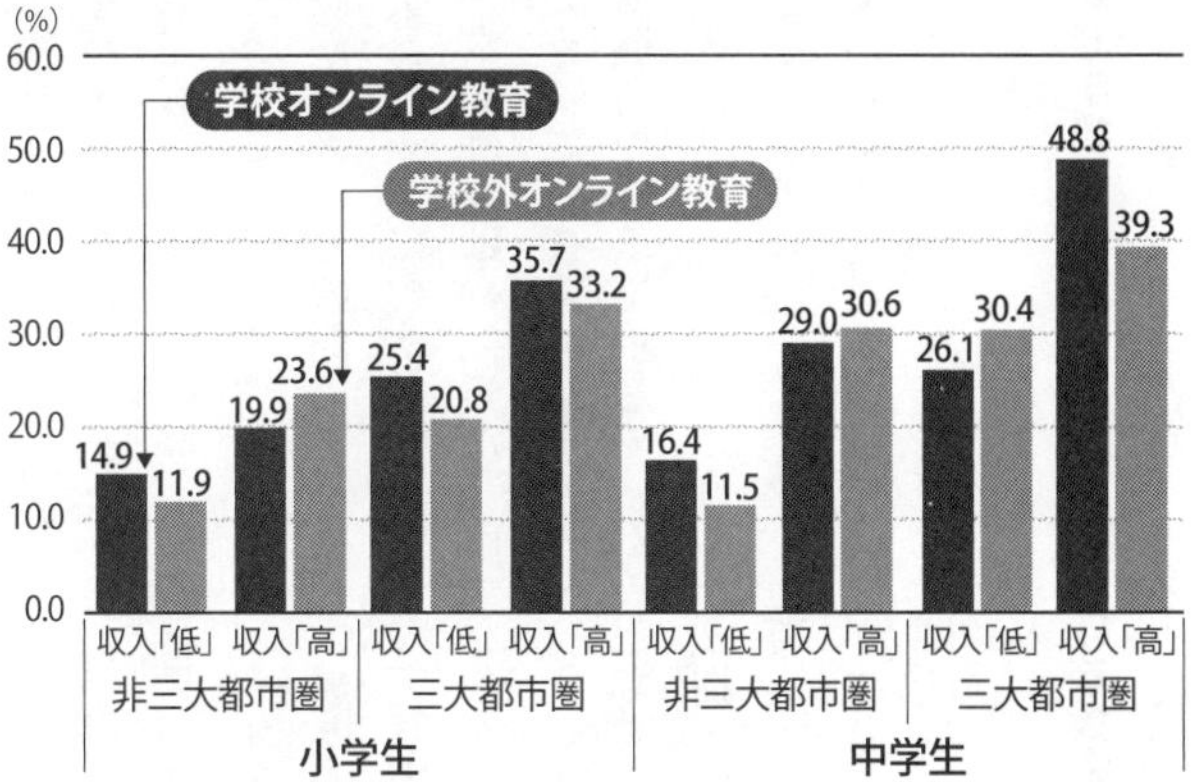

出所：多喜弘文・松岡亮二 https://researchmap.jp/read0153386/published_works

らの教育段階についても、収入「高」、また三大都市圏居住であると、学校内外でオンライン教育を受ける機会の多かったことが示されている。たとえば、非三大都市圏に住む家計の収入が相対的に低い中学生は学校によるオンライン教育を一六・四％、塾などの学校外オンライン教育を一一・五％受けていたのに対し、同じく非三大都市圏に住む収入「高」の中学生ではそれぞれ二九・〇％と三〇・六％に達していた。また、三大都市圏に住む収入「低」の家庭の児童生徒は、非三大都市圏の収入「高」の家庭の児童生徒と同程度オンライン教育を受けているなど、住んでいる地域による差も大きい。

さて、こうした事実をどう受け止めるべきだろうか。この研究結果を紹介した二〇二〇年九月十九日付『朝日新聞』の記事に対する読者のウェブ上やSNSでの反応は、現状に懸念を示す意見と「仕方がない」「当たり前だ」と冷静に受け止める意見に分かれた。いずれにしても注目したいのは、この結果がさほど大きな驚きを持って受け止められたわけではなさそうなことである。本人にはどうすることもできない出身家庭にもとづく機会の不平等の存在が、人びとの間である種の常識となっていることが窺える。反響を呼んだ松岡氏の著書『教育格差』の影響もあってか、一昔前はある種のタブーであった教育機会の不平等は、現代日本ではもはや「当たり前」なのかもしれない。

だが、ここで立ち止まって考えたいのは、図が学校外だけでなく学校でのオンライン教育受講機会の格差を示していることである。学校外オンライン教育は、塾やその他習い事において提供されている。こうした民間の学校外教育利用にはお金がかかるので、利用割合に格差が生じるのは確かに「仕方がない」かもしれない。しかし、義務教育である小中学校の提供する授業を受ける機会に格差が生じているのは、果たして本当に「当たり前」なのだろうか。ここからは、義務教育段階に注目して、この問題を考えていきたい。

なぜ学校でオンライン教育を受ける機会に格差が生じたのか

ある小学校や中学校が、児童生徒の家庭を見ながら個別にオンライン教育を提供したりしなかったりすることは考えにくい。したがって、オンライン教育を提供する学校とそうでない学校があり、そこに通う児童生徒間に生まれにもとづく格差が生じていたと考えるのが自然だろう。このデータで直接検証することはできないが、格差が生じた原因の有力な可能性の一つは、私立や国立の小中学校の存在である。オンライン教育を提供した学校には、私立が多かったことが知られている。都市部ほど私立は多いし、同じ県内でも収入が高いほど私立に通う傾向がある。したがって、通う学校の設置者が、図で見られた格差の原因の一つである可能性は高い。

だが、図の結果は本当に通う学校が国私立かどうかだけによるものだろうか。全国の国私立に通う児童生徒の割合は、小学校で約二%、中学校で約八%に過ぎない。確かに三大都市圏に国私立中学校は相対的に多いが、それを踏まえても図の地域差および地域内での収入差による受講割合の違いは大きい。公立の小中学校に通う児童生徒の間でも、学校オンライン教育を受ける機会に居住地域や収入による格差が一定程度生じていたと考えるのが妥当だろう。

それでは、こうした公立学校間のオンライン教育の受講格差はどのようなメカニズムで生じていたのだろうか。まず、学校がオンライン教育の提供を判断するにあたり、収入「高」の家庭が多い地域では、ＩＣＴ環境の整備を児童生徒の家庭に求めやすく、理解を得ることも相対的に容易だったと考えられる。また、児童生徒の家庭の世帯収入は親の学歴と強く関連している（本研究でも確認済み）。勉強の遅れに敏感な大学卒の保護者ほど、学校にオンライン教育の実施を強く要請した可能性が高い。さらに、大都市圏では、産業や職業の構成を考えても、他の地域よりICTに接する機会が多い。よって、子どもや親および教師側もパソコンやタブレットに馴染みをもっていた可能性が高く、比較的スムーズにオンライン教育へと移行できたのかもしれない。

推測に推測を重ねるのは危険なので、二、三傍証を示しておきたい。まず、少し時点を遡るが、小中学生を対象とする二〇一五年の国際学力調査TIMSS（国際数学・理科教育動向調査）では、親学歴が高いほどICT機器を所持している児童生徒の割合が高く、家庭でICT機器に慣れ親しんでいるという明確な傾向が確認できる。また、二〇一九年度の総務省「通信利用動向調査（世帯員編）」から計算すると、一年間にパソコンでインターネットを利用した人の割合は三大都市圏の五四・二％に対し、非三大都市圏では四一・三％、世帯収入では六〇〇万円未満の三九・七％に対し、六〇〇万円以上は六〇・二％であった。明らかに都市部居住者や高収入の家庭ほど、ICT機器を用いてインターネットを利用している割合が高い。

以上の分析結果を総合的に判断すると、臨時休業期間中には次のようなことが起こっていたと推測できる。広義のオンライン教育を実施できた学校には、国私立および大都市圏の公立小中学校が多かった。これに加え、保護者の大卒割合が高い地域の公立学校では、結果的にオンライン教育を実施しやすい環境が整っていたため、提供できた割合が高かった。

ここで急いで付け加えておくが、筆者としては、臨時休業中のオンライン教育が学力格差を拡大させたかどうかについては判断を保留したい。オンライン教育を受けた児童生徒の方が、実際に学力を伸ばすのに有利な環境だったかどうかはわからないからである。ここで着目したいのは、あくまでも従来画一的な対応を非難されることの多かった日本の小中学校において、全国的に大きく異なる判断がオンライン教育について行われていたことである。しかも、それぞれの自治体や学校は状況に応じて独自の判断を行ったにもかかわらず、結果としてその判断は、児童生徒本人が変えることのできない機会の不平等を伴っていた。このような学びの提供の不均一性は、少なくともこれまでの日本の義務教育のあり方からすると、決して「当たり前」のことではなかった。むしろ、異例中の異例だったのである。

新学習指導要領のもとＩＣＴ導入は既定路線だった

ここまで見てきた結果は、進行中の事態がコロナ禍において顕在化したに過ぎないのかもしれない。と言うのは、もともと二〇二〇年度から施行された小学校の新学習指導要領において、教育のＩＣＴ化は一つの目玉であったからである。新学習指導要領は、学校におけるＩＣＴ環境を整え、それを適切に活用した学習活動の充実を図ることを明記しており、情報活用能力を言語能力等と同様の「学習の基盤となる資質・能力」に位置付けている。

こうした方向性自体は必ずしも初めて示されたものではないが、今回大きく異なるのは文科省と他省庁との連携である。文科省は「社会に開かれた教育課程」をめざし、従来から重視してきた地域の人的・物的資源の活用だけでなく、経済産業省（以下、経産省）や総務省と「未来の学び」構築のための連携促進事業に力を注いでいる。

教育現場へのＩＣＴ導入は、絵に描いた餅ではない。これらのプロセスは、すでに具体的な予算措置がなされたうえで着実に進められている。

まず、文科省はインフラ整備のためにパソコンやタブレット端末の導入に膨大な予算を付けてきた。ＧＩＧＡスクール構想と呼ばれる事業では、一人一台の学習用端末と、高速大容量の通信ネットワークの全国一律での整備が予定されている。二〇一八年度から二二年度の間、単年度一八〇五億円の地方財政措置を講じる計画が策定されており、先述の一斉休業を受けた補正予算案における前倒しによって、早期実現のために加速化している。教育現場への活用支援についても、二〇二〇年度は経産省のＥｄＴｅｃｈ《エドテック》導入実証事業に一〇億円が計上されている。

これらは、いずれも自治体や学校ごとの独自判断のもとに、これまでなかった規模で民間企業・産業との連携を学校現場に促すものとなっている。たとえば、前者のＧＩＧＡスクール構想では、一人一台端末の整備のために児童生徒一人当たり四・五万円の予算が割り当てられているが、どういったＩＣＴ機器をどの業者から購入するかは自治体の判断にゆだねられている。後者については、経産省のウェブサイト「未来の教室」に登録された事業を導入する場合に、EdTech 導入補助金を申請できるようになっている。

ＩＣＴ導入で懸念される二つの教育格差

このように、教育のＩＣＴ化が既定路線であったことを確認したうえで、本章が注目したいのは、民間企業との連携がもたらす影響である。ＩＣＴ利用に焦点を当てた場合、まず想定される教育格差には、以下の二段階のものが考えられる。

一つ目は、家庭の階層や地域によるＩＣＴ機器の所有や利用環境の格差である。誤解を避けるために述べておくが、ＧＩＧＡスクール構想自体は自治体間格差を縮小する方向に機能している。文科省が毎年三月に実施している調査結果によると、たとえば「教育用コンピューター一台当たりの児童生徒数」を見ても、都道府県間の差は小中学校どちらでも計画の進展に伴って二〇一七年度から最新の一九年度にかけて縮小している。しかし、このように学校側の条件を自治体間で整えても、児童生徒側の条件整備が進むとは限らない。学校ごとに用意された端末の利用条件をよほどうまく工夫しない限り、ＩＣＴ機器に触れられる時間やネット環境に、出身階層による格差が残り続ける可能性は否定できない。

二つ目は、出身階層とＩＣＴ機器利用との親和性である。先述したようにＩＣＴ機器の利用頻度には、親の学歴や職業、住んでいる地域による大きな格差がある。先に紹介した調査のほかにも、例えば高校一年生を対象にした調査ではあるが、二〇一八年度に実施されたＯＥＣＤのＰＩＳＡ（生徒の学習到達度調査）の分析から、家庭の社会経済的地位が高い生徒ほどデジタルメディアについて家族や親戚から学べると答えた生徒が多く、ＩＣＴ機器の利用意欲も高いことがわかっている。

こうした児童生徒単位の教育格差を学校単位に置き換えて考えると、このままいけば「令和の日本型学校教育」のもとで、これまで義務教育段階では小さかった学校間格差を大きく拡大させてしまう可能性を指摘できる。

現在のＩＣＴ導入枠組みでは、自治体や学校現場は児童生徒のニーズを考慮しながら個別に選択を行っていくことになる。そうすると、そうした選択の背景には、学校に通う生徒の出身階層や地域の影響が必然的に含まれることになる。先の図で紹介した臨時休業時の格差は、このような方向性の行き着く先を暗示してはいないだろうか。

二〇二〇年十月十二日付『読売新聞』の記事によると、学校授業に補助金を出す経産省のEdTech導入補助金に申請した公立校には、都道府県による大きな偏りが見られる。この事業に採択された学校数は、大阪、愛知、福岡、神奈川、東京で二〇〇校を超える一方、ゼロ校の和歌山県を含む八県では一〇校未満であった。このように、自治体や学校が個別的事情に応じて学びをカスタマイズしていくと、その選択の帰結が意図せざる格差へとつながっていくことが懸念される。

日本の公教育はアメリカ型へ？

新学習指導要領のもとで、今後は自治体や学校の個別的事情に応じて、民間企業との独自の連携のもとにＩＣＴ導入が進められていく。しかし、その結果として教育格差が広がっていくとすれば、それを主体的な選択にもとづく自己責任として放置してよいのだろうか。本章で扱ってきた教育格差とは、その定義からいって、児童生徒本人が選択したわけではない生まれによる不平等なのである。

臨時休業時には、「学びを止めるな」というフレーズがオンライン教育を進めるための合言葉として用いられるのをよく目にした。確かに、この掛け声は学校が目の前の児童生徒にできることを精一杯行っていくためのスローガンとしては正しい。

しかし、自治体や学校によるミクロな選択が、社会全体のマクロな状況に関してどのような帰結を生むか、公教育が無関心であってよいはずはない。自治体や学校がどのようにICT教育に取り組んでいくかは、一見自律的かつ主体的な選択に見えていても、実は一定の条件の中に埋め込まれている。そうした文脈を無視して、選択の結果を自己責任に帰するとすれば、その議論は「強い主体」を想定しすぎてはいないだろうか。

格差は常に生じてしまうのだから「仕方がない」という声もよく聞かれる。だが、そうした冷笑主義に与する前に、日本の義務教育が築いてきた財産をあらためて確認しておきたい。

先に紹介したTIMSSを再び用いて、小学四年生と中学二年生時点での学力の学校間分散割合（ICC）を求めると、前者は七％、後者は一五％程度におさまる。公立に限定するならば、両者はさらに小さい。日本におけるこの義務教育段階における学校間学力格差は、先進国で最も小さい部類に入る。これまで日本の義務教育は、学校間の学力格差を、学校ごとの児童生徒の平均的階層条件の散らばりよりも、かなり小さく抑えることに成功してきた可能性が高い。

こうした学校教育のあり方を他国と比較することで、日本の公教育を他でもありうる選択の一つとして相対化してみよう。日本では、全国的に同じ条件が保障された格差の小さい学校間において、どのくらい勉強するかが将来を規定するという一元的なイメージが、窮屈さと引き換えに児童生徒の努力を引き出してきた。

ところが、これを例えば北欧と比較してみるならば、勉強時間と学力の間には、日本と逆の相関関係が見られる。もちろんこれは、北欧において勉強しないほど学力が高くなるということではない。不利な子どもの学力を保障するために、学校教育が学力の低い子どもにフォーカスして課題を課しているのである。日本と形は異なるが、これは児童生徒の個別のニーズに対応した一つの学力保障のあり方である。

他方、アメリカではどうだろうか。そもそも学区ごとに学校の条件が大幅に異なっており、習熟度別の学級編成や、進度に応じた飛び級、自由なカリキュラム選択の余地など、児童生徒の多様性に応じた教育オプションを主に市場を通じて用意するのが、アメリカの学校教育における保障のあり方である。公開されているさまざまな情報をもとに、児童生徒は幅広い選択肢から自分に合った学びをカスタマイズしていくことができる。

ここでの分類にもとづくならば、現在進められている民間導入とセットでのＩＣＴ化やカリキュラム編成の柔軟化の流れは、日本の義務教育段階をアメリカ型の脱標準化された形へと近づけていくことを予感させる。

アメリカにおける学びの多様性は、確かに魅力的ではある。しかし、自由な選択に伴う代償も忘れてはならない。一見自由に選んでいるように見えて、実は出身階層や地域の影響を受けてしまうことが、アメリカにおいて教育格差が生まれる特徴的なメカニズムである（他国との比較については拙著『学校教育と不平等の比較社会学』〔ミネルヴァ書房、二〇二〇年〕を参照）。これは、先に述べた「主体的」選択のもとでの自己責任のロジックと親和的である。

画一的な教育内容の提供が、高付加価値型社会において限界に達しているのは事実かもしれない。だが、学びの個別化を進める方法は、必ずしも義務教育を市場に全面的に委ねる形に限定されるものではない。学校の多様化へと舵を切っていくのならば、その方向性と教育格差が結びつかないような公教育のあり方が問われるのではないだろうか。

経産省「未来の教室」と新学習指導要領に見る構造転換

新学習指導要領は、日本の公教育のあり方に構造転換を迫っている。ＩＣＴ導入に伴う学校ごとの自由な選択の余地の拡大は、適切なサポートを伴わないのであれば、教育格差拡大への懸念をもたらす。一九九〇年代末の全面改正時における「ゆとり教育」導入の際にも同様の懸念は表明されてきたが、今回は民間活用による市場化のドライブがかかっている。

経産省の「未来の教室」事業の説明には、「一人ひとりの理解度・特性に対して個別最適化され、居住地域による格差のない公平な学び」が強調されている。しかし、生まれによって規定された児童生徒の条件にしたがってＡＩに提案される学びが、いつの間にか自己責任に帰されるようなことになりはしないだろうか。

「公」教育とは、より良い社会をめざして「私」の領域に介入していく営みでもある。筆者は、教育現場へのＩＣＴの導入に反対しているわけではない。コロナ禍をきっかけにＩＣＴ導入を加速化させていくとすれば、その新たな学びを「公」教育としてどのようにデザインしていくのかを問うているのである。

文科省は「令和の日本型学校教育」の構築に向けた答申において、「全ての子供たちの可能性を引き出す、個別最適な学び」の提供を謳っている。これが、ＩＣＴ環境の整備やアプリの導入補助といった形式的な同一条件の保障にとどまるならば、選択の自由の拡大は格差の拡大につながっていくだろう。

先に紹介した北欧のように、個別のニーズに応じて画一的でない支援をしていくこともまた公教育の一つのあり方である。経産省の事業説明では、学校現場における教員の役割が、ＩＣＴを使った学びの監督者や補助員に過ぎないようにも見える。文科省がすべての子どもたちの可能性を引き出すことを本当にめざすのであれば、学校現場における教師の専門性や公教育の役割をどう位置付け直していくのかが注目される。近年、文科省が少人数学級の必要性を強調しているのは、そうした抵抗の一端であると期待したい。

社会学の視点と社会調査のリテラシーの重要性

コロナ禍のもとでのオンライン教育受講の格差に見られたように、地域の都市度や保護者の階層において不利な学校では、ＩＣＴの導入や活用に遅れが生じやすい。学校を取りまくさまざまな条件のもとでなされる選択は、それだけでは本当の主体的な選択とはいえない。特に義務教育段階における教育のあり方の自由化を促すのであれば、データによる継続的な教育格差のモニタリングが不可欠である。行政が各種の調査をフルに活用しながら根拠にもとづいた政策決定をしていくことが望まれる。巨額の公費を投じて実施される「全国学力・学習状況調査（全国学力テスト）」の実施方法や質問項目に改善の余地があることは、多くの研究者が指摘するところであり、まともな社会調査として実施されることが強く期待される（川口俊明『全国学力テストはなぜ失敗したのか』岩波書店、二〇二〇年）。

他方、やみくもにデータを鵜呑みにすることの弊害にも注意を喚起しておきたい。今後、ＩＣＴ機器が導入されていけば、ビッグデータの蓄積によってさまざまな教育効果が測定されるようになるだろう。しかし、そういった数値を正しく読むためには、統計学的知識にとどまらない社会調査のリテラシーが重要となる。

海外の事例などにもとづく「エセ演繹的」（苅谷剛彦『追いついた近代　消えた近代』岩波書店、二〇一九年）な分析に満足するだけでなく、日本の学校現場の置かれた現実から帰納的にそれを問い直していくことも同じように大切である。そのためには、優れた質的調査にもとづくエスノグラフィー（行動観察調査）についても積極的にその意義を評価していくことが望ましい。

今回の「令和の日本型学校教育」への転換が、意図せざる教育格差の拡大へと帰結しないように、時には一歩引いた立場から俯瞰する視点が大事となる。教育格差の問題は、労働や福祉といった学校外の領域とも制度的に支えあいながら存在している。学校がどのような「新しい学び」を提案しようとも、その成果がどのように測定され、その後の人生の歩みとどのように結びつき、それがどう保障されていくかは、理念だけでなく現実を見て判断していかなければならない。

より良い公教育のあり方をデザインしていく営みに、社会学の知見が少しでも活かされれば嬉しい。

＊多喜弘文・松岡亮二「新型コロナ禍におけるオンライン教育と機会の不平等」プレスリリース資料（https://researchmap.jp/read0153386/published_works）

追記——適切なサポートの必要性

本章でデータとして示したのは、臨時休業時におけるオンライン授業受講の教育格差である。急遽対応を迫られた小中学校のオンライン授業実施は、地域や家庭の社会経済的地位にもとづく格差を伴っていた。

教育のICT化は、こうした格差を必然的に生みだして拡大させていくのだろうか。そうとは限らないだろう。たとえば、教育資源の十分行きわたりにくい地域での活用が、地域間格差を縮小するといった議論もある。楽観的な期待を持つのは危険だが、デジタル化がディストピアに通じていると決めつける必要はない。今後の使われ方次第である。

臨時休業期間のオンライン授業実施に生じていた格差から学ぶべきことは、適切な支援の必要性である。本章で確認した図は、「学びを止めない」ために使える資源を活用して「できるところから」やった結果であった。ICTの活用が地域や家庭の社会経済的条件と無関係であれば、全国の学校の対応はルーレットで選ばれたように無作為となり、あのような図は観察されなかったはずである。現在もICT化が遅々として進まないという声が聞かれるが、地域や家庭の条件の影響が大きい以上、その責任を学校や教員の努力不足のみに求めるのは間違っている。不利な学校には必要に応じて追加的なサポートをおこなう必要がある。

本書の1章で示されているとおり、教育格差は戦後一貫して存在する。この教育格差が教育のICT化によってどのようになっていくのかは、今後の政策にかかっている。いくつかの都道府県の公立高校で高額端末の購入が自費負担になったと報道されたのは記憶に新しい。デジタル教材利用のあり方やその費用負担についても、曖昧な部分が残っている。義務教育段階からアプリへの課金競争が生じるようなことにはならないのか。文科省と経産省の教育のICT化に対する温度差が気になるところである（本章および11章を参照）。

今後、民間企業はデジタル教材（アプリ等）の教育効果を示すデータを公開するようになっていくだろう。こうして歯車が動き出すことで、学びの個性化や多様化への歩みが進んでいくならば、そのこと自体は一つのあり得べき方向性かもしれない。しかし、制度設計を誤ると教育の市場化は格差と結びつきやすい。文科省には、臭い物に蓋をするのではなく、適切な社会調査で教育格差をモニタリングし、根拠にもとづいた積極的な支援を期待したい。

たき・ひろふみ
法政大学社会学部准教授。同志社大学社会学研究科社会学科博士課程後期課程修了。博士（社会学）。東京大学社会科学研究所助教を経て現職。専門は社会

——階層論、教育社会学、比較社会学。主著に『学校教育と不平等の比較社会学』（ミネルヴァ書房、二〇二〇年）。

④ジェンダー

「性別」があふれる学校は変われるのか

寺町晋哉
（宮崎公立大学准教授）

この社会は「性別」という情報にあふれている。人は生まれる前から「性別」を判断されるし、赤ちゃんを見かけたら（見た目は区別がつかないからか）「性別はどちらですか？」と尋ねてしまう。人の成長にあわせて服装、おもちゃ、持ち物など多くの「もの・こと」が用意されるが、それらのほとんどは「性別」で分けられている。そして、教育にも「性別」という情報があふれている。それどころか実は、教育の「結果」に「性別」が影響し、学校の中で「性別」によって異なる対応が存在する。

教育達成の男女格差

現代社会は教育達成によって社会的地位を上昇させやすいが、実はそこに男女格差が存在している。「学校基本調査（二〇二〇年度）」によると、短期大学を含む大学進学率に男女差はほとんど見られないが（女子五九・一%、男子五八・一%）、四年制大学に限定するとその差は近年縮小しつつ男子の進学率が常に高い状態である（二〇年度で女子五一・一%、男子五七・一%）。

また、地域格差も存在する。一五年時点で二十代女性の三大都市出身の短大を含む大卒者は六五%で三十代の五二%、四十代の四五%より増えるのに対し、非三大都市の二十代女性は三九%で三十代の四四%、四十代の三九%と変わらず低いままになっている。[1] 大都市圏と比べると地方在住者は自宅から通学できる大学の選択肢も限られるが、県外進学し「下宿」をする場合、教育の機会費用が上昇する。その際、女子は家族ぐるみで教育費の抑制が選択される「自宅志向」の関係が見られる一方、男子は見られない。[2]

大学進学という結果だけでなく、そこへ至るプロセスだけではなく意味も男女で異なっている。ある調査で、学力はやや女子が高いにもかかわらず、大学進学への意欲は小学四年生で女子が高く、小学六年生で男女差が見られず、中学三年生で男子が高くなる。また、子が女子よりも男子の方が親の教育期待は高い。[3] こうして見ると、男子は大学進学を期待されやすく、女子は制限されやすいといえる。そして、女性は就労期間が結婚や出産等のライフイベントの影響を受けやすく、大学進学の経済的合理性も多くの条件や要因を考慮する必要がある（場合によっては四年制大学への進学が不利益になる）一方、男性はライフイベントからの影響を受けず、単一のライフコース展望が前提とされているため大学進学が合理的な選択となる。[2]

男性優位な社会と男性の「生きづらさ」

毎年報道される世界経済フォーラムの発表する「ジェンダー・ギャップ指数」で、日本は他の先進諸国と比べて男女格差が大きいと言われている。その事実が象徴するように、教育達成以上に社会全体で男女格差は存在している。もちろん、常にどんな場面でも男性が優位・支配的なわけではないが、社会全体では男性優位な状態である。

一方で、男性優位の社会を維持するために、男性も「生きづらさ」に直面している。例えば、厚生労働省が公表する「自殺の統計」（二〇一八〜二〇）によれば、日本の自殺者数の約七割は男性であるが、十九歳までに限定した場合も約六割は男性（一二七五名）である（女性は七六〇名）。「入試に関する悩み」（男性五五人、女性二六人。以下同）、「その他進路に関する悩み」（一一三人、五八人）、「学業不振」（一二七人、四九人）といった教育達成に関係する

「原因・動機」による自死は男性に多い。集団レベルでは男性優位な社会であり、男性は女性より多くの利益や権威を得られるが、そのためには教育達成を経て職業上の地位を獲得し、その後も職場での競争に勝ち残る必要がある。それは、過度な教育達成の煽りや長時間労働など、男性も「支配のコスト」を背負うことを伴う。[4] 先に見た男性の単一のライフコース展望も、裏を返せば男性のライフコースに複数の選択肢が用意されていない（されにくい）状態とも言える。

ここで、「女性が抑圧されている」「いや男性も生きづらさがある」などといった結論を下したいわけではない。むしろ、なぜ「性別」という「生まれ」が、個人の可能性を制限し、教育に関する様々な格差を生み出し、時には人を自死へと追い込むのだろうか。改めて、社会と「性別」の関係を考えてみたい。

社会に浸透するジェンダー

「性別」はただの「情報」ではなく、多くの「もの・こと」と結びつけられている。この結びつきを考える際、「ジェンダー」という考え方が役立つ。ジェンダーとは、「私たちは、さまざまな実践を通して、人間を女か男か（または、そのどちらでもないか）に〈分類〉している。ジェンダーとは、そうした〈分類〉する実践を支える社会的なルール（規範）」である。[5]

本章冒頭で見た服装やおもちゃ、「男のくせに泣くな」や「女の子はおしとやかな方がいい」、「男性は仕事、女性は家庭」などもジェンダーの一例である。

見た目では判別がつかない赤ちゃんの段階から、「性別」という情報によって周囲の大人の働きかけが異なることがわかっている。[6] こうして、人々はジェンダーを内面化していく。また、社会の至るところにジェンダーは存在し、私たちの行動や考えへ知らぬ間に影響を与える。

脳や体力の「男女差」

とはいえ、生物学的なオス／メスはあるわけだから「男女は違う」ことは当然のように思えるし、私たちの日常的な感覚からすると「体力や脳に男女差がある」ことも違和感はないかもしれない。

小中学校で行われる「全国体力・運動能力、運動習慣等調査」、いわゆる「体力テスト」では八項目が測定される。図④-1は、「五〇メートル走」の結果を小五と中二で男女別に示した。「あれ?」と思った読者もいるだろうか。実は、意外なほど男女は重なっている上に（小五で八四・八%、中二で五五・六%）、小五女子よりタイムの遅い中二男子も一定数いる。全種目で男女が重なっている割合は、小五で九五・九%（握力）～七四・〇%（ソフト

図④-1 50メートル走の結果

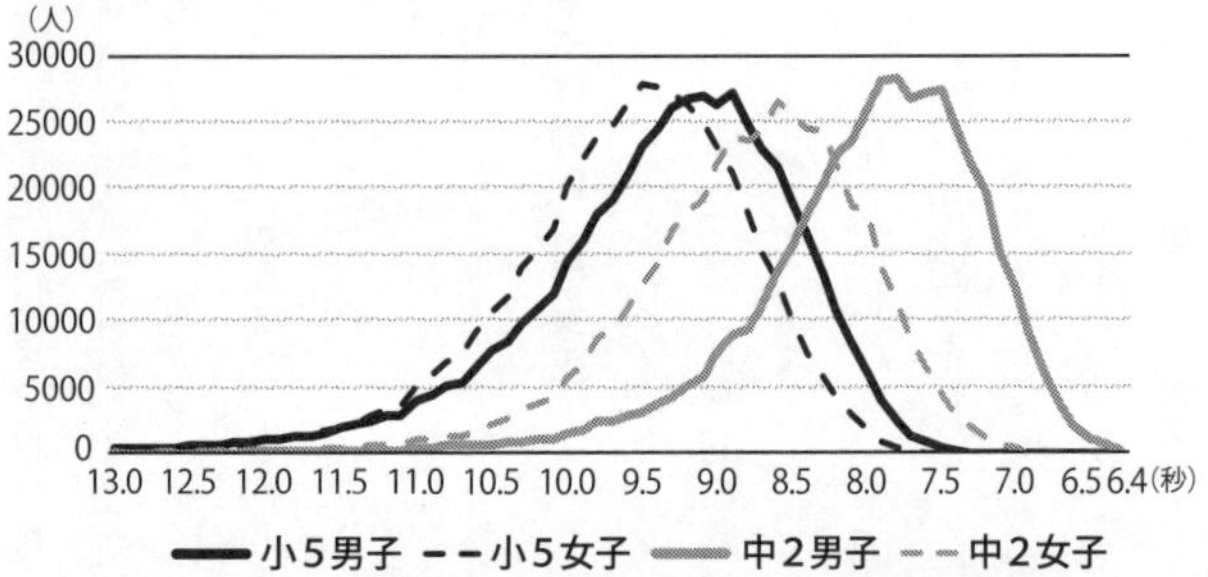

出所：「全国体力・運動能力、運動習慣等調査（2019年度）」より作成

ボール投げ）、中二で八八・七％（長座体前屈）〜四四・八％（ハンドボール投げ）となっており、中二の「ハンドボール投げ」以外は過半数の男女が重なっている。また、日常的な運動習慣の有無と運動部活動所属の割合はどちらも女子より男子の方が高く、それらも体力テストの結果に影響していると考えられる。

もちろん、「だから男女差はない」と言いたいわけではない。確かに「男女差」はある。しかし、その差は集団の平均値と最高値で見られるだけで、男子／女子集団内のばらつき、つまり個人差の方が大きい。私たちの経験を振り返ると「運動能力に優れた女子もいれば、そうではない男子もいる」ことは至極当然だが、「体力」と「性別」を結びつけて考えると、私たちはそのことを忘れがちになる。

「脳」も同様である。集団で考えた場合、脳の特定の機能、ホルモン、好みなど、男女差が明確に見られるものもあるが、それ以上に男女差のないものが多い上、個人差も大きい。[6] また、脳は環境や周囲の人たちの働きかけによって学習し、発達していく。[7] そのため、ジェンダーによるステレオタイプから、子どもの「性別」によって遊び方やおもちゃを分けた場合、脳への刺激量も「性別」に応じて異なることになる。

「男子は理系／女子は文系」というジェンダー

こうした脳と「性別」のジェンダーは教育にも存在する。その代表的なものが「男子は理系／女子は文系」だろう。学校基本調査（二〇二〇年度）によると、大学の関係学科別に占める女子の割合は、人文科学六五・二％、教育五九・一％なのに対して、社会科学三五・七％、理学二七・八％、工学一五・七％であり、まさに「男子は理系／女子は文系」である。ところが、PISAやTIMSSといった国際学力調査において、理数系科目の成績に男女差はほとんどないか、あってもごく僅かな差でしかないことがわかっている（国によっては女子の成績が高い）。興味深いことに、同じ成績であっても女子は男子に比べて算数や数学の成績に自信をもっておらず、[6] 子どもたち自身もステレオタイプを有している。

また、周囲の大人たちもステレオタイプをもっている。六歳時点で算数の成績に男女差はなくとも、親は男子の方が算数が得意だと答え、[6]「理数系の教科は男子の方が能力が高い」

と思っている小中学校教師は約二三％にのぼる。[8] こうしたステレオタイプは意欲や成績に影響を与える。数学の試験で良い点をとった女子生徒に対して、教師が「女の子なのにすごいね」と褒めると、「すごいね」だけの時よりも女子生徒の数学意欲が低くなる傾向にあり、一度だけの発言でも影響を及ぼす。[9] また、難しい数学テストを受ける前に、「数学のテスト学力には男女差がある」と伝えたグループと「男女差はない」と伝えたグループで比較すると、前者の男子は成績を上昇させ、女子は点数を著しく下げる一方、後者は男女の成績がほとんど変わらなかった。つまり、ステレオタイプは良くも悪くも個人へ影響を与える。[6] さらに、理数系に対する関心やそれに影響する体験を持つ割合も男子に比べ女子は低い上、高校時の「文理選択」の際に本人自身や周囲の働きかけによって「男子は理系／女子は文系」へ水路づけられている。[10]

幼児教育・学校教育内のジェンダー

「文理選択」だけではない。読者にも馴染みのある経験かもしれないが、「性別」で異なる扱いを受けることは幼少期から始まり、そこにはジェンダーが存在する。例えば、二歳児で「性別を理解すること」を発達の達成課題としている保育園では、「男の子／女の子～」と指示することが多い。二歳児だと自身の性別を認識していないため指示通り動けないことも多いが、その場合は保育者によってその都度訂正されている。[11]その様子は子どもたちに「性別」を理解させる「訓練」にも思える。また、「男児は青／女児はピンク」でシールを使い分けるといった、「性別」に応じた「もの」を使って環境を構成している。こうしたことは幼稚園でも同様である。そして、持ち物や遊びを「性別」と結びつけるジェンダーを子どもたち自身も身につけており、それをもとに遊んだりしながら自らジェンダーを形成し、新たなジェンダーを学んでいく。[12]小学校入学前後の子どもたちは、大人以上に「性別」へのこだわりが強い。[6]

小中学校でも「性別」で分けられる。「〜くん／さん」と名前を呼ばれる時、整列する時、名簿、教師から「男子こっちきて」、「女子並んで」と指示される時。これらは集団をコントロールするための「便宜」であり、教師や学校が「性別で異なる対応」を意図しているわけではない。しかし、先に見たように、「性別」という情報は私たちの言動へ影響するし、教師も無意識のステレオタイプをもっているため、子どもたちを「性別」で分ければ分けるほど、ジェンダーの影響から逃れにくくなる。また、子どもたち自身もジェンダーを意識し、ジェンダーに則った言動を行うことは小中高でも見られる。

ただでさえ「性別」へのこだわりが強い時期に、環境や教師からの働きかけの前提に「性別で区分」があれば、子どもたちはより一層「性別」を意識するようになる。例えば、授業場面での発言数は男子の方が多いし、教師も男子をよく指名するが、[6]女子が発言しようとすると男子が攻撃することもある。また、「男子に厳しく、女子に甘い」などのように「教師は男女で対応が異なる」と子どもたちが認識しているため、特定の子どもを注意しても「いつも男子ばっかり」といった反応になり、個人への注意が「性別」の問題へ変換される。さらに、「男子に厳しく、女子に甘い」という教師の対応は、男子は厳しい対応に耐えて競争社会に勝ち進めるような「男」としての役割を学び、女子は批判されるべき時に叱責されずに曖昧に「許される」ことで他者からの否定的な反応や批判に対応する訓練の機会を奪われることになる。[13]

性的マイノリティの子どもたちが直面する「ハードル」

「性別で区分」が前提の学校空間は、性的マイノリティの「当事者」たちを厳しい立場へ追いやる。[14]性的マイノリティとは、「『普通』の性を生きろという圧力によって傷つく人々」のことである。

学校の多くの場面で「性別」を用いることは、それだけ子どもたちを「男女いずれか」へカテゴライズすることになる。それればかりか、そこには「男子／女子は～」というジェンダーが存在する。そのことで「困難」に直面するのが、「自身の性別に関して、割り当てられた『性別』のあり方とは何らかの意味で異なる性自認を持つ」トランスジェンダーの子どもたちである。[14] 例えば、制服や校則は「性別で区分」が当然のように存在しているが、そうした一つ一つがトランスジェンダーの子どもたちにとって学校生活の「ハードル」となる。

また、「思春期に異性を意識する」という言葉をよく耳にするだろうし、実際、小中学校の体育・保健体育の学習指導要領にも「異性への関心が芽生える／高まる」という記述がある。これらは、異性への性的指向（恋愛感情や性的欲望がどの性別に向くのか）のみが前提とされており、そうではない子どもたち（同性愛者や両性愛者）の存在は「見えない」（あるいは「いない」）ものとなっている。異性と仲が良いことに対して「その子が好きなの？」と親や教師が声をかけたり、結婚相手や恋人が異性であることを前提としたコミュニケーションは、非異性愛者の子どもたちにとって「ハードル」となり得る。

さらに、性的マイノリティの子どもたちは直接的に「排除」を経験しやすい。二〇一七年に三重県で行われた高校二年生への調査では、性的マイノリティ当事者の六一・四％がいじめ被害を経験しているのに対して、非当事者は三八・三％であり経験率に差がある。[15] こうして見ると、性的マイノリティの子どもたちは「安心・安全な学校空間」が相対的に保障されていないと言えよう。

どうすべきか

ここまで見てきたように、私たちの社会には「性別」という情報が「自然」な形であふれており、私たちはそれに影響を受ける。そこにはジェンダーが存在し、教育達成や「文理選択」、学校生活など、教育にも大きな影響を及ぼす。それでは、私たちはジェンダーとどう対峙すべきなのだろうか。

まず、教育は形式的には男女平等であっても、実質的には男女平等が達成されていないことを前提にする必要がある。本章で確認したように、教育達成や専攻選択という「結果」だけを見ても男女格差は存在しており、学校教育における経験も男女で異なることを教育関係者は認識すべきだろう。

次に、「性別」は私たちの言動に影響を与え、場合によっては二〇一八年に発覚した医学部の女子差別入試や二一年度に批判を浴びた都立高校入試のように「性別」が明らかに不利益となる制度も存在するからこそ、「不要な性別指標」を学校から取り除く努力が必要だろう。例えば、名簿、靴箱やカバン棚、整列、持ち物、呼称、席の配置や体育のチーム分け、学習グループや委員会活動などから、「性別」という指標を取り除いた学校では、児童たちが男女一緒に遊んだり、グループ活動を行うことが増え、伝統的ジェンダー規範（「男は男らしく」など）から逸脱した行動にも寛容的になり、性別役割分業意識も低下したことを成果として挙げている。[4]

そして、「男女差がある」事象は集団の差であり、子ども（私たち）の未来を予言するわけではないにもかかわらず、親や教師は集団の差に基づいたデータによって子どもたちの未来を予想してしまうほど、[6]「やっぱり男／女は～」というジェンダーが私たちの社会へ強く根付いている。また、「男／女だから～できなくてもしょうがない」のように、自分の力で上手くいかないことに対して「脳や性が要因である」と考えることで気が楽になることもあるだろう。[16] しかし、そうした予測や考えは子どもたち、あるいは私たち個人の可能性を制限してしまう。やや逆説的ではあるが、「性別」やジェンダーへ意識的に注意を向けることで、「性別」やジェンダーの影響を少しでも抑えることが必要だろう。

最後に、私たちはジェンダーに影響を受け続けて暮らしており、ジェンダーから無関係でいることはほとんど不可能に近い。だからこそ、学校で男女平等を目指す取り組みを行っても家庭の方針とぶつかることもある。[4] また、教師自身もジェンダーにとらわれており、それを批判するだけでは教師に大きな負担となる。さらに、男女平等へ向けた一つの明確な「答え」があるわけではないし、社会全体に男女格差が存在していれば、いくら学校が男女平等を叫んでも限定的な効果しかないだろう。

ジェンダーにとらわれず、男女平等な社会を実現するための道のりは長く険しい。それでも、子どもたち（私たち）一人一人の可能性がジェンダーで制限されないために「できること」を中心に据えて、より良い未来を目指して地道な一歩を積み重ねていく必要がある。

1　松岡亮二、二〇一九年、『教育格差：階層・地域・学歴』ちくま新書
2　日下田岳史、二〇二〇年、『女性の大学進学拡大と機会格差』東信堂
3　垂見裕子、二〇一七年、「ジェンダーによる学力格差と教育アスピレーション格差」『「学力調査を活用した専門的な課題分析に関する調査研究」報告書』
4　多賀太、二〇一六年、『男子問題の時代？』学文社
5　加藤秀一、二〇一七年、『はじめてのジェンダー論』有斐閣
6　Eliot.L ,2009, *Pink Brain, Blue Brain: How Small Differences Grow into Troublesome Gaps – and What We Can Do About It*, Houghton Mifflin Harcourt（竹田円訳、二〇一〇年、『女の子脳　男の子脳：神経科学から見る子どもの育て方』日本放送出版協会）
7　Caplan, J. Paula and Caplan, B.Jeremy, 2009, *Thinking Critically about Research on Sex and Gender, 3rd Edition*, Pearson Education（森永康子訳、二〇一〇年、『認知や行動に性差はあるのか：科学的研究を批判的に読み解く』北大路書房）
8　国立女性教育会館、二〇一八年、『「学校教員のキャリアと生活に関する調査」報告書』
9　森永康子・坂田桐子・古川善也・福留広大、二〇一七年、「女子中高生の数学に対する意欲とステレオタイプ」『教育心理学研究』

10　河野銀子・藤田由美子、二〇一四年、『教育社会とジェンダー』学文社
11　作野友美、二〇〇八年、「2歳児はジェンダーをどのように学ぶのか：保育園における性別カテゴリーによる集団統制に着目して」『子ども社会研究』
12　藤田由美子、二〇一五年、『子どものジェンダー構築：幼稚園・保育園のエスノグラフィ』ハーベスト社
13　木村涼子、一九九九年、『学校文化とジェンダー』勁草書房
14　森山至貴、二〇一七年、『LGBTを読みとく』ちくま新書
15　日高庸晴、二〇一八年、「高校生一万人調査から見えるLGBTsの現状」『ヒューマンライツ』
16　筒井春香、二〇一六年、「『脳の性差』と『自然』：『男脳』『女脳』って？」藤田尚志・宮野真生子編『性：自分の身体ってなんだろう？』ナカニシヤ出版

てらまち・しんや
宮崎公立大学人文学部准教授。大阪大学人間科学研究科博士後期課程単位取得退学。博士（人間科学）。兵庫教育大学特命助教、大阪大学人間科学研究科助教、宮崎公立大学人文学部助教を経て現職。著書に『〈教師の人生〉と向き合うジェンダー教育実践』（晃洋書房、二〇二一年）。

多民族化・多文化化する社会に公教育はどう対応するか

髙橋史子（東京大学特任講師）

多民族化・多文化化する学校

現在、日本の公立学校に通う小学生のおよそ二％（七万人）、中学生の〇・九％（二万六〇〇〇人）は外国籍の生徒である。[1] 中国、ブラジル、フィリピン、韓国、ベトナム、ペルー、ネパール、インド、米国などで生まれ、幼少期に来日した場合もあれば、親がこれらの国出身で子どもは日本生まれという場合もある。[2]

ただし、地域による差が大きいため、学校や社会の多民族化や多文化化を実感する度合いは人によって大きく異なるかもしれない。実際のところ、外国籍生徒がクラスの半数以上だという学校もある一方で、まったくいない学校もある。しかし、全体として外国籍生徒数は増える傾向にあり（図⑤－1）、現時点で少ない地域でも今後増えないとは言い切れない。

本章では、外国籍の子どもの教育の格差について見ることで、多民族化・多文化化する日本社会において教育はどのように対応していくべきかを考えたい。[3]

図⑤-1 公立学校に在籍する外国籍児童生徒数

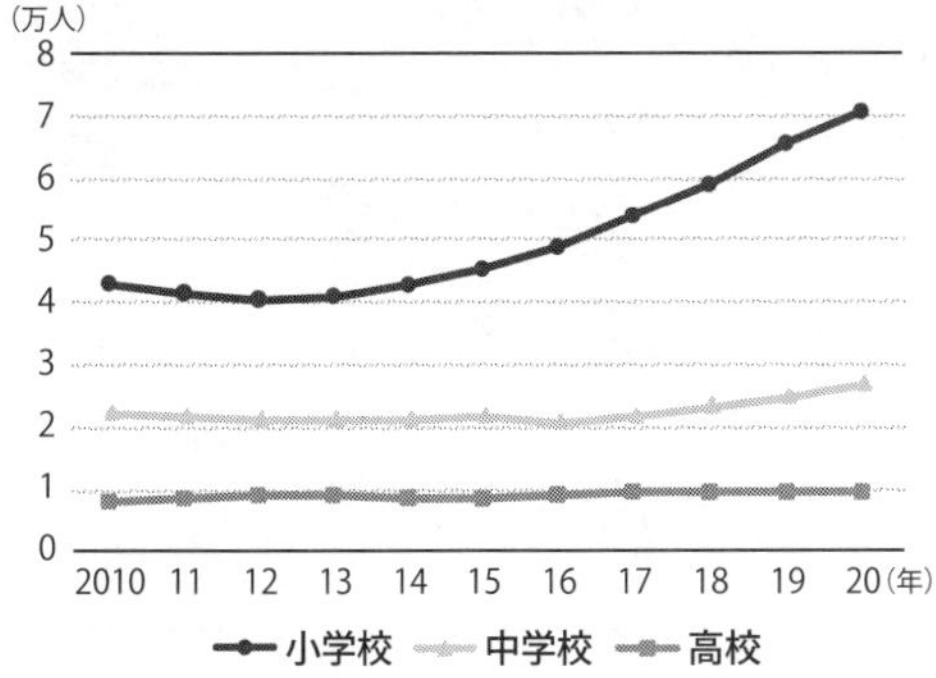

出典：髙橋（2021）
注：文部科学省　学校基本調査を基に髙橋（2021）作成

国籍・言語・文化による教育格差

外国籍の子どもの教育をめぐっては、「不就学」がまず問題視されている。不就学という言葉はあまり聞き慣れない人もいるかもしれない。不登校とは違い、不就学は学校などいずれの教育機関にも所属していない可能性があることを意味する。そして、外国籍の小中学生のおよそ二万人が不就学の可能性があるという。[4] 国籍により教育機会に格差が生じているのである。ちなみに、本章の冒頭に示した外国籍生徒の割合は公立の小中学校に所属している生徒数をもとにしており、不就学の外国籍生徒は含まれていない。

図⑤－2 親の学歴別に見た高校在学率（親の国籍別）

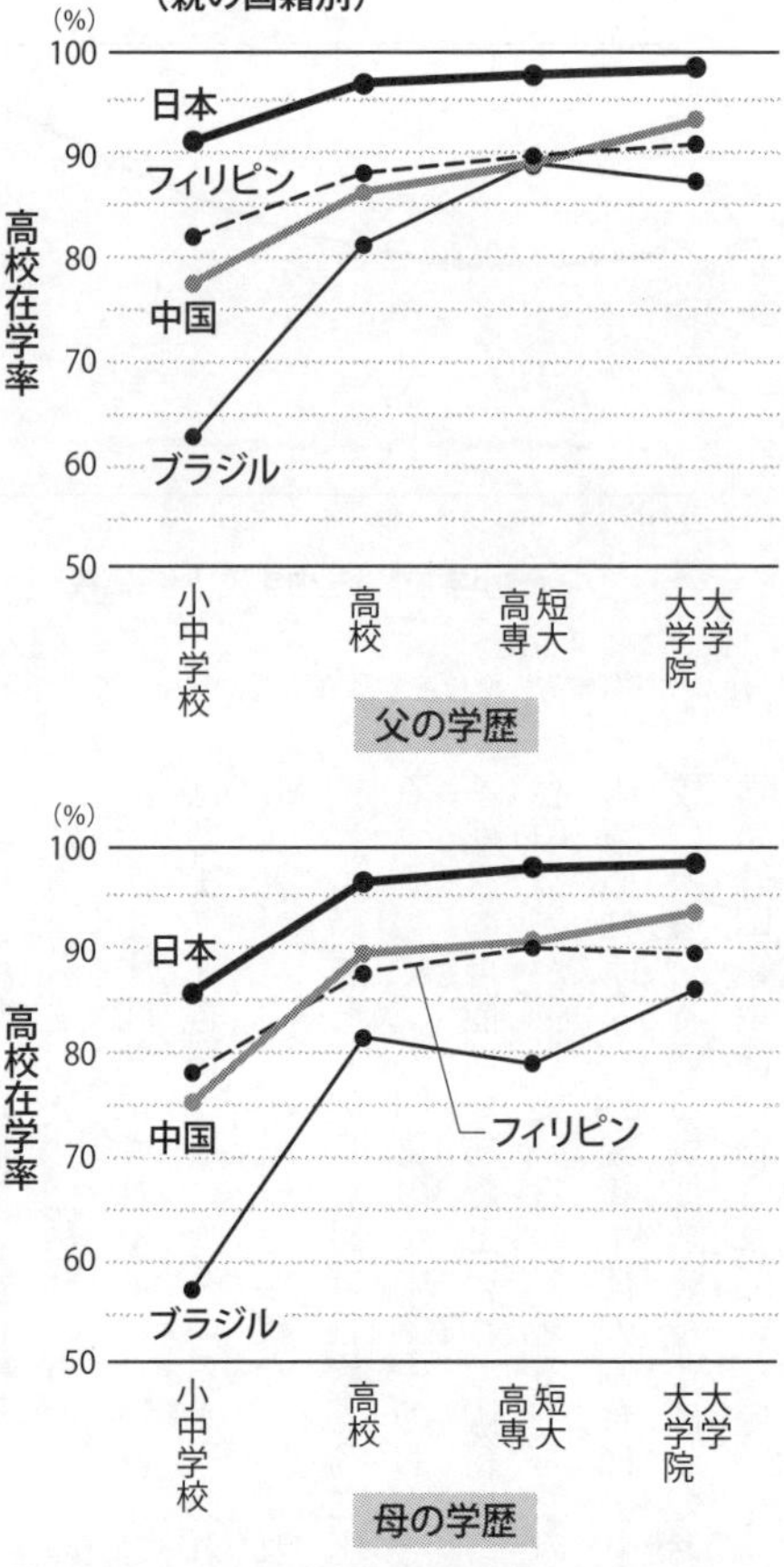

出所：国勢調査個票データ（2010年）より是川算出
注：父の学歴については、父の国籍が判明した子どもについてのみ集計
出典：是川（2018; 32）

では、学校に通っている外国籍生徒の教育達成の状況はどうなっているのだろうか。

図⑤－2は親の国籍・学歴ごとの子の高校在学率を示している。国籍にかかわらず、親の学歴が高いほうが在学率は高い。ただし、全体的に日本国籍の親を持つ子よりも外国籍の親を持つ子のほうが低い。ブラジル国籍の親をもつ場合にその差が顕著であることもわかる（是川 二〇一八）。

十九～二十一歳の国籍ごとの大学在学率では、中国や韓国・朝鮮籍者は日本国籍者とほとんど変わらず四〇％以上である一方、フィリピン、ペルー、ブラジル国籍者は一〇％程度と低い（樋口・稲葉 二〇一八）。さらに、親世代にあたる四十歳代を見ると、フィリピン、ペルー国籍者は大卒比率が一六～一七％台であるのに対し、子世代では一〇％前後と下がり、世代間での下降が見られるというのだ（樋口・稲葉 二〇一八）。

このような教育機会や教育達成の格差の背景として考えられるのは、学校が子どもの言語や文化の違いに充分に対応できていないこと、日本の教育システムや受験制度に詳しくない外国籍家庭への情報提供が不十分であることなどである。地域の多民族化・多文化化にあわせて公教育をアップデートする必要があると言えるだろう。

多文化社会への学校の対応

もちろん、学校が外国籍の子どものために何も対応していないわけではない。日本語指導が必要な生徒が一定数以上いると日本語指導教員や通訳者を配置したり、外国籍の子どもの教育に関する教員研修を行ったりすることがある。また、外国籍の子どもの学習支援や居場所づくりを行っているＮＰＯや市民団体が学校と連携して、外国籍家庭が生活・学習で困っていることなどを学校側に伝えるような取り組みを行っている場合もある。しかし、先に示した教育格差の現状をふまえると、こうしたさまざまな取り組みが格差是正という観点ではまだ不十分であると言わざるを得ない。

筆者はこれまでにＮＰＯと学校の連携の場に立ち会うなかで、言語や文化の壁などにより見えづらかった外国籍生徒の様子に教師が気づくようになった場面を幾度となく目にしてきた。生徒が出身国でどんな学校に行っていたか、どの単元まで学習済みか、将来をどの国でどう描いているか、親が子どもにどのような期待を抱いているかなど、教師の外国籍生徒に対する理解が深まることで、持っている指導力を発揮できるようになったのである。例えば、日本語にまだ苦手意識のある生徒が英語で「数学はネパールの学校でやったから簡単。でも文章題はわからない」とはじめて通訳を介して会話したことで、文章題の理解を手助けする必要がわかったケースがあった。また、別の生徒も母国語で「将来、日本の大学を卒業して母国と日本をつなぐ仕事がしたい。できれば英語で学べる大学を見つけたいがどうやって調べたら良いのか。準備の仕方や費用もわからない」と通訳を介して話し、教員がはじめて生徒の将来展望を知り、進路指導ができるようになったケースもあった。

一方で、言葉の壁をとりのぞいてもなお、教師がこれまでの学校が蓄積してきた経験やリソースでは対応できず、新たな知識やリソースを学校外に求める姿も目の当たりにした。例えば、生徒の滞在資格を知らなかったため、受験・進路指導が適切でなかったことが後からわかったケース、また家族の将来に対する見通しが立たず予定よりも滞在が長期化する状況で、日本での勉強にモチベーションがわかないという生徒や、母国と日本の間でアイデンティティが葛藤する生徒に対して、うまく助言したりロールモデルを提示したりすることができず、同じ出身国の少し年上の先輩に話をしに来てもらったケース。これらは、これまでの日本国籍の生徒を対象に蓄積してきた指導スタイルでは充分に対応できないことを示していた。

多様性と平等をめざす教育へ

それでは、多民族化・多文化化する社会の公教育について、私たちは何をしていけばよいのだろうか。

まずは、外国籍の子どもの教育の現状をできるだけ正確に理解することが不可欠だ。国籍、滞在資格、渡日の経緯や家族としての将来展望、家庭内言語やその能力などの情報は、教員が指導力を発揮するために必要である。しかし、個人情報保護や差別防止の観点から、このような調査を行うのはなかなか難しいのが現状だ。ただ、格差が見えないまま拡大し、国籍や民族による階層化とその再生産が起こることを避けるには、適切な方法で現在生じている格差のメカニズムを明らかにしなければならない。

そのうえで、これまで日本国籍者を前提として蓄積した指導経験では対応できないものについては、日本語指導教員、通訳、多文化コーディネーター、地域のエスニックコミュニティ、研究者などが学校と連携し、多文化対応の教育を確立していくことが重要だろう。その際、諸外国の多文化教育や文化的に適切な指導法（culturally responsive teaching）の事例や研究を参考にしながら、日本の教育制度や地域の実情、外国籍家庭の現状というコンテクストにあわせたものをめざすべきだ。

外国籍の子どもが日本の社会や既存の学校教育システムを学び、適応することも確かに重要だが、それだけでは学校は子どもの多様性を均質化するだけの同化装置になってしまう。豊かな母語や母文化、トランスナショナルなネットワークを活かすために、カリキュラム、教員の国籍構成や指導スタイル、学校文化を問い直し、変容させていくことも重要だ。すなわち、多様性と平等を両立できる公教育の在り方を模索していかなければならないだろう。

日本社会は多様な民族・文化によって構成されている。これまでさまざまなＮＰＯや市民団体が、外国籍の子どもの学習支援や居場所づくりを通して、国籍や言語、民族にかかわらず生きやすい社会、自立できる社会をめざしてきた。このような活動の重要性は今後さらに高まるだろう。ただし、ＮＰＯや市民団体だけに任せるのではなく、やはり公教育も子どもの多様性に対応するために変わる必要がある。理由は単純で、それが子どもの人権を守るからである。

「子どもたちは将来の社会を支える貴重な人材だ。子どもたちの持つ多様な文化は豊かな資源であり、活かさない手はない」――このような方向性で理由を掲げる主張ももちろん重要だ。しかし、それよりも大事な理由は国籍や文化、民族によらず誰もが自立のための機会を得ることは当たり前の権利であるからだということを確認しておきたい。

1　文部科学省「二〇二〇年度学校基本調査」

2　法務省「在留外国人統計　国籍・地域別　年齢・男女別　在留外国人（二〇二〇年六月）」(https://www.e-stat.go.jp/stat-search/file-download?statInfId=000032030592&fileKind=0)

3　紙幅の関係で、本章は外国籍の生徒に限定して論じるが、親が外国出身で日本国籍を取得した場合などもあり、国籍だけでは多民族化・多文化化を議論するには不十分である。実際、学校で子どもの文化的多様性への対応が進められる場合、国籍に限らず「外国につながりのある子ども」、「日本語指導が必要な子ども」など対応すべき状況に応じて文化的多様性の捉え方はさまざまである。

4　文部科学省「外国人の子供の就学状況等調査結果（確定値）概要」（二〇二〇年三月）(https://www.mext.go.jp/content/20200326-mxt_kyousei01-000006114_01.pdf)

〔参考文献〕
是川夕、二〇一八年、「移民第二世代の教育達成に見る階層的地位の世代間変動：高校在学率に注目した分析」『人口学研究』二一―二五頁
髙橋史子、二〇二一年、「日本の学校も多文化社会の中にある」『現場で使える教育社会学：教職のための「教育格差」入門』ミネルヴァ書房
樋口直人・稲葉奈々子、二〇一八年、「間隙を縫う　ニューカマー第二世代の大学進学」『社会学評論』六八（四）、五六七―五八三頁

たかはし・ふみこ
東京大学教養学部附属教養教育高度化機構社会連携部門・特任講師。オックスフォード大学大学院博士課程終了。D.Phil.（社会学）。東京大学大学院教育学研究科附属学校教育高度化・効果検証センター助教を経て二〇一九年より現職。専門は移民の教育の国際比較、多文化社会とエスニシティ・ナショナリズム。

Ⅱ　「学力」と大学入試改革

⑥国語教育

「論理国語」という問題：今何が問われているのか

伊藤氏貴（明治大学教授）

「論理国語」とはおそらく大方の読者諸氏にとって耳慣れぬことばだろう。新語である。それも、自然発生し人口に膾炙したものではなく、明確な意図をもって造語された、違和感を禁じえないことばだが、これが新たに高校のカリキュラムに導入されることが決定した正式な科目名なのだ。ギリシャ語ならば「論理」も「ロゴス」、「言語」も「ロゴス」なのであり、「論理国語」は「頭痛が痛い」くらいの畳語である。

そしてこの違和感は、「論理国語」が、その対として新設される「文学国語」と併置されるときにいや増す。この両者が排他的関係に設定されているということは、「文学」には「論理」がないと言っているようなものだからだ。「文学」作品を、たんなる感覚でなく、

「論理」に基づいて読解するのが「国語」という科目の一つの意味だったのではないか。

検定教科書はまだ完成していないが、これがどのような科目になるのかを示すおおよその材料は揃った。名称一つとっても新たな科目編成がいかに「論理」的でないかは明らかだが、この「論理国語」なる不可思議なものが、どのような背景のもとに生まれ、そしてこれが実際に導入されるときにどのような問題を生むかを考えよう。

既に私自身の立場はここまでで明らかだろうが、はじめに断っておけば、私はこれまでの高校国語における文学教材の扱いに諸手を挙げて賛成しているわけではなく、また、いわゆる論理学的な内容を導入することに反対しているわけでもない。文藝評論家を名乗ってはいるが、その立場から文学を擁護しようとしているのでもない。この問題に関しては、高校の国語教科書作成者として、また予備校で長らく現代文を教え、模試やテキストを作ってきた者としての立場から、高校生の国語力を真剣に案じ、この戦後最大の国語教育改革に大きな疑問を呈するものである。「論理国語」の内容ばかりでなく、その分量と配置、また導入時期に関してだ。

この疑義が正当かどうかは、ぜひ以下の概説を見て各自「論理」的に考えられたい。議論はまさにこれから熟していくことになるだろうが、その際、新時代に即した改革派と文学に執着する守旧派との対立という安易な図式に落とし込んでしまわないでいただきたい。国語教育に「論理」は当然必要だが、あるいはたしかに時代の変遷とともにますます必要になっているだろうが、そこで求められている「論理」は新教科としての「論理国語」ではない。

1　改革の概要

「論理国語」とは、戦後最大の国語教育改革の流れの中で生まれてきた、高校二、三年生配当の新科目だ。この改革には大きく三つの分野がある。

①大学改革：文系の軽視と専門職大学院

文部科学省（以下、文科省）は二〇一五年六月八日付で文科大臣通知を出した。

「教員養成系学部・大学院、人文社会科学系学部・大学院については、18歳人口の減少や人材需要、教育研究水準の確保、国立大学としての役割等を踏まえた組織見直し計画を策定し、組織の廃止や社会的要請の高い分野への転換に積極的に取り組むよう努めることとする」。

「廃止」や「転換に積極的に取り組むよう努めることとする」というのは、つまりはお取り潰しに等しい内容だ。

「教員養成」や「人文社会科学系」は「社会的要請の高い分野」ではない、と明言されている。いくら少子化が進んでいるとはいえ、教員養成が「社会的要請」にかなっていないとするのは、文科省自身の存在意義に関わることだろうと思われるが、つまり「社会的要請」というのは、国家百年の計ではなく、今すぐ役立つかどうかという〈実用性〉の問題であることがわかる。「人文社会科学系」の学問もたしかに今すぐ役立つかという意味では〈実用性〉に乏しいと言わざるをえないだろう。

こうして文系学部を絞る一方で、二〇一九年の春に、実に五五年ぶりの大学制度改革が行われ、新たに「専門職大学」なるものが発足した。卒業に必要な単位の三~四割を座学ではなく実習とし、教員の四割以上を実務経験者とすることが開校の条件とされている。卒業後〈すぐに役立つ〉人間の養成——大学の〈実用化〉、いや大学生の〈実用化〉である。

②大学入試改革：大学入学共通テストにおける「国語」の変化

二〇二一年一月、センター試験に代わって施行される「大学入学共通テスト」に関する問題は様々あるが、ここでは「国語」の新傾向の一つとして、「実用文」の導入だけを挙げる。

これまで、現代文（評論）、現代文（小説）、古文、漢文の計四題だったのが、新たに一題加わることになった。そのテクストが、グラフや表などを含む実用的な文章ということになったのだ。これまでの試行調査では、駐車場の契約書、高校の生徒会規約、自治体の広報などが表やグラフとともに出題された。これもまた〈実用化〉を指向するものだ。

③指導要領改革：「論理国語」と「文学国語」

既に少し触れたが、「論理国語」とは、高校二、三年生向けに新たに作られた科目である。高校全体の「国語」の科目編成は図⑥-1のとおりであるが、まず高一では現行の「国語総合」が二つに分かれ、「現代の国語」と「言語文化」とになる。このうち前者が、②で見た「共通テスト」の「実用文」を扱う科目になる。現在「国語総合」で扱われている文学教材、古文、漢文はすべてもう一つの「言語文化」に入れられることになる。たんに現行の内容を二つに分けたということでなく、これまでと大きくバランスが変わるということを銘記されたい。「文学、古文、漢文」をあわせて、「国語」全体の半分の時間しかなくなるのだ。

高二、三配当科目に関しては、現行の「現代文B」が例の「論理国語」と「文学国語」になるのだが、高一の場合とは異なり、二つに分かれるわけではない。「現代文B」は四単位、「論理国語」と「文学国語」もそれぞれ四単位なので、これまで「現代文B」を採用してきた高校は、普通に考えれば「論理国語」と「文学国語」のどちらかしか選べない（教科書会社への説明会で、「論理国語」の教科書には文学作品はおろか、文芸評論や文学者のエッセイも載せてはならないと明言された。「論理」と「文学」は完全に分断されている）。

図⑥-1　高校国語の科目はこう変わる

	旧	新
高1（必修）	「国語総合」	「現代の国語」「言語文化」
高2・高3（選択）	「現代文」「古典」「国語表現」	「論理国語」「文学国語」「古典探究」「国語表現」

そして、先に②で見た「共通テスト」に新たに「実用文」が入り、これは「文学国語」ではカバーできない以上、多くの高校は「論理国語」を選択することになるだろう。

大学、大学入試、高校の三つの分野に跨る改革だが、そこに通底するものは激しい〈実用性〉指向である。

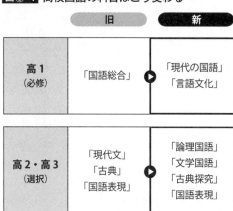

2　「論理国語」導入の背景

読解力の低下が問題になったのは、いわゆる「ＰＩＳＡショック」のときのことだ。ＰＩＳＡとは、ＯＥＣＤ（経済協力開発機構）加盟国を中心に三年ごとに行われる十五歳を対象とした「国際学習到達度調査」で、二〇〇三年に日本は「読解力」の分野において大きく順位を下げた。二〇〇〇年には八位だったのが、一四位に。これが「ＰＩＳＡショック」と言われるもので、二〇〇六年の試験ではさらに下げて一五位となった。

同じ二〇〇三年に「科学的リテラシー」では二位、「数学的リテラシー」では六位だったので、「読解力」の悪さが際立つ結果となった。日本の子どもたちの「読解力」が急激に低下しているのでは、と多くの人が「ショック」を受けたのだ。

PISAではたしかに実用的な文章や表やグラフが「テクスト」として出題される。先述のとおり、「共通テスト」も「論理国語」もこの「テクスト」観を表面的に踏まえたものとなっている。二〇一六年十二月に出された中央教育審議会答申は、PISAの平均点の改善を求め、「文章、及び、文章になっていない断片的な言葉、言葉が含まれる図表などの文章以外の情報も含めて『テクスト（情報）』」と呼ぶことにした。この「テクスト（情報）」なる概念が、新指導要領をも支配するようになった。つまり、「論理国語」とは情報処理の科目だということになる。

また、PISAショックに加え、最近では、飛躍的に発達しつつあるAI（人工知能）との関係で「読解力」の危機が叫ばれるようになった。

少し前には、オックスフォード大学の研究者たちが、今ある仕事の半数近くがAIに取って代わられるようになるだろう、という予測を出して衝撃を与えた。ではどうすればAIに仕事を奪われないですむのか。

日本のＡＩ研究者、新井紀子が、そんななか、ＡＩが今後も人間に決して勝てないだろう能力として「読解力」を挙げた。これだけ聞けば喜ばしいニュースにも見えるが、しかし同時に、新井が独自に開発した「リーディングスキルテスト（ＲＳＴ）」を用いて日本の子どもたちに読解力の調査を行ったところ、中学生の半分くらいは教科書レベルの日本語もきちんと読解できていないのではないかという、さらに驚くべき結果が示された。このままでは読解力でもＡＩに負け、職にあぶれる若者が増える……。これを仮に「ＡＩショック」と呼んでおこう。

文科省の視学官も、この調査結果を踏まえて、「国語教育のいわば『外部』から具体的な調査結果（エビデンス）に基づいた指摘を受けたことは、いわば他教科等で必要な言語能力が国語科教育で十分育成されていないことを厳しく批判するものと考えることができる」と述べた。*

「ＰＩＳＡショック」と「ＡＩショック」とが相俟って駆り立てられた恐怖心が、教育現場にも及び、今、戦後最大の国語教育改革を推し進めようとしているということだ。

「読解力」に関心が向けられること自体は喜ばしいことだが、何事であれ急いては事をし損じる。こうした様々な「危機」がはたして実際どれほど深刻なのかについては、一つひとつ検証してみなければならない。危機感にただ煽られるだけでは改善の方向を見誤ることになるだろう。

「ＰＩＳＡショック」と「ＡＩショック」はつまりグローバル化とＩＴ化という二つの「外圧」によるものだが、この二つに答えるためだけならば、たとえば「日本語を廃止して、全員英語を習わせればいい」というような結論にも至りかねない。

しかし、まず「ＰＩＳＡショック」の方から見れば、二〇〇〇年からの「読解力」の順位は次のように推移している。

八位→一四位→一五位→八位→四位→八位

二〇〇九年には再び八位に、二〇一二年には四位にまで上がっているのだ。二〇一五年にはまた八位に戻ってしまったが、文科省はこの低下の原因に関して、この年にはじめてコンピューターを使用する試験に変わったため、その操作に慣れなかったせいではないかと分析している。いずれにせよ、右の推移だけを見て「読解力の急激な低下」を言うことはできない。今回の「共通テスト」や「論理国語」に依らずとも、成績は上がったのであり、そもそもＰＩＳＡの上位国で学校の授業内容をＰＩＳＡ対策に向けるなどということはない。一時期注目を集めたフィンランドでは、授業内容における教師の自由裁量度を上げることで、生徒の成績も上がったという。

一方、日本は全く逆で、今回の指導要領改革は、科目を細分化し、さらにはそこで教えるべき内容の時間数まで細かく指定することで、規制を非常に厳しくしている。この画一性は、全国一律に同内容同程度の教育を受けさせようという善意の表れなのかもしれないが、教師から主体性を奪うものである。

たしかにＰＩＳＡにはグラフや表を含め、実用的なテクストも用いられているが、一方で文学的文章も多く出題されており、ＰＩＳＡの言う「テクスト」は「情報」には決して限定されない。また正解が一つに定まらない記述式の問題もあるが、それに合わせて導入された「共通テスト」の記述式問題はと言えば、主に一意的な実用文を用い、字数は多くとも、解答が一つに定まるよう、設問に煩瑣な条件が加えられている（共通テストの記述式問題導入は、二〇二一年八月に萩生田光一文科相が正式に「断念」を表明した）。これは公平な採点のためにある程度やむをえないことだろうが、ＰＩＳＡの方向からは外れている。

内容としてもＰＩＳＡ対策としてははなはだ不十分なのだが、そもそも大学入試や高校のカリキュラムでのＰＩＳＡ対策には意味がない。ＰＩＳＡは十五歳用の調査だからだ。

ＰＩＳＡの結果に振り回されて「論理国語」を導入しようとする動きがいかに無意味であるかは以上から明らかだろう。

もう一つの「ＡＩショック」に関して言えば、ＡＩの発達が現在の人間の労働形態に少なからず影響を与えるだろうことは事実だとしても、「人間がＡＩに支配される」などということを今心配する必要は全くない。先に紹介したオックスフォード大学の研究では、「調査した七〇二の職種のうち約半数が一〇年以内にＡＩに取って代わられる」という予想が示されたが、それは二〇一三年のことで、六年経った今、それほどの急変は起きていない。

たとえばなくなる職業のかなり上位に挙げられているバーテンダーなどは、たしかに正確な配合量や温度管理をＡＩが管理すればカクテルの一定の味は保てるにしても、より重要なのは個別の客に合わせた対話なのであり、これはあと四年でＡＩに可能になるとも思えない。

ここからもわかるとおり、データや情報を「読む」と言っても、ただ与えられたものを鵜呑みにするのではなく、他の状況やこれまで得た知識と結びつけながら、その情報を疑うところまで含めて「読解」するのでなければ意味がない。実はＰＩＳＡで求められている「読解力」は「既習の知識とテクストとを結びつけて読む力」であり、「テクストを評価すること」までをも含んでいた。しかし、新井紀子の「ＲＳＴ」が示す「読解力」とは、たとえば次のような問題で測られるものである。

問：次の二つの文章の表す意味は同じか異なるか。

幕府は、一六三九年、ポルトガル人を追放し、大名には沿岸の警備を命じた。

一六三九年、ポルトガル人は追放され、幕府は大名から沿岸の警備を命じられた。

この問を八五七名の中学生に出題したところ、正答率は五七％に過ぎなかったという。驚くべきことに見えるが、しかし、読者諸氏は二つ目の文を見たとき、まず一文目と同じかどうかを確認する以前に、大きな違和感を抱かれたであろう。「既習の知識」に合わないからだ。

中学生が間違えた最大の理由は、幕府と大名との関係を知らなかったためだろう。その証拠に、この同じ問題を高校生にやらせると正答率は七一％にまで上がる。もしこれが国語の授業のおかげならば、現在の高校国語は機能していることになる。ただこれは、国語というより日本史の問題だろう。文章を読むことは、外部の知識と切り離して考えられるものではない。

もし厳密に修飾関係を理解できているかどうかを問うためならば、たとえば構文を変えず、次のようにしてみればよい。

AはB年にCをDし、EにはFを命じた。
B年にCはDされ、AはEからFを命じられた。

「幕府」「大名」などという、うろ覚えの単語に気を取られず、純粋に修飾関係だけを追えるからだ。これは「読解力」というより「注意力」の問題である。英語で能動態と受動態の書きかえを学ぶような仕方で、簡単な語や記号を入れかえる構文練習を数回させれば、誰でもできるようになるだろう。私自身はうっかり間違える自信があるが、それでも「読解」に関して人生でそれほど困ったという記憶がないのは、実際にはこんな文は社会には存在しないからだ。どんな文章にも、事実との対応や書かれた背景というものがあり、そこまで含めて読まないならば「実用的」とも言えないのだ。社会や理科の教科書が読めないとすれば、その最大の理由はその内容に興味が持てず、注意力が保てないからだ。

もちろん日本語の構文はきちんと理解できた方がよいに決まっている。しかし、もし高校生になってもここで多くの生徒がつまずいているとするなら、それまでの教科書が読めていなかったということになり、大学受験や高校のカリキュラムで手当てをしようとするのでは遅すぎる。

念のために付け加えておけば、先の問題の正答率の低さをもって、若者の読解力の低下を言うことはできない。なにしろこれは最近開発されたものにすぎず、もしかしたら数十年前の中学生に解かせても同様の結果しか出なかった可能性が十分にあるからだ。そして、右に書いてきたようなことからするならば、昔も同様だったのではないかと思われる。

従来の「国語」の枠組みに、実用文や短文読解のドリルが加えられることに反対はしない。しかしそれは、もっとずっと早い段階から少しずつ導入されるべきものだ。私自身も十数年前に作った高校一年生用の予備校のテキストには、毎講論理トレーニングを入れることにした。ただしそれは、より複雑な文章を読み解くための準備運動としてだ。高校生をとりまく複雑な現実の論理に対するのに、準備運動だけを集中的にやるのではいかにも手遅れなのだ。

「論理」と「文学」とを分けるような非「論理」的な改革は、「ゆとり」以上に悲惨な結果を招きかねない。日常の言語活動における「論理」はむしろ「文学」に近いことを思えば、「文学国語」というこなれない名前の科目の中でこそ、真に「実用」的な言語習得も可能なのではないか。

＊大滝一登、二〇一八年十二月、『高校国語　新学習指導要領をふまえた授業づくり　理論編』明治書院

追記——共通テストと指導要領改革の現在地

読んでお気づきのように、これはもともと二〇一九年に書かれたもので、情報として古い部分がある。そこをあえて書き換えなかったのには、二つの理由がある。一つはこの問題がいまだ現在進行形で流動しており、今最新の情報にアップデートしてもすぐにまた変わる部分が出てきてしまうということと、また古い情報を残しておいた方がことの経緯がはっきりするだろうということとである。それで、二年が経ち、事態がどういう方向に動いているかということを以下に付記する。

まず大きかったのは、第一回の共通テストが二一年一月に実施されたことである。蓋を開けて誰しもがびっくりしたのは、センター試験とほとんど変わらなかったということだ。

改革の三本柱のうち、記述式は早くに撤退が表明されたが、残る実用文と複数テクストに関して、前者は全く出題されず、後者もほんの形ばかりのものとなった。血眼になって新傾向の対策をした受験生にとってはお気の毒と言うしかないが、これは試行問題からの大規模な退却であり、無謀な改革への反省のあらわれととるなら望ましいものである。ただ、出題の枠組み自体が取り下げられたわけではなく、実用文などの扱いに関しては、二二年の出題がどうなるのか非常に注目されるところだ。

高校の指導要領改革に関しても、枠組みは変更できないが、実際の運用においてはかなりの撤退が見られそうだ。「論理国語」「文学国語」の教科書はまだできておらず、各社の内容はわからないが、二二年から高一で導入される「現代の国語」「言語文化」の分化に際しては、実用文などを扱うはずの「現代の国語」に芥川龍之介の「羅生門」を入れた教科書が検定を通ったという情報がある。文科省が世間の声に融通を利かせたのかもしれない。

それなら「論理国語」にも文学教材を入れてもよくなるのか。それはわからないが、文科省は、授業においては「論理国語」四単位を「減単」して、他の教材を入れてもよいとの妥協策を出した。結果として、多くの高校が「論理国語」を減単し、「文学国語」も扱う方向で検討中と聞く。喜ばしいことではあるが、それならそもそも「現代文B」を分割する必要はなかったのだ。

こうした流れが今後どうなるのか、見守っていきたい。

いとう・うじたか
明治大学文学部教授。二〇〇二年に「他者の在処」で群像新人文学賞（評論部門）受賞。著書に『奇跡の教室』（小学館、二〇一二年）、『美の日本』（明治大学

出版会、二〇一八年）など。文藝評論家。大手予備校で現代文を担当し、模試やテキストの作成にも携わり、高校国語の教科書の代表編集を務める。

⑦英語入試改革

ぺらぺら信仰がしゃべれない日本人を作る

阿部公彦
（東京大学大学院教授）

本章の初出となった雑誌特集タイトル「間違いだらけの英語学習」（『中央公論』二〇一九年八月号）からは、明らかに「英語ぺらぺら」信仰に対する懐疑的もしくは批判的なスタンスが見て取れるでしょう。私もこれまで後者に近い立場で発言してきました。

しかし、誤解を避けるために言っておきますが、いわゆる「ぺらぺら英語政策」を批判するのは、「しゃべりたい」という欲求に「ノー」をつきつけるためではありません。それどころか、「英語がしゃべれるようになりたい」という人がその願いを叶えられればすばらしいと私も思っています。「つべこべ言わなくていいから、しゃべれるようにしてくれ」との要求も理解できる。外国語でやり取りできたら楽しいし、便利です。私自身、韓国や中国やフランスに行けば、現地の言葉を多少は勉強し口頭でのやり取りを試みますし、「もっとできたらいいのに」と思ったりもします。

ただ、残念ながら今のような調子でオーラル英語重視政策をつづけても「しゃべりたい」という願いは叶えられません。今回の、大学入試への民間試験利用推進（二〇二一年八月に萩生田光一文部科学相が正式に断念を表明した）に典型的にあらわれた「ぺらぺら」信仰は、まさに「ぺらぺら」の実現を難しくするのです。明治以来百年以上をかけて人類史上希に見る壮大な失敗を繰り返すことで、私たち日本語話者はこのことを実証してきました。

みなさん、言葉なんて誰でも使えるものだ、とくに話し言葉は簡単さ、と考えがち。そこが間違いの第一歩です。だから「しゃべれるようになりたければ、しゃべる練習をせよ」とか「しゃべるテストをやればいい」という考え方が出てくる。しかし、この短絡的な発想こそが百年以上にわたるこの「英語学習の黒歴史」を作り出してきたことを思い出しましょう。英語をしゃべることへの過度な憧れや、それが反転した軽視はいずれも習得の妨げになります。以下ではそのあたりを実例とともに検証しつつ、打開策も示したいと思います。

間違いその一　「英語がしゃべれない」の勘違い

私たちはよく、英語が「しゃべれる」とか「しゃべれるようになりたい」といった言い方をします。今回の政策が推進されたときにも、中高生や政治家、官僚の方々の「英語、しゃべれないよねえ」というセリフが引用され、新しい方式を導入するための論拠として利用されました。

そこで改めて考えてみましょう。私たちが英語をしゃべれないというとき、実際に起きているのはどんなことでしょう。「しゃべる」という行為が問題になるのは、テレビを見たり講演会に行ったりしたときではありません。対話の相手がいるときです。駅で電車の乗り換え方法を聞かれたり、パーティで名乗り合ったり、仕事の後、パブで雑談をしたりといったとき。私たちが「しゃべれない！」を痛感するのはそんなときです。

そこで、大きな障害となっているのは、「聴解」ではないでしょうか。聴き取れないのです。相手が何を言っているのかわからなければ、しゃべろうにもしゃべれないし、会話も成り立たない。ところが、私たちは会話がうまくいかなかったと感じるとき、しばしば「しゃべれなかった」と言い換える。ほんとうの問題は聴く方だったのに、まるで「発声の技術」にすべての原因があるような誤解を抱くのです。[1]

この間違いから導き出されるのは、「まずは聴けるようにしなければ話にならない」ということです。ところが「ぺらぺら」信仰のもとでは明らかにこの点が見過ごされてしまいます。「しゃべれないんだから、とにかくしゃべることをやろう」という話になってしまう。

そのため、タブレットに向かって音声を吹きこむだけのひどく人工的なスピーキングテストを導入するために、膨大な金と労力をかけ、混乱を引き起こし、民間試験を導入しようなどという話になる。これでは何も解決しません。

間違いその二「四技能均等」の勘違い

だから四技能均等なんだ！　という声もあるかもしれません。しかし、そこにはより大きな問題があります。「四技能均等」なる看板は、話すことと聴くことを別のものとして分離できるような錯覚を招きます。

「四技能」なる概念は昔からあった単なる区分けにすぎません。良いも悪いもない。便宜的に英語の運用を四つのカテゴリーに分けることで、バランスのよい学習を目指したのです。ただ、この古くからある区分けが、近年、改めて注目を浴びた。偏った勉強法を是正しようとすることに熱意を持って取り組む英語教育者が増えたのです。

これ自体、決しておかしなことではないでしょう。たしかにかつては、前置詞の用法を覚えることに執念を燃やしたり、難読構文を見事に訳すことに生きがいを見いだしたり、あるいは語源のことなら何でもまかせとけといった〝専門家〟がいたものです。英語に興味を持ちモチベーションを高めるためにはこうしたアプローチも間違っていないと私は思いますが、すべての生徒に強制できるものではないでしょう。

「四技能」はこうしたオタクなアプローチに対し、「もっといろいろやろうよ」というメッセージを担いました。もちろん「四技能」とは言いながら、それまでの読解中心的な英語学習に対するアンチテーゼの色彩が強く、明らかに軸足はオーラル英語にありました。それが今回の入試政策の「ぺらぺら」理念の遠因ともなっています。しかし、少なくとも「もっといろいろやろうよ」という考え方には意味があった。私もおおいに共鳴します。

ところが、いつの間にかこの「四技能」が「四技能均等」になってしまった。民間試験を入試に導入するためには、「均等」という概念をふりかざす必要があったからです。これまでの入試と民間試験とで明確に違うのは、はっきり言えば、スピーキングテストの有無ぐらい。ならば「入試にスピーキングを入れよう！」と言えばいいのです。たとえばスピーキングテストだけ民間業者にやらせればいい。そして、どうしてもスピーキングテストを課したい大学が、オプションとして受験生に課せばいいのです。

ところがそうせずに、民間試験導入を推進する人たちは判で押したように、「今までの大学入試は二技能。これからは四技能」というフレーズを連呼しました。民間試験は点数の等価の必要もあり、テストを四つに分けて行います。点数が均等に配分されることも多い。しかし、これはあくまでテストを課する側の都合です。[2] ところが、推進派の人たちは、これがまるで神聖な区分であるかのように金科玉条として掲げるようになった。
「二」が「四」になれば、何だかすごく英語力が増進したように感じられます。勉強量が増えていないのに、以前よりいろんなことができるようになったと錯覚する。見事なレトリック、というか「トリック」です。

実際には、英語の学習も運用もきれいに四つのカテゴリーに分けられるものなどではなく、後に説明するように、しゃべるときにも読むときにも、書く能力や聴く能力はからんできます。そもそも語彙や構文の知識はすべての基礎です。ところが、そうした連携よりも厳密な区分の方が大事であるかのような「四の神話」が一人歩きし始めた。文部科学省は英語学習のさまざまな局面で、四技能を厳密に区別せよ、かつそれぞれの技能を均等にいれろ、などというまったくトンチンカンで無意味な指導をするようになった。それもこれも、センター試験という、日本の大学入試史上もっとも洗練されたシステムを、方式もレベルも目的もばらばらの民間試験に置き換えることを目的にしていたからではないでしょうか。

こうして「もっといろいろやろうよ」という含みを持った穏健で自由な四技能提言が、「均等でなければならぬ」という硬直したイデオロギーにとってかわられることになります。しかし、そもそも何をもって「均等」という判断はなされるのでしょう。配点を揃えるだけで能力が均等に測れる？　まさか、このテストに向けて勉強すれば、ほんとうに四つの技能が均等に身につくと信じているのでしょうか。ためしに現在の日本の高校生が読めるものと書けるもの、話せることなどを比べてみてください。読む方については新聞や小説などかなり高度なレベルでも理解できる。しかし、話し書く力は英語圏の小学生にも劣る。これを無理矢理「均等」にするためには、読解力をわざわざ下げる必要さえあります。

これが珍妙なかけ声であることは、日本語の例を考えればもっとはっきりするでしょう。私たちには教科書や新聞や契約書を読む機会が日常的にありますが、これらと同じレベルのものを自分でも書けるという人がどれだけいるでしょう。母国語でさえ、私たちの言語運用能力は必要性や環境の影響を大きく受け偏っているのです。「均等」などとは縁がないし目指す必要もない。むしろ、自分にとってほんとうに必要な能力を伸ばすことの方が大事。つまり、「四技能均等」などというのは理想ですらない。単に政治的な理由で捏造されただけのニセ看板なのです。

間違いその三　「発話」の勘違い

この「四技能均等」イデオロギーがいかに間違っているか、もう少し具体的に説明しましょう。いわゆる口頭のコミュニケーションでは、しゃべることと聴くことはほとんど区別が難しいほど、連携しあっています。言葉を発するという点に話を限っても、誰かを相手にしている以上、必ず、相手の発話のリズムへの反応や共鳴、「ずれ」の摺り合わせなど「調整」の要素がからんでいます。

おもしろいことに、こうした要素は少人数での会話だけではなく、大人数の聴衆を前にした講義や講演のときにも関係してきます。会場の聴衆は、「どうせ向こうはこちらのことなんか見えていないだろう」と思いがちですが、話者の方には驚くほど聴衆の反応が伝わってきます。講演が上手な人は、そのときの聴衆の気配をうまくくみ取って、全体の雰囲気を盛り上げるものです。こうしたことから見えてくるのは、話すという行為において大事なのが「相手の反応をどう受け止め、利用するか」との相互性だということです。ちょうどピッチャーを前にしたバッターと同じ。相手の力をうまく利用して、球を打ち返したいのです。当然、相手が速い球を投げてくるか、遅めの変化球かで、こちらの対応も変わる。

では、そこを鍛えるにはどうしたらいいでしょう。少なくとも、タブレットに向かって一分間しゃべるような民間試験のスピーキングテストを目標に勉強しても、一番肝心な部分は鍛えられない。

私が強調したいのは、ここでも「聴解」です。ただ、先ほどの「相手が言っていることを聴き取る」という聴解とはちょっと別の意味です。複数の相手がやり取りをしているのを聴く練習をしたい。これは文意の把握のためというよりは、英語話者がどのような間合いやりズムでやり取りの「調整」を行っているかを身につけるための練習です。

雲を摑むような話に聞こえるでしょうか？ 実はそんなに難しいことではありません。人の話し方には「類型」というものがあります。言いにくいことを言おうとするときの決まり文句とタイミングのとり方、重要な論点を持ち出そうとするときのトーン、相手の一言に引っかかってイラっとしたときのスピード感……英語にも場面に応じた間合いや言葉の使い方があり、その数はたかが知れています。映画やドラマを使って場面ごとに勉強していくのもいいでしょう。でも、時間のないビジネスパーソンなら、まずはどの場面にも共通するような、英語特有のリズムや間合いを知っておくと便利です。

そこで、以下の節ではそうした点を学習するために覚えておきたいことに触れましょう。

間違いその四 「しゃべれるはずだ」の勘違い

英語の勉強を無駄に神秘化する必要はありません。「やればできる」と考えるのはとても大事。

しかし、ここでは私はあえて正反対のことを言おうと思います。日本語話者にとって、英語の習得はものすごくたいへんなのです。なぜそんなことを今さら強調するかというと、今回の英語政策の根底に大きな誤解があるからです。まるで「英語の習得は簡単。学校の勉強法が悪いだけ。先生の教え方が悪いだけ。入試が悪いだけ」と言わんばかり。

繰り返しますが、日本語話者にとって、英語の習得はものすごくたいへんなのです。その理由はまずは、日本が一つの言語（＝日本語）だけでほとんどの用が足せる、世界的に希な言語環境にある国だからです。たとえば日本でAとBという二つの言語が使われていたとしましょう。その場合、すべての人が両方をマスターしていなくとも、おそらく多くの人は日常的に「言語を切り替える」というスイッチを持つはずです。これに対し、現在の日本では、大人も子どもも、日本語以外の言語で話すことに大きな抵抗を感じます。だから、英語をしゃべる練習のためのクラスであっても、なかなか「照れ」を乗りこえられない。これは良い悪いの問題ではなく、単に「言語混在」という状況に慣れていないということです。言語のモードを切り替えられない。

また、多言語の国ではしばしば英語が第三の言語の機能を果たしてきました。「英語がしゃべれる人が多い」国としてよく持ち出されるインドやシンガポール、あるいはヨーロッパ大陸の一部の国々についても言えることですが、英語なりフランス語なりの「共通語」が仲立ちしないといろいろ不都合が生ずる国では、自然、外国語に対する対応力も、学習の動機づけも高くなる。

むろん、英語と接する機会がないということも「苦手」の大きな要因です。日常的に必要でなければ、よほどの動機づけがないと、たとえ無料で学べる機会があふれていても、自分から積極的に英語に触れようとする人は増えません。

つまり、日本語話者が「英語がしゃべれない」のは当然なのです。そんな状況では、「なんでしゃべれないんだ！」という焦りや苛立ちは有害なだけです。むしろ、「放っておいたら、ぜったいしゃべれるわけがないよね」という点から学習方法を構築する必要があるのです。

間違いその五 「発音ができない」の勘違い

おそらく英語の難点として誰もが意識するのは発音でしょう。「しゃべれるようにしてくれ」と要求する人にとっては最大のネック。「ぺらぺら」という言い方にも、よどみなくしゃべりたいという希望がはっきり見えます。

この点については「ジャパニーズ・イングリッシュで十分」とか「カタカナでいいよ」といった指導法もかなり見られるようになりました。それも一つの選択肢だとは思いますが、やはりカタカナでは肝心のときに相手が聴き取れないことが多い。カタカナ方式でしか英語を教わらなかった生徒は、はじめからハンデを背負ってしまうことになると私は危惧します。

ではどうしたらいいか。どうやらロシア語やスペイン語や中国語の方が、英語よりはずっと発音の習得は容易なのだそうです。つまり、日本語話者にとって英語は天敵。その原因は、英語の子音の多さとストレス（強弱）・アクセントにあると考えられます。

日本語は音の区分が少ない言語です。つまり、音の種類が少ない。そのため同音異義語がやたらとあります。「しんかん」という音を聞いても、それが「新刊」なのか「震撼」なのか「新館」なのか、漢字や文脈なしには聴き分けられません。

これに対し、英語は音の区分が豊富です。日本語話者ならふだんは区別しないようなrとl、vとb、seeとsheといった音もいちいち区別される。だから、音のポケットをあまり持っていない日本語話者はいくら練習してもできるようにならないと感じる。これはまずは聴き取りの困難として生じます。

しかし、そこは我慢。「なぜ区別できないのだ」と苛立つ前に、冷静に対策を考えましょう。

そのとき、もう一つの難点を併せて考えると話が早くなります。ストレス・アクセントです。誰もが「英語にはアクセントがある」ということは学校時代に習っていますが、多くの人はそれを観念レベルでしか理解していません。そして軽視している。でも、逆に言えば、アクセント習得にはまだまだ伸びしろがあります。もっと練習できるし、やれば間違いなく効果がある。

これは音がからむので具体例をお見せしたい。可能であればウェブにアップされている私の解説をご参照ください。拙著『理想のリスニング』（東京大学出版会、二〇一九年）にあわせて開設された「理想のリスニング特設サイト」（http://www.utp.or.jp/special/Listening/）の第8章、第9章。もしくは「文学部的リスニング必勝法」（https://www.youtube.com/watch?v=dn-UgnEZP2o）など。たとえば英語の音を聴くとき、ふだん日本語だけで生活している私たちは、当然のことながら「日本語耳」で英語の音を一生懸命拾おうとします。しかし、英語と日本語では根本的に音の「顔」や「骨格」が違うのです。だから、聴かなくていいところに無駄なエネルギーを使い、逆に聴くべきところを聴き逃したりする。

この英語の「顔」をつくるのがストレス・アクセントです。要所要所でストレスのあるところが際立つ。耳が引っかかるようになっているのです。日本語を聴くときも、私たちはあらゆる音を聴いているわけではありません。そこにエネルギーを使っていたら、意味を理解したり、自分の反応を用意したりする余裕はなくなります。あくまで音の要所をとらえているだけ。英語で練習すべきも、英語の音の要所をとらえることです。ストレスがあるところをきちんととらえたい。そうすることで音の骨格を把握する、という手順を踏みたい。

また発話に際しても、発音がうまくいかないという人は、「音」にこだわる前にまずはストレスをちゃんと言うことから始めてみてはどうでしょう。不思議なことに、英語の発音は、たとえ日本語にない音であっても、きちんとアクセントを踏まえて発音すれば、より容易に言えるようになっています。音だけを真似ようとしてもなかなかうまくいかないのですが、まずはストレスをおさえて骨格をとらえれば、音が少しずつついてくる。

これは単語レベルだけの話ではありません。フレーズ、センテンス、そしてパラグラフに至るまで、ストレスによって音の骨格は構築されます。それが意味の流れとも連動する。だから、アクセントの機能をマスターすれば、書かれた文章を読むときにも構文把握などで助けになるし、何より、もっとも大事な「どこで切れるか」をとらえるための勘も養われます。もちろん作文するときにも、より明晰でわかりやすい文章を構築することができるようになる。これは逆も真なりで、読んだり書いたりすることを通し、しゃべるときのリズム感や呼吸も身につけられます。

間違いその六 「英語の勉強は英語で」の勘違い

こう考えてくると、硬直した「四技能神話」にこだわることが、いかに習得の邪魔になるかがはっきりしてくるでしょう。「しゃべるためには、しゃべる練習を」という理念ほど、「しゃべれるようになりたい」と願う人にとって害になる考えはないのです。何より重要なのは、アクセントやリズム感といった英語の基礎的な部分の習得です。

ところで、最後にもう一つ、なぜ英語を話すことが日本語話者にとってかくも難しいかを考えるためのヒントをお示しして、本章を締めくくりたいと思います。

どんな言語の話者でも当てはまることですが、はじめて外国語を学ぶときには、しばしば母語が発想の出発点になり、そこから他の言語への「あてはめ」が行われます。日本語話者が英語を話そうとするときにも当然これが起きる。発音しかり。語彙や構文しかり。まずは日本語が浮かび、それを翻訳しようとする。「それはいかん」と言われても、どうしてもやってしまう。

そんな中でもとりわけ大きな障害となっているものに、日本語ならではの話し言葉の文法があると私は考えています。ためしに、自分が誰かと日本語で行っている会話を録音してみてください。そしてそれを書きだしてみる。話しているときはまったくふつうだったのに、書いてみるとおそろしく支離滅裂でびっくりするはずです。「あの」とか「ほら」といった間投詞がやたら多い。構文も脱線だらけ。最後まで元にもどらず、尻切れトンボのことも多い。ああでもない、こうでもないと分節の継《つ》ぎ接《は》ぎがつづいたりもする。

もちろん英語でも話し言葉と書き言葉には違いがありますが、日本語ほど大きくありません。きちんとセンテンスを完了させるのが英語では最低限のルール。だから、英語話者はふつうはこちらが文を言い終わるまでじっと待っていて、途中で相槌を打ったり、わりこんできたりはしないのです。

ところが日本語ではどうでしょう。途中のわりこみ大歓迎。そもそも話す方も、わざとわりこませたり、脱線したりすることを目指しているような、ぶつ切れのしゃべり方をする。日本語では立て板に水でよどみなく話すと、むしろ「変な人」という烙印をおされてしまうのです。

日本語の話し言葉では、文法的に構文を完結させることよりも、相手との関係性を構築することにより大きなエネルギーを割くことが期待されているということです。「……ですよね?」「というわけで……ね」と間をあけながら、相手による自分の文への参入をうながし、そうすることで協働的に発話を完結させようとする。そういう発話を「Aさんの発言」として一部だけ書き出せば、間に埋めこまれているはずの相手の有形無形の「参入」の痕跡が全部消えてしまい、支離滅裂に見えてしまうのは当然です。

こうした日本語の話し言葉の文法や、書き言葉との差異はまだ十分に意識されているわけではありませんが、少なくとも英語の学習者はこのことをしっかり頭に入れる必要があります。英語でやり取りを行おうとするときには、日本語的な話し言葉文法の束縛から自由になり、なるべく整った文でしゃべる練習をする必要があるのです。

実は、これは語学というより半ば心理的な問題です。私たち日本語話者は書くようにしゃべることに慣れていない。そういうフォーマルな話し言葉を持っていないのです。だから、英語をしゃべるときにはじめて、「まるで書くようにしゃべる」という心理を学ぶのです。

今回の英語政策の中心人物の一人は、「文法が気になって話せない人がいるから、文法は忘れよう」などと言っていますが、とんでもない話です。英語を話すということは、「きちんと文を完結させる」英語の話し言葉のルールに則って話すということ。ぺらぺらになりたければ、そこから勉強しなければ意味がない。

日本語の呪縛は強力です。日本語そのものを大改造する必要があるのか。それともいっそのこと、日本語の話し言葉の文法に基づいた英語のしゃべり方を開発するべきなのか。おそらく日本語話者のしゃべり方は、日本人の自意識や行動パターンとも結びついているはずです。つまり、アイデンティティの問題とも直結する。おおいに議論し、私たちが英語学習を通していったい何がしたいのか考えてみるべきでしょう。

だからこそ、私は「その先」の大事さを強調したい。英語学習は自己完結的なプロセスではありません。英語を通して知識を得たり、人と交流したり、という展開があればこそ意味がある。「四技能均等」や「英語ぺらぺら」といった売り文句の一人歩きは、言語習得を矮小化するだけです。英語の勉強だけで終わる英語の勉強は単なる英語ごっこ。何にもつながりません。視野を広げ、早くから英語を通して面白いものを読んだり、刺激的な出会いを経験したりすればこそ、「何がしたいか」も見えてくる。

そのためには科学でも哲学でも料理でもファッションでも野球でもいいので、自分が興味を持てる領域をしっかり確保したい。そこに英語をからめればいいのです。そうなれば、英語がぐっと「リアル」になる。「実用」などという抽象的な目標ではなく、学ぶべき具体的な単語や概念や言い回しがおのずと見えてくるでしょう。

1　このあたりは『検証　迷走する英語入試』（南風原朝和編、岩波ブックレット、二〇一八年）で説明していますので、あわせてご参照ください。

2　その背後には、欧州評議会の策定した「CEFR」という参照枠もありますが、そもそものCEFRには業者の強い影響力が働いているとともに、その根っこにはオーラル英語中心主義とネイティブスピーカー優位の思想があります。このあたりはやや複雑なので詳述は控えますが、興味のある方は『KELESジャーナル』（関西英語教育学会）第四号に寄せた拙稿「転落する英語政策：CEFRの隠れたイデオロギー」をご参照ください。

追記——英語習得を目指す人へのメッセージ

最後にまとめをかねて、これから英語習得を目指そうとする人に以下の三つのメッセージを送りたいと思います。まず本気で英語の力を身につけたい、どういった職業につきたい、と目的が明確なら、英語の「仕組み」を徹底的に体にたたき込み、その上で語彙の知識をかためてくださいと言いたいです。「英語が使えない！」と嘆くとき、初級者ほど単語やフレーズなどの表現を知らないのが原因です。最低限の知識がなければ「仕組み」の勉強もままなりません。

ただし、そのときに気をつけたいのは、音を大事にすること。日本の英語教育で抜けがちなのが音との接触です。それも大量の音に接したい。そして集中力をもって聞きたい。授業時間だけではとても足りません。個人個人で工夫して、あるいは先生のアドバイスを聞きながら、機会をつくってください。

2つめは、モチベーションの維持です。海外に行くなどの「体験型」の学習法も無駄ではありませんし、インパクトとしては効果があります。しかし、残念ながらインパクトだけでは、きっかけにはなっても持続的に学習をつづけられない。とりわけ一定以上のレベルの生徒さんは、「つまらないもの」を見極める力を持っている。「退屈の壁」です。

この「壁」を乗り越えるためには「興味の翼」が必要です。高校生ともなれば、大人と同じレベルの情報を受け取り、理解し、吸収する力がある。これを活用しないのはもったいないです。そのための切り札は読解。どんどん英文を読むことです。日本語でも「読むこと」は頭を使い、知識を吸収するための最大の武器です。「興味の翼」を広げることで英語学習のモチベーションは持続されるはずです。

最後に確認したいのは、なぜ語学を勉強するのかということです。おそらく半数以上の人は、なぜ英語の勉強をするの？と言われたら、「何となく将来役に立ちそうだから」「入試で出るから」と答えるでしょう。そこで忘れないでほしいのは、そもそも外国語の勉強をするのは、「言語能力」を鍛えるためだということです。たとえば日本語と外国語の比較をすれば、日本語の特性も見えてくる。そのことで、言語一般に対する受容の土台を築くことにもつながるでしょう。変換や言いかえ、翻訳といった能力は言語能力の基礎になるもので、人間の知性にとってはきわめて大事なものです。吹けば飛ぶような「技能」「使える英語」といった売り文句にのせられることなく、人間が言語を操れるということの奥深い神秘に目をむけてほしいです。

あべ・まさひこ
東京大学大学院人文社会系研究科・文学部教授。東京大学大学院人文科学研究

科修士課程修了、ケンブリッジ大学でPh.D.取得。専門は英米文学。『文学を〈凝視する〉』（岩波書店、二〇一二年、サントリー学芸賞）、『史上最悪の英語政策：ウソだらけの「4技能」看板』（ひつじ書房、二〇一七年）、『理想のリスニング』（東京大学出版会、二〇二〇年）、『英文学教授が教えたがる名作の英語』（文藝春秋、二〇二一年）など著書多数。

⑧英語教育

「グローバル化で英語ニーズ増加」の虚実

寺沢拓敬（関西学院大学准教授）

英語使用は増えている？

この分野の研究をしていると、「英語を使う必要性はこれからどんどん増えていきますか？」と頻繁に聞かれる。「あなたはどう思います？」と逆に質問すると、多くの場合、「え、増えるに決まってますよね」という答えが返ってくる。たしかに何となく増えている気はするし、実際、増加を間接的に支持するようなニュースはよく聞く。

たとえば、英語ニーズ増加の根拠として、東京オリンピックや大阪万博を挙げる人は多い。また、訪日観光客の増加を挙げる人もいるし、もう少し国際情勢・社会事情に詳しい人であれば、「自由貿易の拡大によって世界中がライバルになりつつある」とか、「人口減少で国内需要が縮小するから、外需に目を向けなくてはいけない」といった根拠を挙げる。なるほど、日本の人口は確実に減っていく。ＩＴ化のおかげで、以前では考えられなかったような国際的取引も可能になった。そう考えれば、こうした根拠も一見もっともらしい。

しかし、実際には増加の可能性を否定する証拠もそれなりにある。したがって、冒頭の問いに対する答えとして「増えそうだ」は許容できるとして、「増えるに決まっている」は明らかに言いすぎである。このように、英語ニーズの現実は私たちの実感や机上の推論よりもはるかに複雑である。本章では、実際のデータに即して、その複雑さの一端を示したい。

二〇〇〇年代の統計

英語使用は増えているか否か。この問いはきわめてシンプルで、統計データさえあれば簡単に決着がつく。しかし、残念なことに、信頼に足る英語使用調査の類は近年行われておらず、次善の策として、様々な傍証から間接的に推論する必要がある（なお、英語ニーズについて調べたと称する調査がウェブニュースなどでとりあげられることがしばしばあるが、ほぼすべてがアンケートフォームをメール等でばらまいただけであり、この手のウェブ調査は社会調査としては信頼が置けないことは周知の事実である）。

傍証の一つとして、二〇〇〇年代の英語使用統計を見てみよう。さきほど「近年にはない」と言ったが、実は少し前ならば行われている。

以下、日本版総合的社会調査を筆者が二次分析した結果を示す（詳細は、寺沢拓敬『「日本人と英語」の社会学』研究社、二〇一五年）。同調査の二〇〇六年版と二〇一〇年版では、過去一年間の英語使用が尋ねられている。設問を以下に示す。少しクセがある設問なので丁寧に見てほしい。

Q　あなたは過去一年間に、以下のことで英語を読んだり、聴いたり、話したりしたことが少しでもありますか？　あてはまるものすべてに○をつけてください。

- 仕事
- 外国の友人や知人との付き合い
- 映画鑑賞・音楽鑑賞・読書
- インターネット
- 海外旅行
- まったく使ったことがない

「少しでも」と念押ししている点が重要である。つまり、たとえ日頃は仕事で英語を使って

図⑧-1 英語使用者の変化

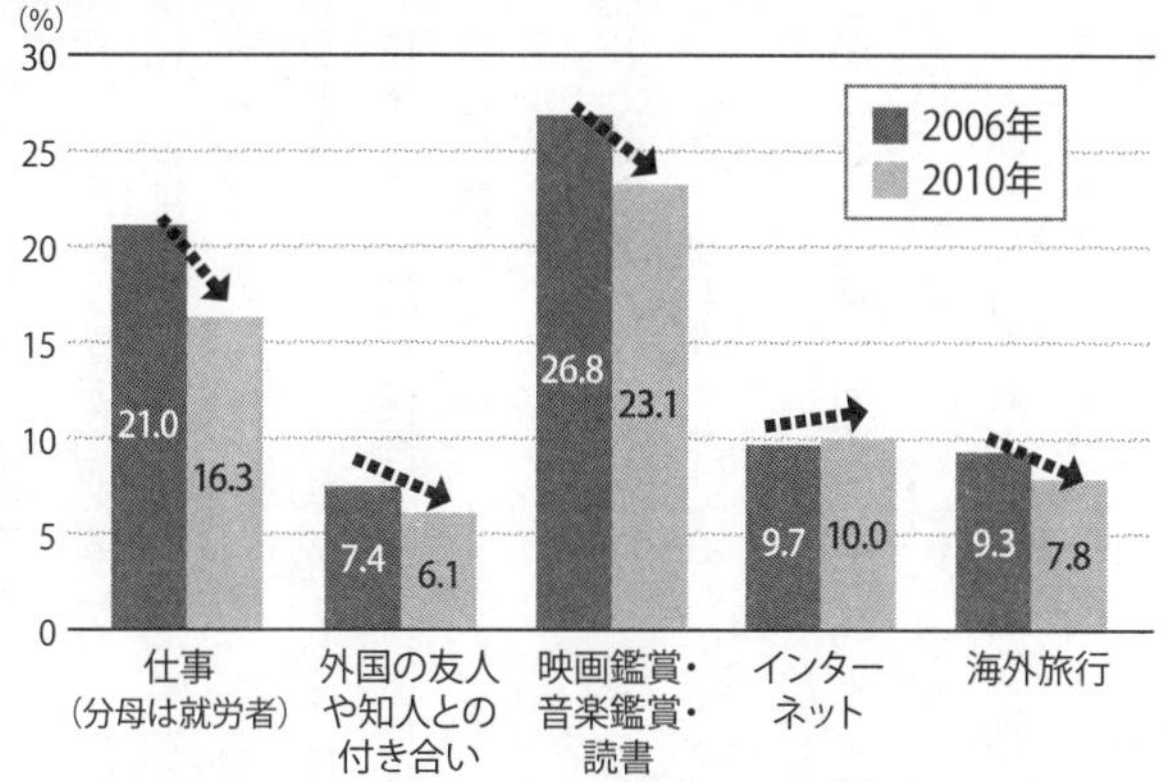

出典：寺沢拓敬2015『「日本人と英語」の社会学：なぜ英語教育論は誤解だらけなのか』研究社、182頁

いなくても、もし一度でも使う機会があった人は（その使用を覚えている限り）「仕事」に丸をしたことになる。したがって、日常的に英語を使用している人だけではなく、たまたま英語を使う羽目になってしまった人も含まれている。

二〇〇六年と二〇一〇年のパーセンテージを比較したのが図⑧－1である。矢印が右上がりであれば増加、右下がりであれば減少を意味している。

図から明らかな通り、ほとんどの項目で右下がりになっている。つまり、二〇〇〇年代後半、英語使用は減っているか、少なくとも増えていなかった（反対に、「まったく使ったことがない」は五五・六％→六〇・八％と明らかに増えている）。とくに「仕事」では五％近く減っている。この結果は、多くの人の実感に反するものだろう。当時から既に「これからの時代、英語はますます必要になる！」と散々言われていたからである。たとえば、グローバル化への対応という理由から、楽天が社内公用語を英語にすると発表したのが二〇一〇年二月である。

もっとも、図⑧-1の数字はあくまで日本人全体を見たものに過ぎない。したがって、特定の産業、具体的には国際的な取引に携わっている業種であれば増加していたのではないかと考えるのは一応理にかなっている。しかし、実際のデータを見ると、この推測も正しくない。

拙著では産業別の集計も行っている。図は省略するが、ほぼすべての産業で英語使用が減っていることがわかっている（唯一、農業のみで増加が確認できたが、その度合いはわずかプラス〇・二％である）。

私が二〇一三年に初めてこの結果を発表したとき、多くの研究者・英語教育者からは信じられないという反応が返ってきた。巷では「グローバル化時代、英語はビジネスに不可欠！」と頻繁に言われていたので無理もない。実際、分析をした私自身が驚き、自分の計算ミスを疑ったほどである（もちろん、その後の検証でミスではないことは確認済み）。

計算ミスではないとしたら、いったい英語使用の減少はどのように説明できるのか。実はこれはそれほど不可解な謎ではない。なぜなら、二〇〇六年と二〇一〇年の間に何があったのかを思い出してみれば、簡単に答えにたどりつけるからである。

世界的不況の影響

それは二〇〇八年に始まった世界的不況の影響である。同年九月、米国の超大手投資銀行のリーマン・ブラザーズが巨額の損失を抱えて破綻する。これをきっかけに未曽有の金融危機が瞬く間に世界中に波及した。破綻の原因となった金融商品に世界中の銀行・企業が手を出していたからである。金融危機は間もなくして、深刻な不況、さらには経済危機を世界中で巻き起こす。

日本も例外ではない。日本の経済成長率は二〇〇八年には前年比マイナス一・一％、二〇〇九年には同マイナス五・四％と、大きく低迷した（世界銀行の推計）。世界不況の影響が顕著に表れたのが貿易額である。日本の輸出入額は、二〇〇八年の一六〇兆円から二〇〇九年の一〇六兆円へ、一年で実に三〇％以上も減少した。また、日本を訪れる外国人の数も大幅に減った。法務省出入国管理統計によれば、二〇〇八年の九一四万人が二〇〇九年には七五八万人と実に一七％も減ったのである。

こうした状況が英語使用にとりわけ大きく影響したと考えられるのが、飲食店産業と運輸業である。どちらの産業でも英語使用率が二〇〇六年と二〇一〇年の間で大きく減少したが（飲食店産業が一八・二％減、運輸業が一六・二％減）、その背景として、外国人旅行客との接触の減少および貿易の低迷が考えられる（注：この統計の運輸業には旅客輸送と貨物輸送の両方が含まれる）。要するに、外国人との接触・取引が多い産業ほど、英語使用率が減少したということになる。

反対に、世界的不況による英語使用への影響がまったく見られなかったのが、典型的な国内需要対応型の産業である農業（〇・二％増加）と医療サービス業（〇・三％減少）である。取引が国内、とくに日本語話者に限定されているため、貿易が減ろうが外国人が減ろうが大した影響がなかったのである。

以上、なぜ二〇〇〇年代後半に英語使用が減ったのかを説明した。言われてみれば当然の、いわば「コロンブスの卵」のような説明である。ここで重要なのが、この当然の可能性に当時は誰も思い至らなかったという点である。私が知る限り、この分野の研究者を含めても、英語使用が減っている可能性があると主張した人は皆無だった（実際、私自身考えもしなかった）。いかに英語ニーズ増加神話が根強く信じられていたかを物語る。

もう一つ重要な点が、英語使用の減少はほかでもなくグローバル化の結果だという点である。世界恐慌の発端は、米国におけるサブプライムローンの不良債権化である。米国の国内問題に過ぎないこの問題が、世界を覆っていた金融グローバルネットワークという導火線に引火して、世界各国に飛び火した。その結果として、米国の住宅ローン市場から遠く離れた日本で英語使用のニーズが減少したのである。「風が吹けば桶屋が儲かる」ような話だが、グローバル化の本質とはまさにこのような因果連鎖であることを物語る事例である。

たしかに、一般論として言えば、グローバル化が英語使用を増加させるのは事実だろう。要するに、グローバル化が、人・商品・情報の流通を促進し、英語使用の必要性を増加させるという図式である。しかし、二〇〇〇年代末の状況に限って言えば、この構図はまったく正しくない。グローバル化によって英語ニーズが上昇するという考え方は、疑う余地のない真理ではなく、「ある状況ではそういうこともあるし、そうでない状況では違うこともある」といった程度の傾向に過ぎないと考えられる。

今後のゆくえをデータで予測する

二〇〇〇年代後半の状況についてはわかったが、では、現在および今後はどうだろうか。前述の通り、二〇一〇年以降には、日本人の英語使用について信頼に足る調査は行われていないため、様々な傍証を見ながら予測するしかない。もっとも、傍証の質にはピンからキリまであり、良い傍証もあればまったく役立たずの「傍証」もある。

たとえば、「人口減少社会が到来するから」とか、「グローバル化で地球はますます小さくなっているから」などといった抽象論はあまり参考にならないだろう。他方、英語使用ニーズを左右すると考えられる社会現象に関するデータならば、よりマシな予測は可能である。その有用な統計の代表例が、前節「世界的不況の影響」でも論じた訪日外国人数と貿易額である。

訪日外国人の動向

まず訪日外国人の状況を確認したい。日本政府観光局によると、訪日外国人は二〇一八年に約三一二〇万人だった。リーマンショック後の〇九年では約六八〇万人、リーマンショック前の〇七年でも約八三〇万人だったので、一〇年で四倍にもなっていることがわかる（肌感覚として既に急増を実感している人も多いだろう）。この事実を前提にすれば、二〇一〇年代およびそれ以降の英語使用ニーズは二〇〇〇年代よりも高くなっていくことは想像に難くない。

ただし、近年の訪日外国人の多くが非英語圏から来ているという点は、きちんと押さえておくべきである。二〇一八年の訪日外国人三一二〇万人のうち、英語圏五ヵ国（米・英・加・豪・NZ）の出身者は一割に満たない（二八〇万人）。一方で、圧倒的に多いのが東アジアの人々である（中国八四〇万人、韓国七五〇万人、台湾四八〇万人）。これ以外の非英語圏出身者（七七〇万人）も英語圏出身者よりは多い。実際、近年の日本旅行ブームは、アジアからの旅行者に支えられていることはよく知られている。他方、英語圏からの旅行者もリーマンショック前と比べて二倍程度には増えているものの、爆発的増加というほどではない。

したがって、今後の英語使用ニーズの増加は、英語のネイティブスピーカーと話す機会の増加をかならずしも意味しないのである。むしろ、非英語圏出身者とコミュニケーションするために、共通語として英語を使用するという意味でのニーズ増加が大半であることを意味している。

ただし、国際コミュニケーションにおいて共通語として英語が常に選ばれるわけではない。たとえば、筆者自身が前掲書・第3章で明らかにしているが、中国・韓国・台湾の人々が特段に英語ができるというわけではなく、日本人といい勝負である――「隣の芝は青い」のように日本人は他国の人がみな英語が達者だと感じているかもしれないが、非英語圏では（英米の旧植民地でもない限り）英語ができない人は多い。

このような人にとって、付け焼き刃の英語より、同じく付け焼き刃でも日本語のほうが用をなすだろう。そもそも団体旅行では日本語ができるバイリンガルスタッフが間に入るので、その際の共通語は当然日本語になる。一方、日本の観光地でも、観光客対応のために、アジアの言語の需要が急増しており、たとえば中国語や韓国語が共通語になる場合も多い。

貿易の動向

訪日外国人急増と対照的なのが、貿易の動向である。財務省貿易統計によれば、二〇一三年には貿易不況からようやく立ち直り、輸出入総額は一五〇兆円を再び超え、リーマンショック直前の水準に戻った。しかし、その後の拡大は見られず、むしろ二〇一三年以降は横ばいと表現したほうが正確である。こうした点から考えると、英語使用ニーズのうち、海外との取引に関係したものはたいして増加していないことが推測できる。

以上を踏まえると、少なくとも訪日外国人は増えているので、英語使用機会もある程度増えていくことは推測できる。ただ、だからといって、劇的に増えていくということは現実的にはありえないだろう。その最大の理由が、日本の経済規模・人口規模である。周知の通り、日本は巨大な経済力および人口を持つ。人口減少で縮小していくと喧《かまびす》しく言われている内需も、その絶対的規模は依然として非常に大きく、その結果、日本の貿易依存度は世界的に見るとかなり小さい。この内需とはつまり日本に住んでいる人々≒日本語話者の需要であり、その取引は日本語で行われる。

このような社会構造で、就労者ひとりひとりが内需にも外需にも等しく対応することは考えられない。むしろ、国内向けの業務に従事する人と国際的な業務に従事する人の間で分業がなされるのが普通である。これはどれほどグローバル化が進んだとしても同じことである。日本国内には日本語でしかサービスを受けられない人（あるいは、日本語でサービスを受けることを望む人）が多数存在する以上、日本語による仕事が短期間で減少することはありえない。たとえば、前述の農業や医療福祉系サービス業のような国内需要への対応を主とする産業は、当分の間、英語化の波とは無縁である。

要するに、日本のように人口規模が大きい国では、いくらグローバル化しようとも、それが英語化という形で一気に国内に押し寄せてくるわけではない。言うなれば、分厚い日本語話者層がグローバル化からの防御壁として働くのである。この点が、母語話者規模の小さい国、たとえばヨーロッパの小国と大きく異なる点である。

まとめ――地に足の着いた議論を

以上、英語使用ニーズのゆくえについて統計をもとに論じてきた。「グローバル化の時代だから英語がますます必要になる」とは単純には言えないことがわかったと思う。オリンピックだ万博だと、英語学習の必要性を煽り立てる語学産業の広告もあるが、こうした国際イベントは一過性のものに過ぎない。

グローバル化はきわめて複雑な現象である。二〇〇〇年代後半に英語使用が減ったことを指摘した研究者が一人も存在しないのと同様に、リーマンショックを適切に予想できた研究者も多くはない。もっと言えば、イギリスのEU離脱や、自由貿易を敵視するアメリカ大統領の誕生を予想していた研究者も多くはない。グローバル化は、その皮肉な帰結・反作用をも含めて複雑な現象なのである。

グローバル化によって英語使用ニーズが増えるという説明はあまりに単純であり、むしろ日本の近年の動向を見る限り、急増するようなシナリオは少なくとも現実的ではないだろう。ひるがえって、近年の英語教育政策における「グローバル化」理解はきわめてお粗末である。「グローバル化で英語ニーズが増える」と無根拠に決めつけ、種々の英語教育改革を断行しているからである――小学校への英語授業の導入しかり、大学の英語入試改革しかり。

一般論として言うなら、常に何らかの改革がなされるべきであることは間違いない。現行の英語教育の様々な欠陥はきちんと改善すべきである。しかし、改革の根拠として「グローバル化」なる呪文を使うなら、途端に怪しげな主張に成り果てる。政策論議では、このような秘教めいた議論を排し、現実のデータ・理論に基づき地に足の着いた議論が必要だろう。

追記——二〇二一年の英語使用ニーズはどうなっているか

その後、英語使用ニーズはどうなったのか。残念ながら、無作為抽出標本による信頼度の高い調査は依然行われていないが、二〇二一年三月に筆者が調査会社のウェブパネルに対して行った調査があるので、紹介したい。ただし、ウェブパネルは様々な点で偏っているため（たとえば高学歴者やホワイトカラー職者が多い）、できる限り無作為抽出調査に近似するように補正した値を掲載する（詳細は、拙論「日本人就労者の英語使用頻度」『関西学院大学社会学部紀要』〔二〇二一年十月刊行予定〕を参照されたい）。

過去一年間（つまり二〇二〇年四月～翌年三月）に一度でも仕事で英語を使ったと答えた人は約二九％だった。本章で見た二〇一〇年の数値（一六・三％）よりかなり高いが、調査対象・調査方法・設問が大きく異なるので直接の比較はできない。とはいえ、英語使用が爆発的に拡大しているわけではないことは窺い知れる。

調査では、英語だけでなく、外国人との日本語使用や、翻訳・通訳ツールの使用なども尋ねている。その結果によると、仕事で一度でも外国人と日本語でやりとりした人は二六％、翻訳・通訳ツールで外国語に対応した人も同じく二六％だった。いずれも前述の英語使用割合と同水準である。本章で指摘したとおり、取引のグローバル化や訪日外国人の増加は必ずしも仕事の英語化だけを促すわけではないようである。

興味深いのが、上記のコロナ禍における英語使用率は、二〇一九年のものよりもわずかながら高い点である。調査では、二〇一九年の一年間の状況を尋ねる設問を含めており、それによれば、英語使用が二五％、日本語使用が二二％、ツール使用が二一％だった。つまり、コロナ禍にむしろ三～四％上昇している計算になる。回答を細かく見ると、物理的な対面場面での英語使用は当然ながら減っているが、オンライン会議や読み書きでの使用はむしろ増えており、両者が相殺されたことが窺える。

なお、本章でも見たとおり、以上の傾向が、全産業に一様に確認できるわけではない。たとえば、宿泊業では、英語使用が著しく減った。しかも、対人場面だけが減ったのではなく、メールのやりとりや英文文書の読み書きも同様に急減している。経済活動の縮小に、英語使用ニーズが引きずられた形である。幸い、他の多くの産業には現在のところこうした傾向は見られないが、今後の経済活動の変化が、新たな影響を及ぼす可能性は大いにあるだろう。

てらさわ・たくのり
関西学院大学社会学部准教授。東京大学大学院総合文化研究科博士課程単位取

得退学。博士（学術）。日本学術振興会特別研究員、オックスフォード大学ニッサン日本問題研究所客員研究員等を経て現職。著書に『「なんで英語やるの？」の戦後史』（研究社、二〇一四年、日本教育社会学会奨励賞）、『「日本人と英語」の社会学』（同、二〇一五年）、『小学校英語のジレンマ』（岩波新書、二〇二〇年）。

⑨共通テスト

大学入試改革は「失敗」から何を学ぶべきか

中村高康（東京大学大学院教授）

入試改革「三本柱」の挫折と三つの「軽視」

二〇一九年度から二〇年度にかけて、大学入試制度をめぐっては本当に様々な混乱があった。すでに周知のことと思われるので、この一連の経緯をここで詳細に説明することはしない。しかし、それでもやはりこの経緯がきわめて特異なものであったということは指摘しておきたい。

入試制度の大きな変更というのは、受験生の準備期間を確保しなければならないので、二年前には決めて公表するルールになっている。だから、導入が決まっていたにもかかわらず実施直前に頓挫すること自体が、普通はありえないのである。しかるに、それが三度も続いたのである。

言うまでもなく、その三度というのは、大学入学共通テスト（以下、共通テスト）における英語民間試験導入の延期（二〇一九年十一月）、同じく共通テストにおける国語・数学での記述式問題の導入見送り（同年十二月）、そして「主体性評価」のための活動記録を入試に活用すべく導入予定だったシステム、JAPAN e-Portfolio の運営許可の取り消し（二〇二〇年八月）である。

これらは大学入試改革の「三本柱」などとも言われ、改革の目玉にあたるものであった。それだけに混乱も大きかったと言える。そのうえ、今年度（二〇二〇年度）前半には新型コロナウイルスの世界的感染拡大という、まったく誰も予想しえなかった事態に社会全体が覆われ、そしてまさに今もその混乱のさなかにある。入試も例外ではない。大学では、多くの受験生が密に集まり、しかも広範囲での移動を伴う入試を今年度いかにして実施するか、頭を悩ませてきた。試験の範囲や方法の変更もこの特殊事情に鑑みて許容された。受験生にとっては直前の変更は非常にストレスになるものと思うが、事は命に関わる問題であるだけに変更する側も悩ましい判断を迫られている。

そんな中で、共通テストでは試験日程の設定をめぐっても混乱が再度引き起こされた。多くの地域で臨時休校が長期化した影響で学びが遅れている高校生が多数いるとの認識から、少しでも遅い日程を検討したもので、二〇二一年一月十六日、十七日を第一日程、一月三十日、三十一日を第二日程とし、さらに特例追試験日を二月十三日、十四日に設けることになった。しかし、ほとんどの受験生が第一日程に集中し、第二日程を設定した意味が問われる事態となっている。本当に今年度の受験生は気の毒である。本稿が公表される頃（初出の掲載誌は二〇二一年一月十日発売）には新型コロナウイルスの感染拡大が抑え込まれ、せめて予定されている試験が無事滞りなく行われることを願ってやまない。

なお、新型コロナウイルスの感染拡大が主因であるとはいえ、この日程の設定の混乱にも、一連の大学入試改革の失敗に通底する要因が見いだされるように思う。筆者はすでに『中央公論』二〇二〇年一月号で「理念先行の入試改革」を批判的に論じたが（「『入試を変えれば教育が変わる』という発想こそ変えよ」）、そうした「理念先行」と表裏一体になっている一連の大学入試改革失敗の要因として、三つの「軽視」があることを指摘しておきたい。それは、①データの軽視、②専門家の軽視、③現場の軽視、である。筆者は昨年（二〇二〇年）九月に『大学入試がわかる本――改革を議論するための基礎知識』（中村高康編、岩波書店）を刊行し、歴史的資料なども含む広い意味でのデータや専門家・現場からの情報の共有を企図した。こうした基礎情報を基盤としてこそ有益な議論が可能だとの判断からである。その詳細は同書を参照していただきたいが、本章では、特にこれまで十分には取り上げられてこなかった①について中心的に論じてみたい。

改革失敗の主要因——データの軽視

一連の混乱を受けて今後の改革の方向性を再検討するために「大学入試のあり方に関する検討会議」(以下、「検討会議」)が文部科学省(以下、文科省)において行われている。まもなくとりまとめの報告が出るものと思われるが、私自身も二〇一九年六月五日の同会議で短い報告を行った。そこで伝えたかったことの一つは、データの意義である。というのも、入試の多様化がすでに十分浸透していることを示すデータが文科省の会議や審議会でもしばしば提示されているにもかかわらず、その事実を無視するかのように、「一点刻みのテスト」や「知識偏重の入試」への批判が改革推進の立場の人々から繰り出され続けたからである。

私自身が大学入試における推薦入学の拡大を社会的文脈の中に位置づける研究を始めたのは今から二五年以上も前だが、当時から推薦入学者はすでに三割もいた。実際、推薦入学制度は一九六七年に大学入学者選抜実施要項で公認されて以来普及し続けており、九〇年代に登場したAO入試も加えると、多様化入試はこの五〇年でおおむね直線的に拡大してきたのである。現在、多様化入試の入学者数は全大学入学者の半数近くを占めるに至っている。それをデータで知っている私の目から見れば、「五〇年前の前提で議論をしているのか?」という感覚さえある。それでは現実的な政策論議とはなりえないだろう。

「検討会議」の中で私が提示したデータは、私自身が二〇二〇年三月に実施した二九九七人の高校生を対象とする全国調査の結果である。まともな現状把握がなされないことにいら立っての緊急調査であり、時間的予算的制約から調査会社の登録モニターを対象としている点で一定の留保が必要ではある。だが、データそのものは男女比や都道府県別の高校生比率についてあらかじめ全国的な分布を正確に反映するように計画的にサンプリングされており、実際に専門高校の割合、国公私立の割合などを事後的に集計したところ、全国的な比率とおおむね合致していた。したがって、大まかな全体像は把握できる。

そこでは、先述のような前例のない直前撤回だったにもかかわらず、記述式問題や英語民間試験についていずれも八割の高校三年生（大学進学希望者のみを集計、調査時二年生）が見送りや延期に「ほっとした」と回答している（図表⑨-1）。受験生にたいへん負荷の大きい改革案であったことは明らかだろう。英語の民間試験導入に関しては、複数の進学校の校長が突然の見送りに批判的なコメントを公表していたが、自校生徒ないしその周辺しか目に入っていないような発言で残念に思った記憶がある。改革を論じたいのであれば、日本全体の高校生がきわめて多様であることを考え、個別の高校や特定の進学層での状況を安易に一般化することは慎むべきであると、このデータは示している。

図⑨-1 共通テストへの導入が見送りになりほっとした（高校２年生の大学進学希望者）

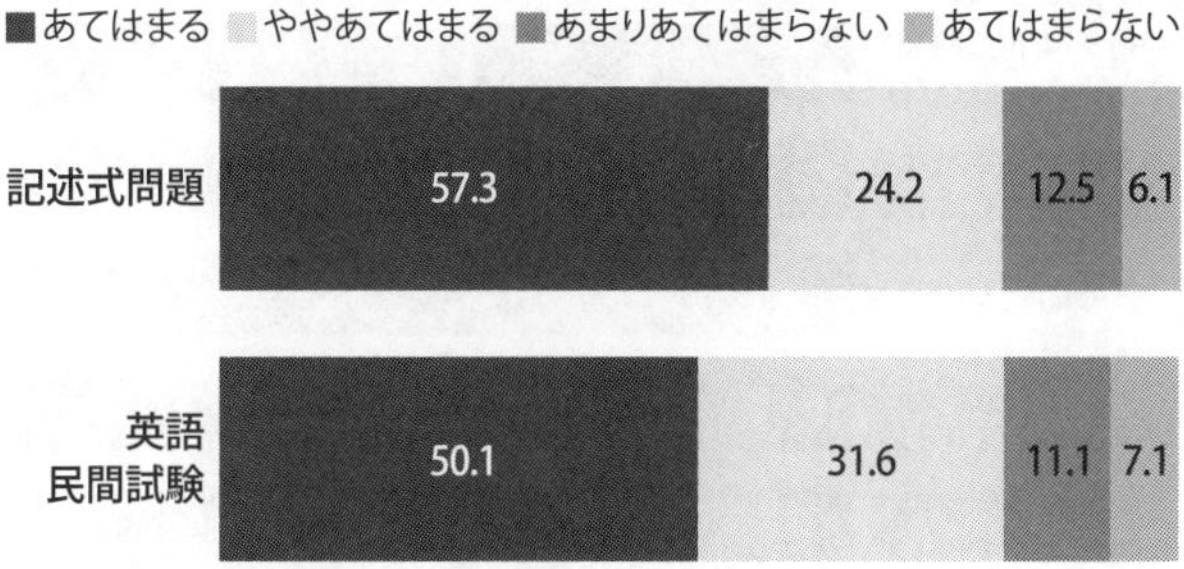

出典：中村高康研究代表「入試制度と学校生活についての調査」（2020年3月実施）より

また、一連の改革の方向についても、七～八割程度の高校生が諸改革の導入に積極的な気持ちを持っていないことがデータに示されている（図表⑨－2）。このデータは、入試制度変更は、これまでに蓄積したノウハウが使えず、受験生の動きも変わり、予測も難しくなり、結果として将来不安も高まってしまう、という当たり前のことを示しているだけだろうと個人的には思う。ただ、そうではあっても、受験生側にほとんど改革へのニーズがないのだという事実認識は改革する側に必要である。

しかし、これを「検討会議」で示した際になぜか反発していた別の登壇者がいたのが印象的だった。改革に前のめりになると、受験生にとっては「制度をいじられることそのものが迷惑千万」なのだという当たり前のことへの感覚が失われてしまうのかもしれない。このノリで改革されては受験生はたまっ

図⑨-2 入試改革についての高校生の意見（大学進学希望者）

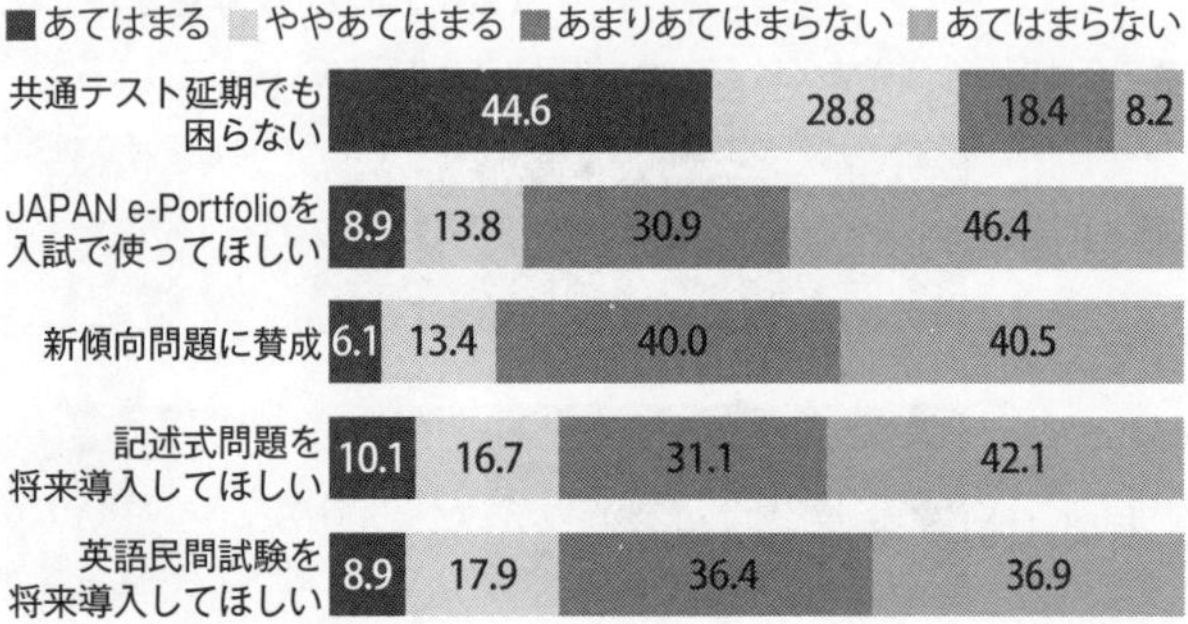

出典：中村高康研究代表「入試制度と学校生活についての調査」（2020年3月実施）より

たものではない。変えるならもっと慎重に、細心の注意と思いやりを持って、改革期の受験生には可能な限りその負荷が最小になるように行わなければならないのである。

「記述式導入は四割」の誤謬

このように、筆者一人の小規模な緊急調査でも、改革論議への足場となる情報はある程度提供可能である。そうであるならば、文科省が本気になってデータ収集に乗り出せば、相当のエビデンスが得られることは想像に難くない。

実際問題として、文科省はこのたび全国の大学に対して詳細な入試の現状調査を実施した。その内容は最近「検討会議」で数回に分けて報告されている。文科省のホームページ内に公開された当該資料をぜひ参照していただきたいが、今後の入試政策を考えるうえで基礎となる豊富なデータが示されている。欲を言えば、こうした調査が行われてから改革論議をスタートさせるべきだったと思うが、今の時点であってもデータをしっかり取りにいったことには敬意を表したい。

この中に、過去の政策の妥当性を検証しうる重要なデータの一例があるので紹介したい。それは、「個別学力検査における記述式問題に関する入学者数の割合」である。ここでは「一般入試における個別学力検査において、記述式問題（短答式・穴埋め式を除く）に該当する枝問を1問以上解いたと推定される選抜区分に係る入学者数（延べ人数）」が示されている。集計の仕方が複雑で、また速報的な要素も持つため、今後若干数値が修正される可能性はあるが、この集計結果によれば、国立大学で九九・一％、公立大学で九九・〇％、私立大学で五三・八％、全体では七二・六％の大学入学者がなんらかの形で、今回共通テストに導入しようとしていた程度以上の記述式問題をすでに経験済み、ということになる。[1]

このデータが意味するのは、「思考力・判断力・表現力」の学びを促進するために導入される予定だった共通テストの記述式問題は、そもそも導入の必要性がまったくなかったということである。なぜなら、繰り返しになるが同等以上の記述式問題はすでに多くの入試問題に組み込まれていたからである。しかも共通テストをフル活用している国公立大学の受験生に至ってはほぼ全員が記述式問題に別途すでに取り組んでいたということになる。これは実

図⑨-3 国立大学の二次試験における国語、小論文、総合問題に関する募集人員の概算

国立大学の二次試験において、国語、小論文、総合問題のいずれも課さない学部の募集人員は、全体の61.6%（49,487人／80,336人）
（学部単位の募集人員数の合計）

募集人員	国語			小論文		総合問題		国語、小論文、総合問題のいずれも課さない
	必須	選択	課さない	課す	課さない	課す	課さない	
80,336	15,853	5,015	59,468	8,152	72,184	2,190	78,146	49,487
	19.7%	6.2%	74.0%	10.1%	89.9%	2.7%	97.3%	61.6%

※下段は割合

注１：「小論文」とは「総合問題」について、選択科目となっている場合は、「小論文を課す」「総合問題を課す」として計上している。
注２：総合問題とは、複数教科を総合して学力を判断する総合的な問題を指す。

感レベルではこれまでに言われていたことで、私自身も『中央公論』二〇一九年七月号で同様の指摘をしているが、私立大学も含めて厳密な数字として表現されたのはおそらく今回が初めてである。特に、私立大学の実態は複雑で、調査はできてもどのように集計するのかが難しい。その意味でこの集計表は政策決定（＝記述式を共通テストに導入しないという決定）に非常に役立つ有益なデータである。

では、このような実態がありながら、なぜ記述式問題の導入が途中まで進められてしまったのか。背後の政治的プロセスは推測しがたいが、少なくとも改革推進の論拠となる別のデータがあったのである。

図表⑨－３は、改革案が検討される過程で文科省から出されたものである。この表は、あたかも記述式を取り入れていない国公立大学が六割もあるかのような錯覚を与える役割を果たしてきた。しかし、

この表は国語、小論文、総合問題を課しているか否かのみを問題としている。理科系で記述式が多い数学はカウントされておらず、また国語以外で記述式を課している科目も多いがそれらも集計に含まれていない。まったく記述式問題の実態を読めない集計となっている。一方、国立大学の実態については、すでに東北大学の研究グループが圧倒的多数の国立大学で記述式を導入していることを実証的に明らかにしており[2]、先述の最新の文科省調査は東北大調査の結果を強力に裏付けているが、一方で、改革論議の過程においてはこの図表⑨－3の数字を論拠に「推進派のなかには『国立大学の2次試験では4割しか記述式問題を出しておらず、6割の受験生が1文字も書かないで合格している』と発言する人もいた」(「AERAdot.」二〇一九年十一月九日、https://dot.asahi.com/aera/2019110900004.html) とも報じられている。今考えると実に恐ろしい事態であった。

なぜ文科省がこのような表を作ったのかはわからないが、事実やデータを土台に政策論議を重ねる意思が今よりはるかに弱かったとしか思えない。理想とする政策に合致するデータを恣意的に作ったとまでは言わないが、そう見られかねないレベルである。こんなものを作っても、結局実態と合わなければ失敗に終わるのは目に見えている。その点で、今回の文科省調査については、失敗の経験を多少なりとも生かしているとも言える。ぜひ今後ともデータに基づいた政策立案を継続していただきたい。同時に、報道機関にもデータリテラシーが必要である。なぜならば、複数の報道機関が図表⑨-3のデータを「記述式問題」に読み替えて安易に報道してしまったことも指摘されているからである。

「検討会議」の意義と課題

これまで述べてきたような新たな調査データの活用という点で「検討会議」は一歩も二歩も前進したと言える。それ以外にも、私も含めて改革に批判的だった専門家が多く呼ばれて報告を行っていることや、会議自体がインターネットで中継されているほか、会議資料も公開されており、改革が強力に推し進められていた頃と比べると、かなり風通しが良い印象を受ける。しかしながら、せっかくオープンに議論してきても、最後の結論がどこかから方向づけられてしまっては元も子もない。座長・座長代理のリーダーシップに期待したい。

第一六回会議で座長代理の川嶋太津夫氏（大阪大学特任教授）が提出した論点整理メモは、様々な問題についての現実的かつ冷静な意見が盛り込まれており、また批判の声も反映されている。「失敗」に対する振り返りの論点もカバーされている点で今後の議論の足掛かりの一つにはなるだろう。この中で私自身が強調したいと思うのは、「大学入試政策における望ましい意思決定のあり方」と書かれた項目である。具体的には、次の五点があげられている。①議論の透明性の確保、②専門家からの意見聴取、③ステークホルダーの参画、④データ・

エビデンスの重視、⑤実現可能性や実施に要するコストの確認、である。本章の主張とも重なるところが大きいが、具体的な制度の実現を目指すのであれば、現場の意見を吸い上げる仕組みをこの際考えていただくのが良いように思われる。例えば、③のステークホルダーとして各団体の代表が参画するのは良いとしても、「長」の付く人たちばかりでは必ずしも現場の実態が反映されない。大学であれば入試課の職員、高校であれば進路部長、大学入試センターであれば実務部門の職員に参画してもらうべきである。「知識人」と称して功成り名を遂げたお歴々を集めて議論する審議会などが依然として多い印象を受けるが、個人的には実務のプロの議論のほうが大いに参考になる。第一七回会議での公立大学協会の資料では「新たな入試制度の検討にあたっては、入試実務担当者（大学職員）の声にも広く耳を傾け、特にフィージビリティの検証にあたっては、現場の状況をふまえた議論が求められる」と指摘されているが、同じ趣旨である。

同時に、本章で強調してきたように、④のデータ・エビデンスの重視も、現場や専門家の意見を重視することと同様に、現実的な施策を立案するうえで不可欠である。今回の文科省調査がどのようなシステムで実施されたのかは不明だが、ＩＣＴ（情報通信技術）活用がこれからの時代の趨勢であるならば、必要な情報はオンラインで短期間に収集できるシステムを構築（あるいはすでにあるならばフル稼働）し、速やかに政策論議につなげる回路を確立してほしい。また、その先には、こうしたデータを適切に解析し、政府にフィードバックするアナリスト・研究者の活用および育成も課題になるだろう。

これは実は、他の教育政策にも該当する論点である。本書の他の章にもほぼ似たような主張があることからもわかるとおり、教育行政にとってかなり優先順位の高い事項だと私は見ている。おそらくそれは財務省を説得するためにも有効に機能することだろう。

1　この数値は、最新の「検討会議」の資料によれば、下記のとおり修正が加わっている。国立大学で九八・七%、公立大学で九九・〇%、私立大学で五五・二%、全体では七〇・一%。https://www.mext.go.jp/content/20210629-mxt_daigakuc02-000016365_13_1.pdf

2　宮本友弘・倉元直樹、二〇一六年、「国立大学における個別学力試験の解答形式の分類」『日本テスト学会誌』vol.13, No.1, 六九－八四頁

追記——「四つめの軽視」として加えたいこと

文科省の「大学入試のあり方に関する検討会議」はその後も回を重ね、二〇二一年七月八日に最終的な提言が公表された。これを受けて、各メディアの動きも慌ただしくなってきており、私の所にも取材依頼が増えている。

最終的な落としどころは、①共通テストでの記述式導入の断念、②共通テストでの英語民間試験導入の断念、③個別大学での改革の推進、といった当初予想されていた範囲内の結論となったようである。①と②は当然であるとして、③をめぐってはいろいろな意見があるように見受けられる。例えば、記述式を入れろといっても、そのようなマンパワーやノウハウがない大学もあるのではないか、英語民間試験を結局入試に結びつけてしまうと問題が大きいのではないか、等々……。また、提言には、予算的なインセンティブをつけることで改革を誘導するような文言もあるが、これについてもそのようなインセンティブは弊害が大きい場合がある。

ただ、私自身は、今の日本のコンテクストをまったく無視するわけにはいかない以上、入試は個別大学の専門的見地に基づく判断でやる形を基本とするしかないと思っている。政府が決めた単一の理念を目指した改革への画一的誘導は、もしそれが間違っていたら全員がこけることになるわけであるし、そもそも規模も設置主体も専門分野も受験者層も異なる全ての大学・学部の入試に共通して課すことのできるような理念や改革など、逆に胡散臭い。しかし一方で、あまりにも多様で複雑な日本の入試は、受験生にとっても、サポートする教師や家族にとってもやっかいなものであることに変わりはない。放置すれば、とめどもなくいい加減な入試や複雑な入試が跋扈《ばっこ》し、迷惑を被るのは受験生や教育現場ということになってはまずい。そうである以上、政府の役割としては、理想の方向への誘導よりも、やってはいけない入試の規制を優先すべきだと思われる。場合によっては、個別大学で入試改革をする際のチェックリストを専門家が作成し、政府として提示するのも一案であろう。

もう一つ、この「検討会議」の終了間際になって私自身を大いに落胆させたのは、この期に及んでまだ「一点刻み」や「公平性」を「古い考え方」として否定的に見る言説を、メディア関係者や学者など「知識人」とされるような人から聞いたことである。いままで何を見ていたのかと思わずにはいられなかったが、なんとなく合点がいくこともある。それは、「知識偏重」を嫌う改革論者ほど「知識」を過度に軽視し、「知識」なしで平気で自説を主張する、ということである。しかし、複雑な現代社会においては、知識人といえども一人では十分な情報は持ちえないのが常である。自ら知識がないことを前提として、知識の不足を補おうと他者と連携し、常に知識の更新に努力する「無知の知」を持つ人たちこそ、現代の本当の知識人ではないか。今であれば、三つの軽視でなく四つめの軽視として「知識の軽視」を当時のこの原稿に付け加えたいところである。

なかむら・たかやす
東京大学大学院教育学研究科教授。東京大学大学院教育学研究科博士課程単位取得退学。博士（教育学）。東京大学助手、群馬大学講師、大阪大学助教授を経て現職。第二回社会調査協会賞受賞。『大学への進学』（玉川大学出版部、二〇一〇年）、『大衆化とメリトクラシー』（東京大学出版会、二〇一一年）、『暴走する能力主義』（ちくま新書、二〇一八年）など著書多数。

⑩大学教育

「広く浅い」学びから脱却せよ

苅谷剛彦（オックスフォード大学教授）

二〇二〇年という年が歴史に刻まれることは間違いない。新型コロナウイルスのパンデミックはそれに直面した人類の生き方まで変える影響を残しつつある。少しずつ知識が蓄積されてきてはいるものの、これだけの規模で、未知なるものと対峙し、不確実性が世界を覆ったこと、そして医学や疫学の面に限らず、社会的な現象まで含め、「無知の知」——私なりに言い換えれば、知の限界を知ること、知に謙虚であること——を思い知らされたことは、近時なかった。

この経験は、知の生産、再生産に直接関わり、責任を負う大学にとっても、大げさに言えばその存在理由が問われるほどのショックを与えたと私は理解している。

ではそのようなショックに日本の大学はいかに応えたのか。そこからどのような問題が見えてきたのか。本章では、こうした問いに答えていきたい。

コロナ禍で見えてきたこと

それ以前の教育段階に比べ、大学教育について語ることは格段に難しい。なぜなら、大学と言っても多種多様だからだ。専門分野による違いはもちろん、入学難易度によって大学ごとの学生の基礎学力も違う。卒業後の進路にも大きな違いがある。女子大のようにジェンダーの違いを顕著にする例も、地域性による違いもある。これらの差異を無視して、一括りに「大学」教育として議論することには十分な注意が必要だ。

その点を考慮しつつも、大きく捉えれば、今回のコロナ禍に直面する中で見えてきた日本の大学教育（ここでは学部レベルを念頭に置く）の特徴を挙げることはできる。

第一に、これはすでに長年指摘されてきた点だが、日本の大学教育の特徴は「広く浅く」学ぶことにある。今から三〇年近く前に私自身の著書の中で指摘したのは、アメリカの大学と比べ日本の大学教育は、多くの科目を履修し、しかもそのほとんどが講義形式による授業であるといった特徴を示している点であった（『アメリカの大学・ニッポンの大学』一九九二年〈中公新書ラクレ版、二〇一二年〉）。文献講読を行うゼミのような授業や、実験、実習といった授業もあるが、学生の大多数（多くは文系学部に所属）は、事前の準備や負担が少ない講義形式の授業を数多く履修し、卒業していく。卒業論文や卒業研究を必修とする大学・学部もあるが、その比率は減少傾向にあるとも言われている。

多種多様な講義形式の授業を「広く浅く」履修させる日本の大学教育は、知識伝達の効率性という点で優れている。大規模私立大学では数百人を収容する講義室で行われる授業も少なくない。コストの面で見れば知識伝達という点においてきわめてパフォーマンスが高い。拙著『追いついた近代 消えた近代』（岩波書店、二〇一九年）で明らかにした、日本の「後発型近代」が色濃く刻印された結果である。

この第一の特徴においては、コロナ禍に直面し、多くの大学が取り入れたリモートによる授業の提供が大きな問題を起こすことは少なかった。もちろん学生たちのメディア環境の違いから、教室で行うのと同じレベルの知識伝達が行われたかどうかには問題はあっただろう。それでも、リアルタイムであれ、録画方式であれ、教師がほぼ一方的に伝達する講義形式であれば、それが同じ場所と時間を共有していなくても情報の劣化を経験することなく授業は成立する。講義のように一方的に教師が「話す」授業では、リモートによる授業は、教室という空間の制約や時間割という時間的制約を受けない等、より効率的だとも言えるだろう。そのことに気づいた大学も少なくないのではないか。

第二に、それよりは人数の少ない、いわゆるゼミと呼ばれる方式の授業においても、リアルタイムで行われるオンラインの授業がうまくいく可能性は高い。ＺｏｏｍやＴｅａｍｓのようなオンライン会議ツールを使う場合には、参加者の顔や名前が画面に出ることから、教師にとっても学生同士にとっても、対面よりかえってコミュニケーションがしやすいという声も聞く。全員で読む文献が決まっているような日本のゼミ形式では、発表者が画面共有をすることで講読文献についての要約やコメントを行い、それをもとに教師が発問したり、学生同士で意見を言い合ったりする。このようなことも、オンラインで十分可能だ。一つの、共通の文献をみんなで読み、それをもとに議論する授業であれば、コミュニケーションの劣化はさほど起きない。

だが、「広く浅く」を特徴とする日本の多くの大学にとって、読むことや書くことにもっと負荷をかけた教育を行うのは、あまり得意ではない。私が今回出版した『コロナ後の教育へ』（中公新書ラクレ、二〇二〇年）やそれ以前の著書（苅谷・石澤麻子『教え学ぶ技術』ちくま新書、二〇一九年など）でも紹介したが、オックスフォード大学で行われているような、多くの課題文献を読みこなし、そこで得られた知識をもとに、かなり長い論文（Ａ４判で一〇枚前後）を毎週書くような課題のもとで、argument（根拠を示した上での自分なりの分析やその結果に基づく自分の考えの表明）を行う教育に比べると、日本の大学はまだまだ学生に求める学習の負荷が小さい。オックスフォードほどの量ではないにせよ、日本の大学よりはるかに多い文献講読を要求した上で、授業に参加することを求めるアメリカの大学と比べても同様である。

しかも、ゼミと呼ばれる少人数の授業でさえ、日本の多くの大学では二〇名を超えるような環境である。学生同士が意見を言い合う「アクティブ・ラーニング」が推奨されているとはいえ、多読を前提にする授業にはなっていない。一週間に十数コマの異なる授業をとる、しかも大人数の授業が多いこのような構造では、学生にとっても、「多くを読み、多くを書く」といった（欧米のトップレベルの大学では普通に行われている）授業は、学生にとっても教師にとっても難しい。

この点で、吉見俊哉氏と共著で出版した『大学はもう死んでいる?』（集英社新書、二〇二〇年）の中で吉見氏が提案した、一科目あたりの単位数を増やすという案は検討に値する。そうすることで、授業の少人数化と、それぞれの授業が週に複数回（四単位であれば二回、六単位の授業なら三回）できるように転換しようというアイデアだ。講義での授業の人数は減らさないが、週二回の授業のうち一回、あるいは週三回のうち二回を少人数のグループに分け、そこに大学院生などのTA（Teaching Assistant、教育補助員）によるディスカッションを中心とした授業を行うことで、多くを読んで書く授業が可能になるという提案である。

TAの雇用をどうするかなどの課題は残るが、それぞれの授業を複数回開くことと、講義とディスカッションのクラスを組み合わせるという提案は傾聴に値する。

「広く浅く」から脱却できない理由

複数回の授業を増やすことで、学生たちが週に履修する科目の種類を減らす。そうすることで読んで書く学習の負荷を増やすカリキュラムの構造は、アメリカやイギリスの大学では普通に行われている。読む文献の量や難易度、求められるエッセイの質の違いといったことには大学間で違いはあるが、「読む、書く」の負荷は日本よりはるかに大きい。前述の通り、すでに三〇年近く前にこうした日本の大学におけるカリキュラムの構造的な問題点を指摘した。だが、いまだにその構造に変化の兆しは見えない。なぜ変わらないのか。変化を阻む要因を検討することで、日本の大学教育の特徴もより明確になる。

第一の理由は、変える必要性を学生も教員も感じていないからだろう。教師にとっても学生に多くを読ませ、書かせる授業は負担増につながる。学生にとっての負担増は明白すぎて論じる必要はないかもしれない。週に何冊かの本や論文を読み、単なる要約ではなく、そこで得た知識を使って毎週出されるエッセイクエスチョン（小論文の課題）に答える文章を提出しなければならないからだ。教師がどんな文献を読ませるかを決めるためには、毎年、あるいは毎学期ごとに文献リストの更新をしなければならない。その上、毎週学生が提出するエッセイに事前に目を通し、適切なコメントを返す準備も必要だ。講義ノートを何種類か準備し、それを更新していくスタイルとは異なる授業準備が求められる。多くを読み、書き、議論するといった教育の重要性をほとんど経験したことのない日本の大学教師にとっては、あえてそうした負担増を自ら引き受けるのは容易なことではないだろう。

経験を欠いていれば、その効果については想像するしかなく、負担が増えることは直感でもすぐにわかる。それでなくても会議や書類作りに追い回され、回数も種類も多い入試への対応など、研究教育以外の業務に多忙を極める日本の大学教師にとって、あえて火中の栗を拾う必要はない。昔から続いてきた講義中心の一科目週一回授業を踏襲していけばよいのだ。そこにゼミのような、自分の専門に近い文献を学生と講読し議論する授業を加えれば十分だ、と考えてしまうのもやむを得ない。

非常勤講師への依存が改革のネックに

しかしながら、こうした過去の日本の大学に根付いてきた講義中心の「広く浅い」学びの慣性だけが変化を阻む要因ではない。もう一つの原因は、教員の雇用構造にある。すなわち非常勤講師への依存という問題である。これは前述の教員の意識の問題と密接に絡み合いながらも、変更の難しい構造的要因である。

少しばかり数字を挙げてみよう。たとえば一九八〇年度において、四年制大学の全兼務教員六万三三〇人のうち、本務校を持ち、かつそれが大学であった教員は三万一二三一人を数えた。つまり、兼務教員全体の五一・八％が他の大学を本務とする教員であった。

次に視点を変えて、今度は全本務教員を見ると一万七九六四人となる。本務教員一〇万三五六五人のうち、他大学などで兼務していた数を見ると一万七九六四人となる。本務教員の一七・三％が他の大学などで兼務していたことになる。つまり、本務校を持つ教員たちが互いに他の大学を兼務することで、本務教員だけではカバーできない科目を教えたり、本務教員の負担を調整するために、本務教員が相互に「非常勤講師」を務めていたのである。年配の教員には心当たりのある事実だろう。

こうした本務教員中心の非常勤講師の相互雇用の仕組みは、たしかにカリキュラムの多様性を確保する上で必要な措置であっただろう。本務教員の定員数が限られていればなおさらのこと、そのような措置を大学が取ってきたことも不思議ではない。さらに、兼務教員を雇う財政的負担は、本務教員に比べればはるかに小さい。大学経営にとっては魅力的だ。

ただし忘れてはならないのは、このような仕組みが、一科目週一回の授業（主には講義）を前提にしていたことである。すなわち、講義を中心とする一科目週一回という「時間割」の構造は、本務教員に加え、他校の本務教員に兼任を依頼することで支えられていたと言ってよい。

多くの大学が、一つの科目について週一回の授業を基本とする「時間割」を用いていた。そうだとすれば、相互の兼任によりカリキュラムの多様化や本務教員の負担の調整をしていた大学間で、一部の大学だけが一科目週複数回の時間割を採用することは、この既存の秩序を乱すことになる。さらに言えば、本務校を持たない兼任教員にとっても、多くの大学が一科目週一コマの時間割であれば、複数の大学で「非常勤」を務める上でのスケジュール調整はしやすいだろう。このような「時間割」の構造を前提にすると、一部の大学だけが一科目週複数回の時間割を持ち込むことは軋轢を生じさせる。雇用をめぐる相互の依存関係が、「広く浅い」学びの慣性の根底にあったのだ。

依存度拡大と兼務教員の高齢化

このような仕組みは、基本的な構造が変わらないまま、現在においても非常勤への依存による大学教育の提供という形で続いている。先に示したのと同じ方法で、現時点では最新のデータとなる二〇一六年の数字を見てみよう。

本務教員一八万四二七三人のうち、他校の兼務を行う教員は五万二九五人（二七・三％）となる。先に見た一九八〇年に比べ絶対数でも比率の上でも増えている（一七・三％→二

図⑩-1 本務教員数、兼務教員数、兼務教員の比率

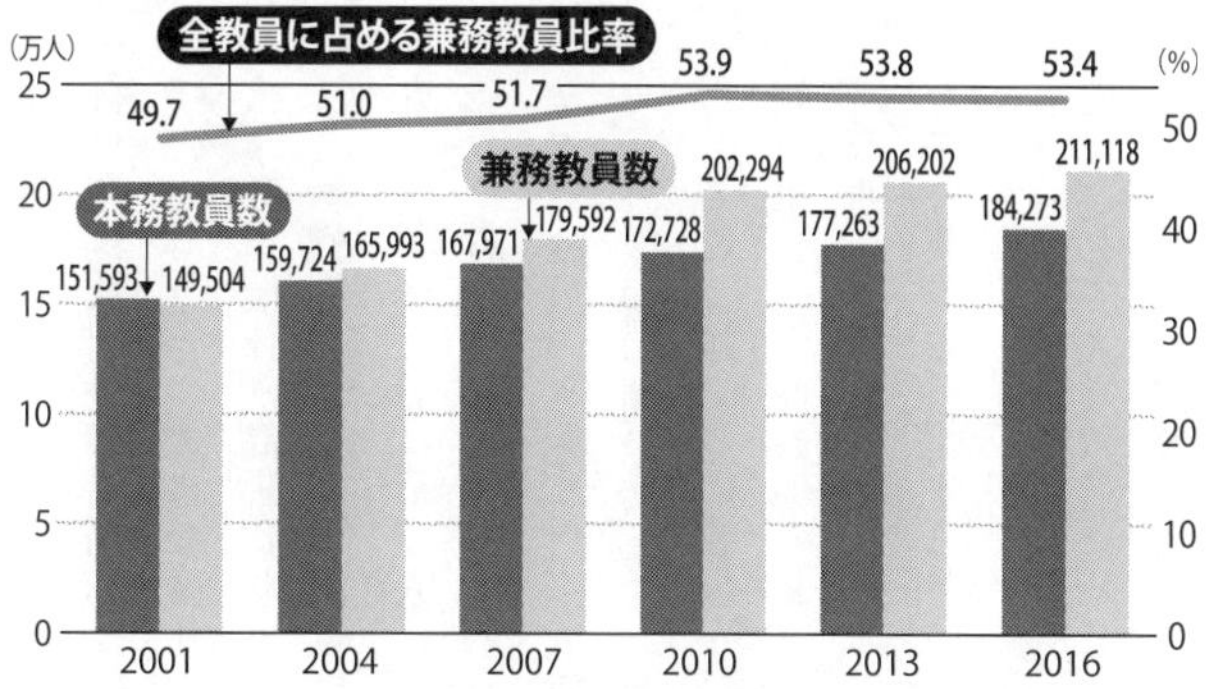

出所:文部科学省「学校教員統計調査」各年度版より

七・三%へ)。他方、兼務教員二一万一一一八人のうち、本務ありの教員数は四万九〇七八人となる。その比率は二三・二%となり、一九八〇年の五一・八%の半分以下である。これは、本務校を持たない兼務者がこの間大きく増大したことの結果である。

かつての構造(本務校を持つ教員同士が相互に非常勤を務める)を残しながらも、それとは別に本務校を持たない兼務者(≒非常勤講師)に大きく依存する、そうした変化が近年になって顕著となったのである。

図に示すように、二〇〇〇年代に入ってからも兼務教員数、さらには全教員数に占める兼務教員の比率は増加傾向にある。グラフにはないが、一九八〇年の比率は三六・八%で、八九年は四二・七%だったのに対し、二〇〇四年に半数を超え、一六年には五三・四%に達している。八〇年代と比べ、兼務教員への依存度が強まっている。兼務者への依存が強まる中で、一科目週一コマの時間割を変え、一科目週複数回の時間割へと構造変換を図ることには大きな摩擦が伴うだろう。

ついでに、もう一つ大きな変化があることにも触れておこう。それは兼務教員の高齢化である。大学教員全体が高齢化していることは知られているが、兼務教員のうち、六十歳以上の教員の比率が二〇〇〇年代を通じて増えている。〇四年には二一・五%だったのが一六年には二九・八%へとおよそ三人に一人の割合に迫っている。特に増えているのは六十五歳以上の高齢者である。〇四年の一一・〇%から一六年には一七・〇%へと六ポイントの増加である。全本務教員のうち、六十五歳以上の比率がこの間、五・九%（〇四年）から七・〇%（一六年）への微増傾向であることと比べると、兼務教員の高齢化率の増加は顕著である。

おそらくここには二つの要因が絡んでいる。一つは、国立大学等を六十五歳前後で一度退職した教員が、その後も他の私立大学などで非常勤の兼務教員として働いている可能性である。前述の通り本務教員のうちこの年齢層の比率が微増傾向であることを見れば、一度定年退職した後に兼務教員化するという現象が起きているのかもしれない。

もう一つの可能性は、大学の退職者でなく、他の職業を経験してきた人々が定年後に「専門職」教員として大学教員に転じたケースである。専門職関連の学位を出す学部の増加と併せて、こうした高齢教員が兼職者として雇われ始めているのかもしれない。

さらに、従来兼務教員であった人々が高齢化しているという可能性も否定はできないが、大学の非常勤講師をめぐる問題が比較的若い研究者のポスドク問題（とはいえ今日では四十代後半〜五十代になっている人も少なくない）として語られてきたことからすれば、六十五歳以上の比率の増加を押しあげた主要因とは見なしにくい。

いずれにしても、大きな流れとしての兼務教員への依存度の拡大、さらにその中での兼務教員の高齢化という近年の傾向は、カリキュラムの構造的な改革を進める上で、マイナス要因の一つとなる。一度大学の本務職を退職した教員が非常勤化しているとすれば、その多くは「広く浅い」学びの制度的な慣性の下で教員を続けてきた人々であり、その慣性を打ち破るために兼務教員として本務校以外での改革の積極的支持者になるとは考えにくいからだ。「専門職」教員となった兼務教員にしても同様だろう。さらに、本務を持たないより若い兼務教員にとっても、複数の大学での非常勤講師職を主たる収入源としている場合、一部の大学で一つの授業を週に複数回開講することは、個人のスケジュール管理を複雑にするだろう。

「最後の砦」の卒論さえ危うい

兼務教員への依存度の増加は、「広く浅い」学びを改革する上でのブレーキになるだけではない。本務教員が分担すべき役割の相対的な縮小をも意味する。

先のグラフで兼務教員の増加傾向を見たが、本務教員数はそれに比べ微増傾向にあった。「学校基本調査」(高等教育機関)各年度版をもとにより長期的な趨勢を見ると、国立大学と私立大学ではその傾向が大きく異なる(広島大学高等教育研究開発センター『高等教育統計データ集』)。すなわち、私立大学では、一九九二年以後、兼務教員数が本務教員数を上回るようになり、しかもその趨勢が加速している。そのような傾向は国立大学では見られない。そこでは依然として本務教員数が兼務教員数を上回っている。

本務教員の多くは、学生を継続的に、しかもトータルに指導する役割を果たしているはずだ。ところが、兼務教員への依存が高まることで、指導の全体性も継続性も維持しにくくなる。その一例とも言える卒業論文・卒業研究の指導は、時間も手間もかかるが、それだけに「広く浅い」学びの中でも学習の負荷を求める「最後の砦」のはずだ。

少し古くなるが、二〇一四年に国立教育政策研究所が行った大学生を対象とした調査報告によれば、看護・保健、社会科学といった分野では、卒業論文や卒業研究を課していないケースが多いと調査結果から推測している(国立教育政策研究所『大学生の学習実態に関する調査研究』二〇一六年)。看護・保健は実務的な専門職養成の分野だからだろうが、学生数で全体のおよそ三分の一を占める社会科学の分野において、卒業論文が課されていないという指摘は、それが兼務教員の割合が比較的多い分野でもあり、「広く浅い」学びの典型的なケースと言えるだけに、注目に値する。前述のとおり、卒論を必修とする大学が減少傾向にあるという指摘もある。「最後の砦」さえ危ういのだ。

このように見ると、兼務教員への依存度の増大は、「時間割」問題を超えて、継続的で負荷の高い学習の促進とは逆方向に作用している可能性がある。ここでさまざまなデータを示して確認したのは、「広く浅い」学びが変化しにくいのは、大学教員の意識の問題だけではないということ、すなわち、雇用の仕組みという変わりにくい構造的な制約を受けているという点である。

そこには当然ながら大学の財政事情が反映している。こうした構造的制約が容易に変わらないとすれば、「広く浅い」学びに適合した形で、大学教育のデジタル化が受容されていく。いや、デジタル化の進展は、「広く浅い」学びをさらに強化する可能性さえある。

教育のデジタル化に潜む落とし穴

おそらくコロナ禍を経験したことで、日本の教育のデジタル化はさらに加速するだろう。文部科学省と経済産業省（以下、経産省）がタッグを組んで進める諸政策が、それを強力にバックアップしているからである。

とりわけ、義務教育段階では、一人一台の端末環境の実現をめざすＧＩＧＡスクール構想が前倒しで実施された。さらには、高校教育まで含め、ＩＣＴ（情報通信技術）やＡＩなどの「デジタル技術を駆使した革新的な教育技法」を提供する民間のＥｄＴｅｃｈ企業との連携で、学習の「個別最適化」を進める経産省の「未来の教室」ビジョン政策も進められている。日本再生を図るSociety5.0政策のもと、政府をあげて邁進する教育のデジタル化である。

そこでの重要なキーワードは「個別最適な学び」であり、その実現にＩＣＴやＡＩの利用拡大、それを後押しする民間企業との連携が見込まれている。国際的に見た日本のデジタル化の遅れを挽回する好機として、コロナ禍は利用された。

だが、そこに問題はないのか。一人一台の端末利用を前提に進む学習の個別最適化は、一見するとそれぞれの児童生徒のニーズに見合った教育内容を提供することで、一人ひとりに最適化された学習機会を与えるような印象がある。あるいはそう期待されてもいる。しかし、それでなくても多忙を極め、教材作成などＩＣＴ利用のより高度なスキルを持たない教員が多数を占める現状を前提とすれば、教育のデジタル化は学習のブラックボックス化を進めることになるだろう。ＩＣＴ技術に長けたＥｄＴｅｃｈ企業との連携や、ビッグデータを所有する民間の教育産業の提供するコンテンツが、「個別最適な学び」を推進していくことになるからだ。さらには、個別最適化が学習の失敗を個人に帰責することで不平等の拡大も懸念されるが（本書の3章を参照）、ここで論じたいのは、このブラックボックス化の問題である。

大学入試の合格をゴールに学習の個別最適化が進めば、最適化の意味は、いかにそのゴールに効率的に、しかも個々の児童生徒の興味関心や学習レベルに適い、それゆえ動機付けを強める形でコンテンツが提供されることに帰着するだろう。「一人ひとりのニーズに応じた学習の最適化」と言っても、あるいは「蓄積されたビッグデータの利用」と言っても、端末の「向こう側」は、教師にとっても学習者にとってもブラックボックスであり続ける。到達すべきゴールへの道筋の多様性や個別性が提供されたとしても、その大枠自体は、「向こう側」であらかじめプログラムされた枠組み（アルゴリズム？）に規定される。

その意味で、伝達され、理解を促す知識の所与性から逃れることは難しい。「個別最適な学び」は個人に最適化した学びの機会を提供すると言うが、その最適化が全体としてめざす方向が問われるのである。そこに政治的あるいは経済的な利害の絡んだ力が介入すれば、伝達され、理解を促す知識の所与性が疑われることなく、その内容が孕む価値や規範や前提も無批判に伝達される。社会学の用語を用いれば、「個別最適な学び」の「隠れたカリキュラム」（表面的には意図されていないが教育を通じて伝えられる価値や規範、疑われることのない「前提」）が問われるのである。

あえて言えば、それは、一見学習の個別最適化が進むようで、実際にはブラックボックスの中で教育の画一化が進行する、しかもそれが外部には見えない、という事態の出現である。その先に、オーウェリアン（ジョージ・オーウェルのSF作品『1984』で描かれたような監視社会）的なディストピアを思い描いてしまうのは、私の杞憂だろうか。ブラックボックスへの依存症が高じることの懸念でもある。

「ブラックボックス化」への抵抗の場としての大学

このようなことがコロナ後の高校段階までの教育において加速度的に進行するとすれば、大学教育が果たすべき役割が今以上に厳しく問われることになる。そのようなときになっても、知識伝達の効率性に傾斜する「広く浅い」学びを中心にすることで、将来の日本は立ちゆくのだろうか。

さまざまな知識を理解するに止まらず、知識間の比較考量ができ、信頼に足りる多様な知識を相互に結びつけ、組み合わせる。そのような分析的で批判的な思考力を育てるには、「広く浅い」学びは不向きである。学習のデジタル化がもたらすブラックボックスの中で教育の画一化が進行するとすれば、それを解毒する場としての大学の役割はますます重要になる（教育のブラックボックス化の中で大学が果たすべき役割については、拙著『コロナ後の教育へ』において検討したので、参照していただきたい）。

フェイクニュースが量産され、未知なるもの、不確実性が増え続ける時代を冷静に生き抜くためには、批判的思考力を備えた「賢い市民」の育成が不可欠である。それが大学に切実に求められる役割である。それだけに「広く浅い」学びからの脱却が求められる。

吉見氏の提案を真剣に受け止めよう。教員の働き方と併せて、カリキュラムの構造を変えていく。それは大学教員にとっても、当初は負担増になるだろう。しかし、そのような教育を実際に経験することで、学生たちの知的な鍛錬が進み、これまで以上に手応えを感じる機会となるはずだ。それは、大学教員に与えられた特権でもある。自分たちのやり方次第で、個々の学生たちの知的な成長を、より具体的に感じることができる。「顔の見える」教育への回帰である（拙著『イギリスの大学・ニッポンの大学』中公新書ラクレ、二〇一二年）。

追記――オリパラ開催論議の教訓

本書に収められた原稿執筆からおよそ半年が経った。新型コロナウイルスの感染拡大は未だおさまりそうにない。先進国では先を争うようにワクチン接種が進んだ。その効果は見え始めてはいるものの、新たな変異株が登場するたびに耳目を集め、ワクチンの効果についての議論が巻き起こる。本章でも触れた、「未知なるもの」との対峙、「不確実性」への対応といった難問から私たちはまだ逃れられてはいない。

執筆後に日本で顕在化したのが、東京オリンピック・パラリンピック開催をめぐる論議であった。本書の出版時点ではすでに過去の出来事になるだろうが、開催の是非をめぐる議論→無観客か有観客かの議論→何人まで許容するかの議論と、少しずつ論点を（政治的・意図的に）ずらしながら、紆余曲折の末、原則、無観客による開催が決まった。そこでのさまざまな決定が感染状況の悪化を招くのかどうかは現時点では知る由もない。ただ、この決定に至るまでの議論の迷走・錯綜、科学的根拠を欠いた政治的レトリックがまかり通ってきたことは事実であり、この「追記」に書き残しておきたい。それが、日本人、とりわけ政治家や官僚、マスコミの科学的リテラシーの欠如によるものか、科学的な厳密さより政治的・経済的な利害が優先する政治や社会の仕組みの問題なのか（その意味では社会科学的リテラシーの欠如とも関係する）、現時点では検証できない。ただ、こうした経緯を、「忖度」とか「空気」のせいにしてしまうと、そこで思考停止に陥ることだけは確かだ。

科学的な厳密さや、事実に基づく、根拠に根ざした、合理的で論理的な議論の果てに、結論が出されたわけではない。開催の結果、それが感染拡大にどのような影響を及ぼすことになったかは、今はわからない。しかし、すでに現在までに、はじめに「開催（結論）ありき」の論法がここまで力を得てきたことは否めない事実である。批判的思考力を備えた議論が力を持ち得なかったことも確かだ。

なぜそうなったのか。いかなる力が働いたのか。リテラシー（＝教育の成果）の問題か。社会のしくみの問題か。この経験から学ぶことは多い。事態をしっかり記録し、ここに至った過程を、のちに厳密に帰納的に検証することで、日本の「教育－社会連関」の弱点が浮かび上がるはずだ。なぜ批判的思考力を備えた「賢い市民」の育成に失敗してきたのかがわかれば、「コロナ後の教育」への課題も見えてくる。

かりや・たけひこ
オックスフォード大学社会学科およびニッサン現代日本研究所教授。東京大学大学院教育学研究科修士課程修了、ノースウェスタン大学大学院博士課程修了。Ph.D.（社会学）。東京大学大学院教授等を経て二〇〇八年より現職。『階層化日本と教育危機』（有信堂高文社、二〇〇一年、大佛次郎論壇賞奨励賞）、『教育の世紀』（弘文堂、二〇〇四年、サントリー学芸賞）、『追いついた近代　消えた近代』（岩波書店、二〇一九年、毎日出版文化賞）、『コロナ後の教育へ』（中公新書ラクレ、二〇二〇年）など著書多数。

Ⅲ　教育政策は「凡庸な思いつき」でできている

⑪ EdTech

GIGAスクールに子どもたちの未来は託せるか

児美川孝一郎（法政大学教授）

二〇一九年十二月、突然発表された「GIGAスクール構想」[1]。当該年度の補正予算に組み込まれたものだが、児童・生徒に一人一台の端末を配備し[2]、日本中の学校を高速大容量の通信ネットワークで結んで、校内LANも整備するのだという。確かに、日本の教育におけるICT（情報通信技術）環境の整備は、先進諸国と比較すると「周回遅れ」の評[3]があるほどである。それゆえ、こうした動きを歓迎する教育関係者や保護者も少なくはない。構想は、単にIT業界を喜ばせるだけの代物ではないようにも見える。

しかし、本当にそうなのか。教育界におけるICT環境の整備は、これまで一向に進まなかったのに、何ゆえに突如として巨額の国家予算が注ぎ込まれることになったのか。当然、それには相応の理由があるはずだ。

そんな見方に立てば、ＧＩＧＡスクール構想の背後には、ここ数年、財界と政府がしゃかりきになって進めている国家戦略としての「Society5.0」構想があることが嫌でも見えてくる。

Society5.0という未来社会戦略は、いったい何をねらいとしているのか。それは、子どもと教育をどこに連れていこうとするのか。こうした点を批判的に吟味することを抜きにして、ＧＩＧＡスクール構想をただただ牧歌的に、「条件整備なのだから好ましいに決まっている」とばかりに歓迎するわけにはいかない。

もちろん筆者は、現代のラッダイト運動（機械打ち壊し）を提唱したいわけではないので、教育におけるＩＣＴ活用を全面的に否定するつもりはない。それが、学習と教育に飛躍的なイノベーションをもたらす可能性があることも否定しない。しかし同時に、重要なのは「何のためのＩＣＴ活用なのか」であると考えている。「教育のＩＣＴ化ありき」ではなく、こういう教育を実現するためにはＩＣＴが必須となるという教育の哲学が求められるはずだ。ＧＩＧＡスクールおよびその背景にあるSociety5.0に向けた教育構想には、はたしてそうしたフィロソフィーがあるのか。この点を問うてみたい。

Society5.0とは何か

Society5.0とは、二〇一六年一月に閣議決定された「第5期科学技術基本計画」において初めて登場した概念である。人類社会の発展段階を、Society1.0＝狩猟社会、2.0＝農耕社会、3.0＝工業社会、4.0＝情報社会（現在はこれに当たる）としたうえで、これに続く将来社会が5.0であるとされた。

内閣府のホームページの言葉を借りれば、Society5.0は、「サイバー空間（仮想空間）とフィジカル空間（現実空間）を高度に融合させたシステムにより、経済発展と社会的課題の解決を両立する、人間中心の社会」であるという。つまり、ＩｏＴ（すべてのモノがインターネットとつながる）、ＡＩ（人工知能）、ビッグデータ、ロボット工学といった最新テクノロジーの発展とその活用により、新たな経済成長が見込めると同時に社会的課題の解決も期待できるというのである。よく似た概念としては、ドイツの「第四次産業革命（Industrie4.0）が著名であるが、日本版Society5.0はこれを下敷きにしつつ、内容を産業戦略のみならず未来社会像にまで膨らませ、社会的課題の解決も見込めるといった、およそ根拠があるとは思えない〝夢想〟をキャッチフレーズ風に入れ込んだ点に特徴がある。

Society5.0を実現しようという動きの中では、確かにＩＴ産業等を中心に経済成長は期待できるかもしれない。しかし、社会的課題が解決されるとはどういうことか。おそらくは、ドローンによる配送、自動運転による運輸、リモートによる生産管理や医療サービス等の提供といった、テクノロジーの助けで「解決」が可能となる課題のみが想定されているのであろう。だが、当然のことながら、Society5.0の到来によって、貧困や格差、差別や偏見、失業や非正規雇用といった社会的課題が自動的に解消したり解決されたりはしない。

その意味で、いささか怪しげな概念である。このSociety5.0という鵺《ぬえ》のごとき概念の「創出」に与り、それを国家ぐるみで推進していくことを強力に求めたのは、財界であった。[4]経団連は、「第5期科学技術基本計画」の発表と時を同じくして、「新たな経済社会の実現に向けて――『Society5.0』の深化による経済社会の革新」を発表する。そして、その後も精力的に政府に対してSociety5.0の売り込みを強めていった。結果として、Society5.0は二〇一七年六月に閣議決定された「未来投資戦略２０１７――Society5.0の実現に向けた改革」に位置づけられ、安倍政権による成長戦略にまで押し上げられたのである。

Society5.0 台頭の背景

それにしても、だ。かくも危うげなSociety5.0なる将来社会像は、何ゆえ政権による国家戦略（成長戦略）にまで上りつめたのか。それは、「失われた三〇年」とも称される日本経済の長期的な低迷を共通の背景として、二つのアクターが協働した結果であると考えるとわかりやすい。

第一のアクターは、第二次安倍政権である。発足時以来、政権が腐心してきたアベノミクスは、まさに長期にわたる経済停滞からの脱却をねらったものであったが、実質的な成果には乏しかった。いわゆる「三本の矢」のうちの第三の矢である成長戦略は、「国家戦略特区」「女性活躍」「働き方改革」「生産性革命」と威勢のよいアドバルーンは次々とあげたものの、その効果は期待どおりではなかった。そして、第一と第二の矢である金融政策と財政政策は、そもそも小手先の対応であったうえに、しだいに限界と陰りを見せはじめてもいた。「未来投資戦略２０１７」を準備していく頃の政権サイドは、かなり深刻な「手詰まり感」に襲われていたはずである。そして、まさにこの窮地を見透かしたかのタイミングで提案されたのが、第二のアクターである財界による、Society5.0を新たな成長戦略に掲げるという囁きであった。

財界や経済界にとって、Society5.0によってＩＴ産業を中心とする新たな成長産業の創出をめざすことは大いに歓迎すべきことであり、そのための大規模な環境整備に国家予算がふんだんに投入されていくことへの期待は高かった。それだけではない。Society5.0は、今ある社会の構造的な改変を含んだ未来社会の構想であり、その実現のためには、情報通信関連のインフラ整備やSociety5.0に向けた人材育成だけではなく、社会の諸領域にデジタル化等の新たな市場が生まれ、そこに巨額の国家財政が注ぎ込まれていく。経済界にとっては、まさに格好の経済活動と成長（利潤追求）の場が生まれるのである。

こうした意味で、Society5.0とは、三〇年にわたる経済低迷に喘いできた経済界の「欲望」と、成長戦略の「手詰まり」を打開したかった安倍政権の「思惑」とが合致することで産み落とされた、まさしく野合の産物なのではあるまいか。

Society5.0における公教育

Society5.0は、国家によって公定された未来社会構想であり、成長戦略として作動することを期待されたものである。そうした国家戦略としてのSociety5.0は、何の遠慮もなく国民生活に影響を及ぼす社会の諸領域に改革や改変を求めてくる。教育領域ももちろん例外ではなく、以下のような至上命題を突きつけられることになった。[5]

第一に、公教育は、Society5.0を実現し、それを担うことのできる人材を育成するという役割を背負う。本来、教育の目的は「人格の完成」であり、「平和で民主的な国家及び社会の形成者」（教育基本法第一条）の育成である。形成者とは、国家・社会の単なる一員ではなく、主権者や市民として国家・社会に能動的に参画し、それを協働的に創り上げていく主体を意味する。それは、けっして特定の形態の社会像（ましてや経済界や産業界）に貢献する「人材」のことを指すわけではない。にもかかわらず、文部科学省（以下、文科省）が、Society5.0関連で最初に公にした報告書が「Society5.0に向けた人材育成――社会が変わる、学びが変わる」（傍点筆者、二〇一八年）と題されたことに象徴されるように、Society5.0下の公教育においては、この原則は容易に踏みにじられ、教育の主人公は子どもではなく、社会像（Society5.0）の側へと転態してしまうのである。

第二に、こうしたSociety5.0に向けた「人材」育成の教育においては、教育と学習の空間は、ICTやAI、ビッグデータ等の最新テクノロジーがフルに駆使される場として編成される。それは、そうしたテクノロジー活用の教育的効果が検証されているからではない。教育領域そのものが、Society5.0を構成する要素である以上、テクノロジーの活用はデフォルトだからである。そうしてテクノロジー化された教育においては、教育課程、学年・学級、一斉授業といったこれまでの学校制度の基本的な枠組みが解体され、教師の指導法や教員養成・研修等にも根本的な変化が強制されることになる。

第三に、テクノロジーが張りめぐらされた教育と学習の空間を実現するためには、教育と産業界との連携が必須となる。「連携」とは便利な言葉であるが、実際には、最新テクノロジーの導入や活用をめぐって、教育サイド（教育委員会や学校）と民間事業者とが対等な交渉相手になるとは想像しにくい。テクノロジーの活用が必須であれば、事実上は、民間事業者の公教育への参入ハードルはかなり低くなる。公教育は、市場として大胆に開放されていくのである。

以上をまとめれば、Society5.0がもたらすのは、教育の「公共性の解体」であり、「ICT化＝学校制度の枠組みの解体」であり、教育の「市場化」である。

本当にそんなことが目論まれているのかと、訝《いぶか》しく思う読者もいるかもしれない。確かに、Society5.0が登場する直前までの教育界を賑わしていたのは、「主体的・対話的で深い学び」（アクティブ・ラーニング）にしても、「資質・能力」にしても、「カリキュラム・マネジメント」にしても、すべて新しい学習指導要領（小・中学校は二〇一七年告示。高校は二〇一八年告示）をめぐる話題であった。そして、新学習指導要領においては、その良し悪しは別として、国家主義と産業主義のラインに沿って学校教育が背負わされる役割は、これまで以上に膨らんでいた[6]。

それが、何ゆえに突然、学校の解体、市場化の方向へと舵が切り直されたのか。にわかには信じがたいかもしれないが、少なくとも文科省がいったんはSociety5.0に対する「恭順」の意を示し、施策を練りあげていたことは紛れもない事実である。以下、その点を見ていく。

Society5.0に向けた人材育成――文科省

文科省による前出の報告書「Society5.0に向けた人材育成」は、新しい高等学校学習指導要領の告示のわずか三ヵ月後に出されたものであるが、そこで中心的に主張されたのは、どう考えても新学習指導要領の響き（主旨）とは異なる、「公正に個別最適化された学び」の実現であった。

端的に説明すれば、子どもたちはＰＣやタブレット等の端末を前にして、「一人一人の能力や適性に応じて」ＡＩが提供してくれる学習プログラムに、単独で取り組むという学習形態である。新学習指導要領においては、あれほど「主体的・対話的で深い学び」が強調され、アクティブ・ラーニングが推奨されたにもかかわらず、舌の根も乾かぬうちに、ここでは「対話的」な学びどころか、学習の個別化がめざされたのである。

こうした路線は、さらに一年後（二〇一九年六月）に出された報告書である「新時代の学びを支える先端技術活用推進方策（最終まとめ）」でも踏襲される。そこでは、最新テクノロジーと「教育ビッグデータ」（子どもたちのスタディ・ログ）の効果的な活用によって、「誰一人取り残すことのない、公正に個別最適化された学び」の実現が期待されるという。修飾句だけは増えたが、ＡＩに導かれる学習の個別化をめざすという本質は、まったく変わっていない。

重要なのは、こうした学習の「個別最適化」の強調には、これまでの学校教育のかたちを解体させていく論理が確実に孕《はら》まれているという点にある。二〇一八年の先の報告書には、以下のことが明記されていた。つまり、「個別最適化された学び」を軸にした学校は、「『勉強』の時代」（学校 ver.1.0）「『学習』の時代」（学校 ver.2.0）に次ぐ「『学び』の時代」（学校 ver.3.0）に成立するものであり、そこでは、①「一斉一律授業」から「個人の進度や能力、関心に応じた学び」へ、②「同一学年集団の学習」から「学習到達度や学習課題等に応じた異年齢・異学年集団での協働学習」へ、③「学校の教室での学習」から「大学、研究機関、企業、ＮＰＯ、教育文化スポーツ施設等」での「多様な学習プログラム」への転換が必然化するのだ、というのである。

「『学び』の時代」においては、能動的な学習主体（アクティブ・ラーナー）が自らの学びをデザインする、といった甘美な装飾でカモフラージュされてはいるが、ここで主張される転換とは、とどのつまりは、従来の学校教育の枠を取り払ったうえで、子どもたちの学びを徹底した能力主義に基づいて個別化し、自己責任化していくことを指すのではないか。

すべての子どもが、簡単にアクティブ・ラーナーになれるわけではない。とすれば、Society5.0 型の学校からは、取りこぼされる子どもも多数生まれる。結果として危うくされるのは、公教育の本質的な役割であり、教育の機会均等や子どもたちの発達権・学習権の保障であり、教育の公共性を担保する学校教育の枠組みなのである。

何が文科省を動かしたのか

それにしても、である。学習の「個別最適化」に前のめりになる文科省の姿勢は、学校現場からすれば、率直に言って「殿、ご乱心」の状態に近く、朝令暮改も甚だしいと映ったはずである。文科省自身もそのことには気づいていたにちがいないが、にもかかわらず、それ以外には振る舞えない事情があった。

端的に言って、Society5.0は国家戦略であり、Society5.0に向けた教育の実現は、実は総務省や経済産業省（以下、経産省）も虎視眈々《こしたんたん》とねらっていたのである。総務省は、自治体等と連携しながら、学校の通信ネットワークの整備やＩＣＴ機器の配備といった条件整備に力を入れていた。いわば側面援護の役割である。それに対して、経産省の場合には、後に触れるように、ＩＴ産業やコンサル業界、教育産業等をフル活用する形で、真正面から公教育の大がかりな改変を目論んでいたと言える。

もともと、近年の教育政策の展開においては、文科省は自律的な政策立案主体になりえないでいた。実質的な政策決定は、首相官邸やその下にある教育再生実行会議に吸い上げられていたうえに、官邸官僚等を通じて経産省の影響力も強くなっていた。こうした下地のうえに、成長戦略であり国家戦略でもあるSociety5.0がテーマになったわけである。文科省としては、省益を守るどころか、自らの沈没を回避するためにも、経産省の路線に符節を合わせざるをえなかった。その際に両省をつなぐ「接着剤」となったのが、文科省からすれば、新学習指導要領の「主体的・対話的で深い学び」を放り出してでも飛びついた「個別最適化された学び」にほかならなかったのである。

「未来の教室」とＥｄＴｅｃｈ——経産省

では実際、経産省がすすめようとしたSociety5.0に向けた教育とは、どんな内容なのか。実は、経産省内には二〇一六年に「教育産業室」が立ち上げられており、ここが基盤となって、二〇一八年一月には有識者会議である「『未来の教室』とＥｄＴｅｃｈ研究会」が発足している。

ＥｄＴｅｃｈとは、Education（教育）とTechnology（技術）を掛け合わせた造語であり、この有識者会議が二〇一八年の初頭に発足したのは、言うまでもなく直前のSociety5.0の国家戦略化を見すえてのことである。経産省の思惑は、Society5.0を錦の御旗にしつつ、最新テクノロジーに基づく「教育のイノベーション」という厚化粧のもと、教育産業やＩＴ産業を中心とする民間事業者が、これまでよりもはるかに容易に学校教育に参入していく道筋をつけることにあったと見ていいだろう。

「『未来の教室』とＥｄＴｅｃｈ研究会」は、二〇一八年六月、文科省の前出の報告書「Society5.0に向けた人材育成」と同じ日に「第一次提言」を発表し、一年後には、第二次提言として「『未来の教室』ビジョン」を提出している。これらの提言では、ＩＣＴやＡＩを活用することによって、教科学習の「個別最適化」を進め、同時に、探究学習としてＳＴＥＡＭ教育を推進することが提唱されている。ＳＴＥＡＭ教育とは、近年の先進諸国の教育改革において注目される概念であるが、Science（科学）、Technology（技術）、Engineering（工学）、Arts（芸術）、Mathematics（数学）を組み合わせて、課題解決的に学ぶ学習形態のことである。ＳＴＥＡＭ教育は、そのための教育コンテンツの作成からプログラムの実施・運営まで、産業界との密接な連携のもとに取り組まれることが想定されている。

経産省のSociety5.0に向けた教育構想は、文科省の発想以上に、産業界の「人材」要求を意識したものであるが、それを極端にスリム化された学校形態（教科と探究だけで教育課程が編成され、特別活動などは存在しない）によって実現しようとする。学校教育という形態の公教育を解体させるモメントを孕んでいると言ってもよい。経産省の発想では、公教育と民間企業による教育事業とは、完全にフラットな関係に置かれる。そして、後者の「活躍」の場がふんだんに用意され、社会全体に学びの場が広がることこそが、彼らの主張する「未来の教室」にほかならないのである。

注意を喚起しておきたい点は、経産省の描く「未来の教室」は、二〇一八年度以降、すでに実証事業の段階に入っているという事実である。その意味で「未来の教室」は、遠い将来にではなく、現在と地続きの地平に存在している。二〇一九年度の「未来の教室」実証事業の全体像を見ると、そこには五つの柱が設定されている。①企業と小・中・高校のコラボレーションによる「モデル校」での試行実践、②STEAM教育のコンテンツを開発する「STEAM LIBRARY」、③主として教員向けの課題解決型研修を行う「リカレントSTEAM」、④「個別学習計画」の開発、⑤教員研修等である。こうした柱に位置づけられた各事業に、教育、IT、コンサルティング、人材といった業界の、大手からベンチャーに至るまでの民間企業が参入し、学校とも連携しながら、Society5.0型の教育の先導的試行（事業件数は、この時点までに七一件）に着手している。このスピード感を見れば、経産省は「教育産業起点の教育イノベーションが学校にも広がる」[7]という視点に立って、文科省よりも先をすでに走りはじめていたことがわかるだろう。

教育政策はどう動いたのか

以上のような構想レベル（経産省の場合には実証事業も含め）でのお膳立てが整った後、実際の学校教育を対象とする教育政策は、具体的にはどのように動いたのか。

初動は、二〇一八年八月に再開された教育再生実行会議である。①「技術の進展に応じた教育の革新」、②「新時代に対応した高等学校改革」がテーマとされた。①はまさにSociety5.0に対応する教育全般の改変であり、②はその具体化を、高校改革を皮切りに図っていこうとするものであった。

その後、二〇一九年六月には「第一一次提言」が提出される。そこには、先端技術の活用、産学連携によるSTEAM教育の推進等とともに、各高校における教育理念の明確化と三つのポリシー（生徒受入れ、教育課程編成・実施、修了認定に関する各方針）の策定、普通科への「類型」の導入などの改革アイデアが躍っていた。提言の内容は、現行の学校制度の枠組みや新学習指導要領を前提としつつも、そこに可能な限りで経産省の「未来の教室」路線を入れ込もうとし、かつ制度改変への突破口としては、高校制度（とりわけ普通科）の再編が名指されたといった印象である。

そして、こうした「第一一次提言」も意識しつつ、二〇一九年四月には中央教育審議会（以下、中教審）が再開された。テーマは、初等中等教育の改革全般にわたるが、文科大臣による中教審への諮問には、「Society5.0時代における教育・学校・教師の在り方」という文言が堂々と登場した。中教審による審議は、いまだ途上ではあるが、少なくとも教育政策の本流のど真ん中に「Society5.0時代」が位置づいたことの意味は大きい。いまや教育政策論議が位置づくプラットフォームは、全面実施の時期を迎えた「新学習指導要領」ではなく、確実に「Society5.0時代の教育」へとシフトしたのである。

何が問題なのか

さて、ようやくここで振り出しに戻る。本章の冒頭で述べた「ＧＩＧＡスクール」構想は、以上のような政策的な経緯を経た二〇一九年一二月に発表されたものである。ここまでの記述を読めば、「ＧＩＧＡスクール構想」をそれ単独で、「教育条件整備なのだから望ましい」などと評価するわけにはいかないことがご理解いただけたのではなかろうか。もちろん、一人一台の端末配備や学校のネットワーク環境整備が問題であるわけではない。そうではなくて、それらが何のために、何をねらいとして整備されるのかについて、細心の注意を払っておく必要があるということである。

現在の政策的文脈に照らして判断すれば、「ＧＩＧＡスクール構想」は、教育のＩＣＴ環境整備をニュートラルにすすめるものではない。それは、Society5.0の実現に向けて、Society5.0型の教育を現実のものにするための強力な政策的な道具立てである。そうした政策としてのＧＩＧＡスクール構想の是非を判断するためにも、ＧＩＧＡスクールの先に見通される、Society5.0に向けた教育のどこに問題点があるのかを精査しておく必要がある。国および自治体の教育政策において、現時点で審議されているのは、一人一台の端末配備やネットワーク環境整備であるとしても、その次に来るのは、この端末やネットワークを活用したSociety5.0向けの教育施策の導入や推進であることはまちがいないからである。

そして、筆者の見る限り、Society5.0型の教育には、以下のような問題点が透けて見えてくる。主な論点だけを挙げるとしても、第一に、教科教育で「個別最適化された学び」を実現する学習プログラムにしても、探究学習のためのSTEAM教育の教材にしても、公教育の現場には民間事業者が提供する教材やプログラムが溢れかえることになる。それらの質の保証をどうするのかといった声は、今のところどこからも聞こえてこない。教育の「市場化」が進むことはまちがいないが、それが教育の「公共性」を破壊しかねない点が危惧される。Society5.0型の教育の推進は、民間企業の教育事業の「成長」を促すものにはなるのだろうが、日本の子どもたちの成長を託してよいものなのかどうかが危ぶまれるのである。

第二に、学習の「個別最適化」では、子どもたちの学びが痩せ細り、学習集団のなかでの共同・協同の学びの豊かさを経験できなくなることが危惧される。STEAM教育に基づく探究学習は、課題解決的な協働の学びを提供するようにも見える。しかし、実際には、そこでの「課題」なり「課題解決」は、Society5.0がテクノロジー主導型の課題「解決」しかできないのと同じ意味での狭さを抱えたものにならざるをえない。

第三に、教育課程が教科と探究で構成され、特別活動が存在しないようなスリム化された学校では、社会性の獲得や社会的な課題意識の醸成、自治的な能力の育成などを含んだ、子どもたちの人間的成長の機会が根こそぎ奪われてしまうことが危ぶまれる。そもそも、そうした学校においては、子どもたちを主権者に育てること（シティズンシップ教育）も、将来の働く場の主人公に育てること（キャリア教育）も存在する余地がない。産業界に向けた「人材」育成にだけ特化して、こうした公教育本来の役割を担えないSociety5.0下の公教育とは、いったい何なのだろう。[8]

最後に、Society5.0型の教育においては、子どもたちが自律的に学習に取り組み、自らの学びをデザインすることが理想とされるが、そこでは「自律性」や「自由」の美名と引き換えに、実際には学びは究極的なかたちで「自己責任化」される。「格差」は、これまで以上に拡大する。なかには、自分なりのペースでどんどん学習をすすめる子どももいるかもしれないが、そうした彼らの学びは、社会的な課題意識や自己形成とは切り結ばない痩せ細ったものに帰結してしまうことが危惧される。他方で、多くの子どもは、そもそも学習意欲がわかずに、学習プログラムに取り組めないなど、結局は質の高くない学びに終始してしまう可能性も少なくないのである。

コロナ禍が浮き彫りにした公教育の岐路

もし、二〇二〇年春、新型コロナウイルス感染症拡大によるコロナ禍が生じていなければ、本章は、ここまでの論述でもって、「GIGAスクール構想」に透けて見えるディストピア（絶望郷）を示唆しつつ、稿を脱していたはずである。

しかし、実際には世界的にパンデミックとなったコロナ禍が発生し、日本の学校は、実に三ヵ月にも及ぶ臨時休校を経験した。途中、オンライン学習の実施等の試みも挟みながら、その後は分散登校から学校再開への道を歩んだ。教育政策の対応は当初、当面の緊急事態に対処するための種々のガイドラインの提示、事例集の配布、特例的な「弾力的取扱い」を可とする通知の発出等にとどまっていたが、夏以降になると、「ウィズコロナ」「ポストコロナ」を見据えた教育改善や改革提案等も出されるようになった。

そして結果としては、コロナ禍以前に成立していた、Society5.0に向けた教育改変の構図、そこでの勢力図や力関係には、劇的とはいえなくとも、それなりの変動が生じたように見える。現在進行中の事態であり、詳しくは後の機会に譲りたいが、最後にこの点を素描しておきたい。[9]

個々の政策展開を跡づけている余裕はないので、コロナ禍以降の教育政策動向を大胆に整理すると、そこには、コロナ禍にいわば便乗して、それ以前からのSociety5.0に向けた教育改変を一気呵成にすすめようとする「急進派」と、そうした教育改変の方向性は承認しつつも、改変の過激さの角を取り、従来からの教育政策との連続性を何とか担保しようとする「漸進派」との分岐が、きわめて明瞭になってきたように見える。

「急進派」の潮流に属する勢力の代表格は、全国の学校が一斉休校に入るやいなや、「学びを止めない未来の教室」というキャンペーンを張って、民間教育事業者によるさまざまなオンライン教育（期間限定・無料）提供のサービスの告知をはじめた経産省である。同省は、二〇二〇年度、新たに「ＥｄＴｅｃｈ導入補助金」事業を開始したが、そのもとでは、全国四三〇〇の小・中・高校（全学校数の約一二％）が、民間事業者と連携したＥｄＴｅｃｈの導入を決めている。また、「未来の教室」実証事業も継続し、二〇年度の事業には、参加する民間事業者および学校・大学の数を大幅に増やしている。[10] まさにコロナ禍を活用して、Society5.0型の教育の実現のための壮大な社会実験を仕掛けたかのごとくである。

こうした動きを援護するかのごとく、「ＧＩＧＡスクール」構想も、二〇二〇年度補正予算によって増強された。そこでは、当初は二三年度を目標としていた一人一台の端末配備が今年度（二〇二〇年度）中に完了するように前倒しされ、新たに家庭におけるオンライン学習の支援や環境整備のための予算も盛り込まれた。ここに象徴されるように、Society5.0に向けた教育は、コロナ禍の政策展開において、一つにはオンライン活用に拍車がかかり、もう一つには「家庭」の活用が明確化されるという特徴を持つようになった。

前者に関しては、当然のことであるが、オンライン教育にはメリットもデメリットも存在する。ウィズコロナが意識されていることは理解するが、オンライン教育についての冷静な評価や判断を抜きに、ただ盲目的にオンライン化に前のめりになるのには、教育市場の拡大という別の目的が控えているのではないかとさえ疑ってしまう。

後者に関しては、菅義偉新内閣のもとで新設されたデジタル改革担当相は、早くも家庭での遠隔（オンライン）学習を（公教育の）授業時数に含める可能性について積極的に言及した。これが実現すれば、社会全体が「教室」になるという経産省の「未来の教室」像には一歩近づくかもしれないが、公教育のあり方は原理的に転覆される。子どもたちの学力格差はこれまで以上に増幅し、しかもそれは、学校や教師ではなく家庭の問題として「自己責任化」が徹底される危険性もある。

他方、「漸進派」（穏健派）として新たに登場したのは、文科省である。少し前まではSociety5.0に向けた教育改変に「恭順」の意を示し、経産省とも基本的な歩調を合わせていた文科省は、ここに来てようやく独自色を模索し、発揮しつつある。その証左は、例えば「オンライン授業」の要件（例えば、学習者サイドに教師が同席する）の規制緩和には応じないとする姿勢や、分散登校時の経験を踏まえて圧倒的多数の教師や保護者に支持された「少人数学級」の実現について（今年〔二〇二〇年〕は例年になく）強い覚悟で動いた点などに現れていよう。これらは、Society5.0に向けた教育改変の基本路線には同意しつつも、既存の学校教育の形態を安易に解体するつもりはないこと、むしろその充実・発展をめざすという文科省なりの意志表示でもある。

こうした文科省の姿勢をトータルに示したのが、二〇二〇年一〇月に中教審の初等中等教育分科会がまとめた「『令和の日本型学校教育』の構築を目指して（中間まとめ）」である。そこでは、コロナ禍の長期休校においては、あらためて「日本型学校教育」（学校が、学習指導だけではなく、子どもたちの全人的成長を促す生活指導や、居場所やネットワーク等の福祉的機能の一部を担う）の意義が子どもたち、保護者、教育関係者に認識され、共有されたとして、その積極的な継承が主張されている。これは、経産省の「未来の教室」の学校スリム化（解体）路線とは、明らかに袂《たもと》を分かつものである。そして、学校教育がめざすべきは、「個別最適な学び」とともに「協働的な学び」の実現であるとして、「個別最適化」に傾いていた以前の路線を微妙に軌道修正してもいる。

コロナ禍以降の文科省の政策姿勢には、評価し、応援してもよいと思われる内容が含まれている。しかし、注意しておきたいのは、そうした政策方針は、Society5.0に向けた教育改変に全面的に反旗を翻したものではなく、むしろ、これまでの学校教育の形態の温存を図りつつ、漸進的にSociety5.0型の教育への移行をめざすものであるという点にある。ＡＩやＩＣＴの導入は積極的に図られるし、教育ビッグデータを活用した「個別最適化された学び」も部分的には推進される。本質的には「学びの自己責任化」が回避されるわけではないという点が看過されてはならないだろう。

いま公教育は、岐路に立たされている。

コロナ禍を加速するバネとして利用しつつ、Society5.0に向けた教育改変の道をこのまま突きすすむのか。それとも、コロナ禍ゆえにあらためて実感することのできた学校の存在意義や本来の役割を守ろうとするのか。

「穏健派」へと転身した文科省でさえ、この岐路において進もうとするのは、やはり前者のバリエーションなのだという点には十分に注意しておきたい。

では、私たちはどちらを選ぶのか。どちらの道に子どもたちの未来を託すのか。問われているのは、私たち自身の判断であろう。

1　ＧＩＧＡは、データ容量の単位（ギガ）に引っ掛けているのだろうが、Global and Innovation

Gateway for All の略であるとされる。

2　あまり注目されてはいないが、この構想で、一人一台の端末配備の対象とされたのは小・中学生のみである。おかしな話ではあるが、高校生については、先にＢＹＯＤ（Bring Your Own Device. 自己所有の端末を学校に持ち込んで学習に使用する）の政策が試行的に動き出していたこともあり、そちらに期待するらしい。

3　経団連、二〇二〇年、「Society5.0 に向けて求められる初等中等教育改革・第一次提言」など参照。

4　経団連会長の中西宏明氏は、「第５期科学技術基本計画」を取りまとめた総合科学技術・イノベーション会議の有識者委員として、Society5.0 の旗振り役を務めたことが知られている。

5　以下の論点は、拙稿、二〇二〇年、「Society5.0 は日本の教育をどこに導くのか」『人権と部落問題』四月号でも触れている。

6　拙著、二〇一九年、『高校教育の新しいかたち』泉文堂、第六章を参照。

7　浅野大介氏インタビュー、二〇一八年、「『未来の教室』とＥｄＴｅｃｈ研究会が目指すところ（下）」『月刊高校教育』一一月号、八頁。

8　Society5.0 型の学校においては、道徳教育や国家主義的な規範教育のポジションも実は怪しくなってくる。これらは、新学習指導要領においては、「道徳」の教科化にしても、各教科の「生き方教育」化にしても、かなりの力点をおかれたものである。それが Society5.0 型の学校においては出番がなくなるのだとしたら、そのことは、支配層の内部に軋轢《あつれき》を生じさせたりはしないのか。興味深い論点であるが、ここでは深追いしない。なお、拙稿、二〇一八年、「学校の〈道徳化〉とは何か：新学習指導要領に見る、生き方コントロールの未来形」『世界』一一月号を参照。

9　この論点については、拙稿、二〇二〇年、「公教育のハイブリッド仕様へ？」『教育』一二月号でも触れている。

10　二〇二〇年度の事業では、「学びのSTEAM化」と「学びの個別最適化」を軸にテーマが設定され、さまざまな学習コンテンツを「STEAMライブラリー」にデータベース化することがめざされている。

追記――小競り合う政策・施策

本章の元となった初出論文の発表後、中教審は二〇二一年一月、「『令和の日本型学校教育』の構築を目指して（答申）」を提出した。その後も、Society5.0型の教育の実現に向けた「急進派」（経産省等）と「漸進派」（文科省）の政策構想の分岐という基本的構図は変化していない。

とはいえ、「急進派」は、菅政権が成立してからの「DX（デジタルトランスフォーメーション）」推進や「デジタル改革」の後押しも受け、二〇二一年六月に提出された教育再生実行会議「第十二次提言」での「データ駆動型の教育」への転換の推奨、二一年度以降におけるGIGAスクールの本格実施など、いっそう勢いを増しているかにも見える。他方、「漸進派」である文科省も、学校のスリム化・解体だけは断固として阻止するという姿勢を崩さず、新たに発足した第十一期中教審に対しては、「令和の日本型学校教育」の実現をめざした教員の養成・採用・研修の改革について包括的諮問を行うなどした（二一年三月）。

ただし、本章にも書いたように、文科省は、国家戦略としてのSociety5.0型の教育の実現に反対する立場に立てるわけではないので、「日本型学校教育」の維持を目論みながらも、この間、デジタル教科書の普及・推進、教育データの利活用、「全国学力・学習状況調査（全国学力テスト）」のCBT（Computer Based Testing）化についても、有識者会議等を組織して検討を進めている。今のところ、これらの案件についての文科省の姿勢は、かなり抑制的ではある。しかし、抑制的ではあっても、漸進的な導入を図ろうとするものではあり、さらには、「推進派」からはより大胆な規制緩和が求められたりもしている。

こうした意味で、Society5.0型の教育の実現をめぐる政策構想の分岐は、現時点では単なる構想のレベルを超えて、具体的な政策・施策の次元での小競り合いに発展しつつある。なお、文科省は、こうした小競り合いにおいて、「日本型学校教育」を盾に持ちこたえようとするわけであるが、その際、これまでの日本型学校教育の宿痾《しゅくあ》とも言うべき国家主義、道徳の押しつけ、競争と管理、評価システムによる子どもと教師の統制、教師の長時間過密労働の放置といった事態がかえって強化されてしまわないのかも危惧されるところである。
　複雑な状況になりつつあるが、今後の学校と教育のあり方を大きく左右する、見てきたような政策のせめぎあいと力関係のゆくえに注視が必要であろう。

こみかわ・こういちろう
法政大学キャリアデザイン学部教授。東京大学教育学部卒、東京大学大学院教育学研究科博士課程単位取得退学。法政大学文学部教育学科専任講師、助教授を経て現職。教育開発支援機構長。『キャリア教育のウソ』（ちくまプリマー新書、二〇一三年）、『夢があふれる社会に希望はあるか』（ベスト新書、二〇一六年）、『高校教育の新しいかたち』（泉文堂、二〇一九年）、『自分のミライの見つけ方』（旬報社、二〇二一年）など著書多数。

⑫ 九月入学論

推計作業を通して見えた不毛

相澤真一（上智大学准教授）

注目を集めた推計作業

二〇二〇年四月二十八日、全国一七県の知事らがオンライン会議で「九月入学」の導入を含めた検討を政府に要請するメッセージをまとめた。さらに、翌日、安倍首相（当時）が「前広に」という表現で選択肢として検討すると述べた。そこから約一ヵ月の検討を経て、九月入学の導入が見送られたことは記憶に新しい。

筆者は、五月の一ヵ月間に、本政策に関する推計に携わった。[1] これは省庁などから依頼されたものではなく、苅谷剛彦オックスフォード大学教授の呼びかけに集まった研究者グループで独自に手がけたものだ。舞台裏を明かせば、そもそもＩＣＴ（情報通信技術）や教育格差に関するデータ分析を進めていこうかと議論をしていた矢先、九月入学の議論が浮上したため、急遽取り組むことにした次第である。

我々のスタンスは、九月入学への賛否はさておき、具体的な数字をもって、この政策のインパクトを推定することであった。そこでまず政府統計の集められている「e-Stat」（統計で見る日本、https://www.e-stat.go.jp/）を通じて、学校基本調査や地方教育費調査のデータを収集し始めた。

この調査で明らかになった「一斉移行方式」（二〇二一年度に翌年度入学予定の四月から八月の五ヵ月分の児童を含む一七ヵ月分の児童を一斉に九月入学に移行する方式）の場合のポイントを、以下に挙げておく。

- 導入すれば、初年度に小学校の教員不足は二万人を超える。
- 政府が検討している案では、保育所または学童保育の待機児童が数十万人規模で発生する。
- 国や地方自治体に、教員給与などで二〇〇〇億円前後の追加支出が生じる。

最初にこうした推計の数字が算出でき始めた頃、正直なところ「このような粗い推計でよいのか」という不安があった。だが、ゴールデンウィーク中に始めた推計がその翌週末にはおおむねまとまり、五月十七日付の『朝日新聞』に第一報が載るや否や取材対応に追われることとなった。そこで初めて、「この程度の推計すら誰もやっていない」事実に気づかされた。その間に専門家からも各種のご指摘を頂き、短期間でできる範囲で修正を行い、五月二十五日に報告書の「改訂版（暫定）」、六月四日に「改訂版（確定）」を発表した。この間、すぐさま集計された数字を記事にしようとマスメディアの方々に待ち構えられていたこともあり、その緊張感は名状しがたいものがあった。

このプロセスを経るなかで、日本の教育政策を構想するためには、どういう文脈（コンテキスト）を踏まえるべきかが見えてきた。それらを示すことが本章の目的である。具体的には、①政策立案をめぐる文脈、②政策を政治にする文脈、③教育格差と平等をめぐる文脈、そして、④少子化に関する文脈の四つである。[2]

データを活用できない政策立案現場

第一に、政策立案をめぐる文脈である。近年、「エビデンスに基づいた政策立案（ＥＢＰＭ）」の重要性が指摘されるようになったものの、今回の推計に携わり、ＥＢＰＭがほとんど機能していない実状を目の当たりにした。本研究チームの推計値が唯一の総合的な推計資料として、マスメディアに取り上げられただけでなく、政策関係者でさえ我々に問い合わせてきた。驚くほど基本的な問題点の確認も行われずに政策が進められようとしているリスクがはっきりとわかった瞬間である。共に推計に携わった岡本尚也氏も同様に警鐘を鳴らしている（「『わかりやすさ』偏重が招く、ウィズコロナの教育格差」『先端教育』二〇二〇年八月号所収）。

実は、根拠や推計の曖昧な政策立案プロセスの歴史は長い。既に、教育経済学者の矢野眞和氏は、戦後の教育に関する答申を検討した上で、文部省内で分析能力が蓄積された世代と蓄積されなくなった世代との交替が一九七五年前後に起きたと指摘する。

「その後の実証分析の欠如は、教育と経済の関係領域だけではない。現状の理解が衰退すると、そのときどきの教育世論に教育政策が振り回されることになる。現在の教育改革は、こうした雰囲気の中にある」と矢野氏は述べる（『教育社会の設計』東京大学出版会、二〇〇一年）。

矢野氏が高く評価する一九七一年の四六答申から五〇年近く、矢野氏の著作から二〇年近くを経ても、この現状は変わっていない。

推計作業をするなかで、文部科学省（以下、文科省）の統計調査と厚生労働省（以下、厚労省）の統計調査を総合的に考えて政策を立案する部署が存在しないことも目の当たりにした。教育・保育分野以外の方にはあまり知られていないかもしれないが、教育分野において、文科省と厚労省の管轄は複雑に入り組んでいる。就学前教育では幼稚園は文科省、保育所は厚労省、初等教育では小学校は文科省、放課後の学童保育は厚労省の管轄である。我々は報告書で、九月入学を実施する場合、その方式によって小学校教員数の不足と保育所の待機児童の問題がバーターに近い関係になることを明らかにしてきたものの、このような文科省管轄のデータと厚労省管轄のデータを組み合わせた総合的な政策立案はなかなか行われていないことを痛感した。

また、近年の各国のＥＢＰＭでは、繰り返し調査による効果測定が常識となっている。ところが、日本の官庁統計は、個人はおろか、学校・施設や市町村といった単位でさえ経年変化を分析できるような形では存在していない。

文科省も厚労省も、従来の基幹統計に加えて、優れた調査を実施し始めているにもかかわらず、数年で入れ替わる人事異動により、これらの統計データは単年度の基本的な集計にとどまっているのだ。苅谷剛彦氏も述べているように、「ビッグデータはすでにある。ただ、それらがバラバラに存在し、有効に関連付けられていない」（「ビッグデータ不在の教育行政」『週刊東洋経済』二〇二〇年七月十一日号所収）のである。

残念ながら、今、我々の前にあるのは、データを抜きにした曖昧な政策立案の五〇年に及ぶ歴史的文脈である。これを変えていくためには、専門家は一つ一つの政策に対して、我々が行ったように、数値を出して推計を提示していく形で監視することが必要だ。そして、専門家以外の方々は、自分にとってかかわりのある政策について、情報を集め、推計が用意されていなければ政策立案側に用意するように、声をあげていくしかないであろう。

九月入学をめぐる一ヵ月の議論は、あまりにも曖昧な政策立案プロセスに一石を投じるものであったと思う。

「レガシー」を求めたがる政治に注意

第二に、政策を政治にする文脈について、取り上げたい。九月入学の議論において強く感じたことは、わかりやすい教育政策の結果を「レガシー」としたがる政治力学である。竹中平蔵氏の「9月入学の成果、教育改革を安倍内閣のレガシー（遺産）にすればいい」（「経済プレミア」二〇二〇年五月二十七日、https://mainichi.jp/premier/business/articles/20200525/biz/00m/020/011000c）という言葉に端的に表現されるように、政治家は自身の「レガシー」を求めたがる。特に教育は他の分野に比べて、政策によって大きく害を被る人がいないと考えられがちなため、政治家が「レガシー」としたがる動きが顕著になる。第一の文脈で述べた世論に振り回された教育政策（policy）は、政治（politics）として実行されるにあたり、より単純な言葉に変換される。

五月初めに議論され始めた九月入学は、まさに「レガシー」作りの文脈にあふれていた。学校開始年度を九月にするためには、数多くの制度変更が迫られる。報道にもあるように、少なくとも三三本の法律改正が必要であると見積もられていた。

しかしながら、法律の中身を変えること自体は、官僚および対応する現場の膨大な労働を顧みなければ、法律の条文のなかに、歴史に日時と名前を残す「レガシー」となる。法律の変更自体が、政治家の実績となるのだ。そのため、経済政策よりも利害関係の認識しづらい教育政策では、法律の変更という手段が、「レガシー」として目的化しやすい。

さらに、政策が政治になり、それが政策手段として実施される際には、明確な「数」が答えとして独り歩きしやすい。この点で、現在、急速に進む学校におけるICT環境の整備は注視しなければならない。公立の小中学校、高等学校におけるオンライン授業の実施率は、文科省が今年（二〇二〇年）四月に自治体を対象にして行った調査によって五％と算出された。これを受けて、小中学校で一人一台の端末を配布する「GIGAスクール構想」の実現が加速した。確かに、国際的に見て日本は、ICTを「文具」として活用することにおいて極端に遅れを取っており[3]、その動き自体は間違っていない。しかしながら、「小中学校で一人一台」という数値目標の達成が目的化し始めていることに強い危惧を覚える。

「GIGAスクール構想」を実質的なものにするためには、例えば、日本のICTの利活用の遅れを明らかにしてきたPISA（OECD〔経済協力開発機構〕の実施する国際学習到達度調査）の項目のうち、「学校のウェブサイトから資料をダウンロードしたり、アップロードしたり、ブラウザを使ったりする」「校内のウェブサイトを見て、学校からのお知らせを確認する」といった実質的な活用を示す項目での改善がなされなければ意味がない。

日本の学校現場におけるICT活用は、実はこのような「レガシー」にしたがるわかりやすい政治の積み重ねの歴史でもある。

ここで簡単に振り返ると、国際化と多様化を強く指向する一九八〇年代の臨時教育審議会(以下、臨教審)の答申の影響を強く受け、九三年より施行された中学校学習指導要領の技術・家庭科において、「情報基礎」領域の学習が中学校のカリキュラムに含まれるようになった。九〇年代当初、教育用コンピュータ整備費補助予算もつき、全国各地でコンピュータ教室の整備が進んだ。[4] 結果として、ハード面では、二〇〇六年の国際比較調査において、日本の学校のコンピュータ施設の整備は進んでいたことが明らかにされている。[5]

しかしながら、現在、国際的に見た場合に指摘されるような遅れは、既に二〇〇九年のPISA調査にはっきりと表れている。つまり、ハードを導入すること自体が数値目標化してきた一方で、それを活用することに全く目を向けてこなかった政治の結果が、現在の学校におけるICT活用の遅れとして現れているのだ。このように、政策が政治になる時には、我々は何が単純化させられているのかを注視する必要がある。

今こそ日本の教育格差を直視せよ

第三に、教育格差と平等をめぐる文脈である。二〇一九年に出版された松岡亮二氏の『教育格差』は、専門的な内容を含む新書としては珍しく注目を集めている。さらに、今回の新型コロナウイルス感染症（以下、コロナ）によって、インターネット環境がない、オンライン授業を受講するにも端末がないといった家庭への対応策も検討され始めるようになったところである。しかしながら、日本では教育格差、言い換えれば、教育機会の不平等をどう発見し、恵まれない地域に対してどのように手厚く保障するのかについて、合意の取れた政策が極めて少ない。

日本では、学力テストの存在自体が政争となった歴史があり、一九六〇年代半ば以降、そもそも個人の社会的状況と学力を社会科学の視点から捉える見方自体が忌避されてきた。[6] 現在でも、教育社会学者や教育経済学者が教育格差に踏み込んでそれを明らかにすることには学校現場（特に公立小中学校）からの強い抵抗がある。特に、世代間格差を明らかにするために、保護者の内情を詳しく尋ねることは、文科省の「全国学力・学習状況調査（全国学力テスト）」の「保護者に対する調査」やＰＩＳＡやＴＩＭＳＳ（国際数学・理科教育動向調査）などの国際比較調査でない限り、極めて難しい。

コロナが浮き彫りにしたのは、熊本市のように早くからオンライン授業実施に動いた自治体もあれば、新聞などでも報道されているように、インターネットやＩＣＴ環境の格差を理由に、授業のインターネット配信になかなか踏み切れない自治体も数多く存在したということだ[7]。

『中央公論』二〇二〇年七月号で松岡亮二氏（「ICT、九月入学……教育格差を是正するには？」）が提唱するように、当初より、教育格差が的確に把握されており、その対処法が体系化されていれば、社会経済的に恵まれない地域に率先して追加配分、優先配分を行うことも可能であった。しかしながら、そのような地域を顕在化させること自体が日本社会では忌避されてきた結果、松岡氏の言葉を借りれば、「凡庸な教育格差社会」を維持することに学校教育自体が貢献してしまっている。

また、このような社会経済的背景に基づくニーズの把握が的確になされ、そのニーズを保障するような教育政策が適切に立案されているならば、緊急事態宣言下というタイミングで、大きな労力を割いて九月入学論が議論されることはなかったであろう。

日本社会に深く根差した教育格差の問題をこれまで直視してこなかったからこそ、皮肉なことに、九月入学という策としては全く対応していない政策が浮上したことは否めない。教育政策立案の問題性と現状把握の不足が明らかになり、そして、家庭の情報環境の格差があるからオンライン授業ができないと躊躇した今だからこそ、学校現場に立ちはだかるこのような禁忌《タブー》に踏み込み、教育格差を直視し、把握することが必要である。

少子化は教育の質的向上のチャンス

第四に、少子化に関する文脈である。最初に申し上げた通り、今回の推計で我々は、賛否どちらの立場にも立つものではないが、結果的に賛成派に有益な情報となったのが少子化にかかわる点である。特に待機児童数と教員数を推計する際、今後五年、小学校に入学する児童数の推計を厚労省の「人口動態調査」に基づいて行ったところ、新入児童数が大幅に減少していくため、「段階的移行方式」（翌年度一ヵ月分の児童を含む一三ヵ月分の児童を新入生として迎え入れながら五年かけて九月入学に移行させる方式）を取った場合、退職者補充が行われ続ければ、大きな教員不足は起きないという結果となった。また保育所待機児童や学童保育待機児童についても最初の数年を除いては次第に問題が解決するという結果になった。

もちろん、この「段階的移行方式」では、生年度と学年度がずれて、しかも毎年度変化する事態が五年間存在するという煩雑な問題を抱えており、学年度と会計年度と生年度を一貫して扱う日本社会における実施には数多くの困難があろう。しかし、近年の出生者数減少のインパクトの大きさには、我々も驚きを禁じ得なかった。

二〇一六年に年間出生者数が一〇〇万人を下回って以降、出生数の下落傾向が続き一九年には九〇万人を割った。数年の間に学年の一割を上回る子どもたちが減少していくという大きな人口減少トレンドのなかに日本社会はある。

逆に言えば、同じ程度の資源投下によって、義務教育に包摂する人を増やし、手厚く教育しやすくなる状況にある。一九八七年に最終答申の出た臨教審以降、「個性重視の原則」のもと、教育の「多様化」は、言葉として支持は得てきたものの、政策として実効性の高いものを示してきたとは言い難い。むしろ、二〇〇六年、義務教育費国庫負担制度による国庫負担割合が半分から三分の一に改められ、地方財政において教育の質的多様化に自由に使える財源が制限される状況が強まってきていた。

臨教審の時代とは異なり、国際的には潤沢な予算のもとで、教育の質的多様性を保障するモデル事例も各国で見られるようになってきた。これまでできなかった保育・教育のサービスに予算をつける選択肢は、少子化の今だからこそ実行できるものである。

科学的な教育政策の立案を

九月入学にかかわる政策の社会的影響について推計を行った結果、日本の教育政策の立案過程で何が考慮されていないかが次々に明らかになってきた。そして、そもそも科学的、実証的に政策立案できていないことの歴史的文脈をはっきり認識させられることとなった。

先に引用した矢野氏の著作『教育社会の設計』では、日本の教育と経済がともに順調に成長し、「幸福な関係」にあったかのように見えた戦後の最初の四〇年間が、教育と経済の「不幸な関係」をもたらしたと結論付けている。残念ながら、そのような危機的な認識が示されてから二〇年経っても、政策立案の現場は改善されていないどころか、人手不足や国家公務員の待遇悪化を含めると、さらに状況は悪くなっているのではないか、と今回感じさせられた。

　コロナがもたらした混乱状況のなかで突如出現し、消えていった九月入学の議論は、社会を科学的に捉える政策議論ができないゆえに、「教育世論に教育政策が振り回され」た最たる例となった。

　このような歴史を繰り返さないために、今回の事例を教訓として、実証的な情報を踏まえ、政治家のレガシー作りに惑わされない政策立案が、ウィズコロナ時代の教育格差に立ち向かう今こそ求められている。

1　相澤真一・岡本尚也・荒木啓史・苅谷剛彦、二〇二〇年、「9月入学導入に対する教育・保育における社会的影響に関する報告書」[改訂版]。http://www.asahi-net.or.jp/~vr5s-aizw/September_enrollment_simulation_200525.pdf

2　コンテンツではなく、コンテキストを捉えるという発想法の一例としては、杉野幹人・内藤純、二〇〇九年、『コンテキスト思考』東洋経済新報社。
3 拙稿、二〇二〇年、「第六章 教育」『データで読み解く日本の真実』椎出版社所収を参照。
4 日本の学校のICTの整備過程については、林向達、二〇一二年、「日本の教育情報化の実態調査と歴史的変遷」『日本教育工学会研究報告集』所収を参照。
5 Nancy Law et al. (eds.) 2008, *Pedagogy and ICT use in schools around the world : Findings from the IEA SITES 2006 study*, Springer.
6 このことを早くから指摘してきた研究としては苅谷剛彦、一九九五年、『大衆教育社会のゆくえ』中公新書。
7 例えば、二〇二〇年、「オンライン授業は無理…悩む学校、教育格差に不安の声」「産経WEST」四月三十日など、https://www.sankei.com/west/news/200430/wst2004300010-n1.html

追記――「思いつきの政治」のもたらす不毛

二〇二〇年四月終わりから五月の一ヵ月、九月入学の政策的影響についての推計に携わり、経験したこともないほど多くのマスメディアへの対応をしながら、政策論争に資料を提供することになった。本章にも書いたように、この時に我々の研究チームが執筆した政策資料が数少ない実証分析による報告書となったようである。この時の資料が政府内でも検討されたことが参議院の資料でも触れられている。[1]

プロフィールを見てもらえばわかるように、私は、主に歴史的な中長期的スパンで社会を研究しており、このような時局の議論には縁のない研究者である。それにもかかわらず、当時、次から次へと出てくる推計結果が物語る社会的影響に驚くばかりであった。私も含めて、九月入学の発想自体に必ずしも反対の立場でない者は研究チーム内では少なくなかった。その点で、逆に、数字は控えめに見て、ということをかなり意識しながら算出を行ってきたつもりである。

一方で、ベネフィットを明確にしなかったという批判はさまざまなところから寄せられた。[2]あの時の検討資料のなかで、仮に九月入学をした際に、どの程度の遅れが九月入学で取り戻せるのかを示すことを考えて、学校の年間カリキュラムの三五週のうち、何週間が影響を受けていて、それをどうすれば取り戻せるのか、という試算は行っていた。これをベネフィットとして論じることができるかについては、ひとしきり議論したものの、明確に出てくるコストに対して、あまりにもベネフィットが不明確であったため、結局取り上げられることはなかった。だが、私の側から申し上げれば、あの時に、なぜ実証面でベネフィットを明確にする推計が出てこなかったのだろうか。あるいは、そういう実証的に見てはっきりとしたべネフィットが見えない政策がなぜ日本では往々にして実施されるのだろうか。

以上の点から振り返ってみても、やはり危急の折に検討すべき政策ではなかったと考える。なぜ、あのような国民生活を揺るがしかねない政策が思いつきから端を発し、一ヵ月、多くの人を巻き込んできたのか。「思いつきの政治」のもたらす不毛こそが九月入学論から見えたものである。

1 竹内健太、二〇二〇年、「9月入学導入の見送り：新型コロナウイルス感染症拡大を契機とした議論を振り返る」『立法と調査』No. 426、一七八－一九五頁。
2 例えば、赤林英夫、二〇二〇年「大学9月入学のコスパを考える」。https://humonyinter.com/column/eco/edu2-04/

あいざわ・しんいち
上智大学総合人間科学部准教授。慶應義塾大学総合政策学部卒業、東京大学大学院教育学研究科博士課程修了、博士（教育学）。成蹊大学アジア太平洋研究センター特別研究員、中京大学現代社会学部准教授などを経て現職。専門は教育社会学、社会調査、比較歴史社会学。共著に『〈高卒当然社会〉の戦後史』（新曜社、二〇一四年）、『子どもと貧困の戦後史』（青弓社、二〇一六年）、『総中流の始まり』（同、二〇一九年）など。

⑬学費

大学無償化法の何が問題か：特異で曖昧な制度設計

小林雅之（桜美林大学大学院教授・東京大学名誉教授）

「高等教育の無償化」をめぐって、多くの混乱が生じている。二〇一九年五月に「大学等における修学の支援に関する法律」が成立し、次年度から年額約七六〇〇億円という巨費を投じる学生への経済的支援（以下、学生支援）制度がスタートする。政府や与党あるいはマスコミは、この法案を「高等教育の無償化」法と呼んでいるが、後に見るように、厳密には無償化とは言いがたい。そもそも無償化の定義にズレがあることによって、議論が混乱している。さらに、制度設計にさまざまな問題を抱えているために、複雑化し、議論が錯綜することになった。

本章では、こうした高等教育の無償化を巡る問題を整理し、新制度の問題点を明らかにしたい。具体的な点を検討する前に、そもそも無償化とは何か、こうした制度がなぜ必要とされるか、国際的な無償化のメガトレンドを明確にしておきたい。それはすなわち、教育費負担のメガトレンドを示すことでもある。その上で、高等教育の無償化や制度創設の背景を明らかにしたい。これらの作業によって、今日の無償化の問題点や特異性が浮き彫りになるからである。

無償化と教育費負担のメガトレンド

議論を混乱させているひとつの要因は、無償化にさまざまな捉え方があることだ。無償化は、最も狭義には授業料不徴収あるいは、授業料以外の入学金などの学納金や書籍代などの修学費の不徴収と定義される。さらに、広義にはこれに在学中の生活費などの支援が加わる。最も広義には在学中の放棄所得（在学中に就労していれば得られたであろう所得）を加えることもある。今回の新制度は授業料減免だけでなく給付型奨学金も支給される。給付型奨学金は学費だけでなく、生活費を含む教育費負担の軽減策である。したがって、金額面から見る限りでは、新制度は狭義の授業料不徴収より広い範囲をカバーする無償化ということができる。

無償化の重要な根拠は、教育機会の均等にある。日本における教育の機会均等は、憲法第二六条と教育基本法第四条に定められている。教育における最も重要な理念の一つである。

憲法第二六条　すべて国民は、法律の定めるところにより、その能力に応じて、ひとしく教育を受ける権利を有する。

教育基本法第四条第一項　すべて国民は、ひとしく、その能力に応じた教育を受ける機会を与えられなければならず、人種、信条、性別、社会的身分、経済的地位又は門地によって、教育上差別されない。

これに基づき、政府は学生支援の義務を負う。これは教育基本法第四条第三項に規定されている。

教育基本法第四条第三項　国及び地方公共団体は、能力があるにもかかわらず、経済的理由によって修学が困難な者に対して、奨学の措置を講じなければならない。

教育機会の均等に基づく学生支援や教育の無償化は、国際的にも広く共有された考え方となっている。たとえば、一九六六年の「国際人権規約」は「第一三条第二項　高等教育は、すべての適当な方法により、とくに、無償教育の漸進的な導入により、能力に応じ、すべての者に対して均等に機会が与えられるものとすること」と規定している。日本はこの条項を二〇一二年度にようやく批准した。このため、高等教育の無償化は、国際公約として政府の努力義務となった。
特にヨーロッパでは、第二次大戦後、福祉国家的な政策により国公立大学授業料が無償化された。たとえば、ドイツでは、一九六〇年代に各州の授業料無償化がなされた。また、フランスでは憲法に高等教育の無償規定があり、給付型奨学金と合わせて無償化を貫いている。同じく北欧諸国も授業料無償で給付型奨学金がある。
他方、イギリス（スコットランドを除く）では一九九八年から授業料の徴収が始まった。オーストラリアでは一九七四年に授業料無償となったが、一九八九年に授業料後払い制度（HECS）により、授業料徴収が始まった。アメリカでは授業料は高額だが給付型奨学金も多く、実際に払う学費は個人によって異なっている。[1]
このように、授業料は各国による差が著しく、高等教育の無償化はヨーロッパの一部の国に限られているとも言える。こうした差違の背後には、「教育は社会が支える」というヨーロッパの福祉国家主義と、「自己責任」のアングロサクソン諸国の個人主義と、日韓などの「教育は親の責任」という家族主義の教育観の相違がある。[2]
あえて教育費負担のメガトレンドをまとめれば、右記のヨーロッパ各国を除く多くの国では、教育費の負担を公から私、親から学生本人へと移しているといえる。その背景には大学進学率の上昇と公財政の逼迫により、教育を公費で支えるのが難しくなったことがある。しかし、私的負担の増大は教育機会の格差の拡大とローン負担、ローン回避（支援の対象である低所得層ほど、ローン負担を忌避する傾向のこと）という新たな問題を生じさせた。このため、再び給付型奨学金の拡充が行なわれている。しかし、この拡充はメガトレンドといえるほど広がっているものではなく、一部に限定された対症療法にすぎない。翻って日本では、もともと公的給付型奨学金がなく、二〇一七年度にようやく創設されたという点で、メガトレンドの最先端を走っているといえなくもない。

新制度創設の背景と経緯

日本の高等教育費の家計負担割合は五割をこえ、ＯＥＣＤ（経済協力開発機構）諸国の中でも家計負担が最も重く、公費負担割合は最も低い（OECD Education at Glance 2020）。しかし、こうした教育費を家計に依存する構造を変えるのは難しい。筆者らの調査でも教育費の親負担主義は八割の支持を得ている。[3] これに対して、各種の世論調査などでみても、高等教育の公費負担は日本では三割程度の支持しかない。[4]

しかし、家計所得が減少する中で、こうした教育費の家計負担はとりわけ低所得層では限界に来ている。これが教育費負担の軽減やひいては教育の無償化が要請される大きな社会的背景である。

また、もう一つの重要な社会的背景として、格差の問題がある。進学率の所得格差や地域間格差は大きい。筆者らの調査では、高所得層の大学進学率と低所得層の大学進学率では、七一%と四〇%と二倍近い差がある。また、大学進学率の最も高い東京都と鹿児島県では三〇%以上の差がある。格差の是正には、従来、貸与奨学金や学資ローンで対応すれば充分だといわれてきた。しかし近年、貸与奨学金の滞納に対して厳しい措置が取られるようになり、前述のローン回避傾向が日本でも生じている。さらに、その背景には、三人にひとりが三年以内に離職するという学卒労働市場の不安定性や非正規雇用などによる所得の低下などがある[5]。

唐突に登場した法案

このような、教育費負担の軽減や無償化が要請される状況に対して、近年各政党は選挙公約に、給付型奨学金の創設を掲げるようになってきた。文部科学省（以下、文科省）も、日本学生支援機構奨学金の所得連動型返還制度や給付型奨学金などの教育費の負担軽減策を創設してきた。

しかし、今回の無償化は、こうした近年の流れからは外れている。そもそもの発端は、二〇一七年五月三日の憲法記念日に安倍首相（当時）が次のように宣言したことに始まる。

　七〇年前、現行憲法の下で制度化された、小中学校九年間の義務教育制度、普通教育の無償化は、まさに、戦後の発展の大きな原動力となりました。

　七〇年の時を経て、社会も経済も大きく変化した現在、子どもたちがそれぞれの夢を追いかけるためには、高等教育についても、全ての国民に真に開かれたものとしなければならないと思います。

ここで明確に提言しているわけではないが、文脈から高等教育を無償化すると読み取ることができ、首相は高等教育の無償化を憲法改正に盛り込むと報道された。さらに、同年九月二五日に衆議院を解散した首相は、消費税の引き上げ分を財源に新しい学生支援制度の創設を提唱し、総選挙に勝利した。この時の記者会見では、次のように「高等教育の無償化」と明言している。

　どんなに貧しい家庭に育っても、意欲さえあれば専修学校、大学に進学できる社会へと改革する。所得が低い家庭の子供たち、真に必要な子供たちに限って高等教育の無償化を必ず実現する決意です。

ただし、ここで「真に必要な子供たちに限って」と限定していることがきわめて重要な点である。少し遡って、前年の二〇一六年三月二九日の予算成立後の記者会見でも次のように述べている。

家庭の経済事情に関係なく、希望すれば誰もが大学にも専修学校にも進学できるようにしなければなりません。(中略) 本当に厳しい状況にある子供たちには、返還が要らなくなる給付型の支援によってしっかりと手を差し伸べてまいります。

ここでも「本当に厳しい状況にある子供たち」と限定している。一般に「無償化」は、対象を限定せず、すべての者を対象とするが、安倍内閣では当初から限定的なものとして構想されていたのである。ここまでの国際的な比較から厳密にみれば、この提案は高等教育の無償化ではなく限定的な教育費負担の軽減制度である(一部の者に限っては、無償化と言えなくもないが)。安倍首相の施政方針演説(二〇一九年一月二八日)でも「真に必要な子どもたちの高等教育も無償化し、生活費をカバーするために十分な給付型奨学金を支給します」とここでも「真に必要な子どもたち」と限定して「高等教育の無償化」としている。

無償化にまつわる議論が混乱した原因の一つは、安倍首相が常に限定つきで提唱していた無償化が、限定をはずした「高等教育の無償化」と称され流布したことにある。本章執筆時(二〇一九年六月二一日)に閣議決定された経済財政諮問会議の「経済財政運営の基本的方針」いわゆる「骨太の方針」二〇一九でも「高等教育無償化」と、限定なしに方針が打ち出されている。

首相の提唱による「高等教育の無償化」制度の骨格は、新設の「人生百年時代構想会議」で審議され、二〇一七年一二月八日に「新しい経済政策パッケージ」（以下、「パッケージ」）として閣議決定された。その後、文科省の専門家会議を経て、翌二〇一八年六月の「骨太の方針」などでさらに詳細な制度が閣議決定され、二〇一九年五月に「大学等における修学の支援に関する法律」が成立し新制度が創設されたのである。

新制度の概要と問題点

少子化対策の無償化？

新制度は大学等の授業料減免と給付型奨学金からなるが、その財源には、消費税の八％から一〇％への値上げ分が充てられる。二〇一七年度創設の給付型奨学金が年額約二二〇億円、授業料減免制度への補助が国立大学約三五〇億円、公立大学約三五億円、私立大学約一三〇億円であるから、合わせても約七四〇億円であり、しかも、これは大学院生も含んだ金額である。これと比すると、今回投じられる年額七六〇〇億円がいかに規模の大きなものであるかがわかる。

しかし、消費税の値上げは、いわゆる三党合意に基づく「税と社会保障の一体改革」によるものであり、この財源は少子化対策にしか使えないという制約を持っている。このため、法第一条でも「その修学に係る経済的負担を軽減することにより、子どもを安心して生み、育てることができる環境の整備を図り、もって我が国における急速な少子化の進展への対処に寄与することを目的とする」と、少子化対策が目的であることが明記されている。元来無償化の根拠である教育機会の均等は法案の直接の目的ではなく、法案が結果として寄与するものであるとされた。このことは国会審議の中でも政府側は繰り返し主張している。この点でも、この制度は、これまでの学生支援の政策とは異なる。教育費の負担軽減が少子化の緩和につながる可能性は否定しないが、教育機会の均等を目的として掲げないものを無償化と呼ぶ点で、紛らわしい特異な制度といわざるを得ない。

新制度は、住民税非課税世帯の大学・短期大学・高等専門学校・専門学校の学生に授業料減免と給付型奨学金を支給する。国公立大学生については授業料の全額免除（約五四万円）、私立大学生については、国立大学授業料と私立大学授業料の差額の二分の一程度の授業料額（最高約七〇万円）を減免し、さらに給付型奨学金は生活費を支援する（設置者、高等教育機関の種類、自宅通学などで異なり、最高約九一万円）としている。また、これまで一部の者に限られていた入学金免除（約二八万円）も対象となっている。さらに、これまで、ほとんど公的支援がなかった「家計急変」（保護者のリストラ・離死別など）にも対応する。また、北海道と高知県以外にほとんど公的授業料減免制度がなかった専門学校についても対象としている。

杜撰な制度設計

巨費を投じ、対象と金額を拡大した点で新制度はおおいに評価できるものである。特に、入学金免除については、日本では、入学時の初年度納付金が高すぎ、低所得層の進学の壁になっていた。また、これまで公的支援に乏しい家計急変への対応を示したことも高く評価できる。

しかし、それを差し引いても、多くの問題点をはらんでいることは否めない。ここでは、とくに問題と考えられる点だけ挙げる。

第一に、給付世帯と非給付世帯との不公平である。そもそも解消は相当難しく、どのような制度にしても不公平が残る恐れがある。新制度では、三段階に分け、給付額の段差をなだらかにしている。具体的には年収約二七〇万円の住民税非課税世帯は上記の全額が補助されるのに対して、年収約三〇〇万円まではその三分の二、年収約三八〇万円まではその三分の一としている。しかし、三段階ではまったく不十分である。段階を相当増やす（フランスは八段階）か、段階ではなく連続的に減額する（アメリカやドイツ）など、精緻な設計にしないと、「崖効果」と呼ばれる、受給者と非受給者の格差が生じる。授業料減免と入学金免除と給付型奨学金を合わせて約一九〇万円から約三〇万円まで支援額に幅があり、境界の前後では、年収の一円の差でこの額が変わってしまう。支援を得るため年収を抑えるというモラルハザードが発生する恐れがきわめて強い。

大学への介入強化

第二の問題は、支援の対象となるのがすべての高等教育機関ではなく、限定されていることである。それを、法第二条三項および第七条一項では、「確認大学等」と定義しているが、「学問追究と実践的教育のバランスが取れている大学等」のみが対象となる。これは非常に重大な問題をはらんでいる。

国民の税を投入する以上、教育の質について、一定の水準の教育機関でなければならないことは理解できる。しかし、こうした教育機関の選別は生徒の教育機会の選択を制約する。希望した高等教育機関が「確認大学等」でない場合には、個人として受給資格があっても支援を受けられない。このため進路希望を変更する者も現れる可能性が高い。奨学金は個人への補助であり、機関に対する補助ではなく、個人の選択を尊重すべきである。奨学生を獲得するために、高等教育機関の間の切磋琢磨が生じることはあり得るが、最初から高等教育機関を選別することははなはだ疑問である。「確認大学等」でない学生は奨学金を受給できないとなれば、結果として低所得層を排除することになりかねない。

確かにアメリカでも、民間の適格認定機関に合格した高等教育機関でないと連邦奨学金の受給資格は得られないが、ほとんどの高等教育機関は合格している。そもそも日本でも高等教育機関は設置審査を経て認可され、さらに大学等は認証評価によって質をチェックされている。つまり、屋上屋を架すことになっている。

第三に、その選別の際の具体的な基準にも問題がある。「実務経験のある教員による授業科目が標準単位数（四年制大学の場合、一二四単位）の一割以上、配置されていること」と、「法人の理事に産業界等の外部人材を複数任命していること」は、大学のあり方に大きな影響を与える可能性がある。この二点については、具体的な数値を挙げて非常に細かく規定しているが、これらの要件をどのような根拠で設定したのか、不明である。また、「実務経験のある教員」はしばしば「実務家教員」と混同されるが、この二つはまったく異なる概念だ。実務家教員は専門職大学院などの教員で「実務経験おおむね五年以上」と具体的に定義されている。これに対して、「実務経験のある教員」は、今回の「パッケージ」ではじめて登場したカテゴリーであり、それ以上の説明はなく、定義はされていない。このため、「パッケージ」以降の審議では、この「実務経験のある教員による授業科目」をどのように具体的に設定するかなどの細かな検討に時間を費やすことになった。

筆者は、これまで八ヵ国の授業料と奨学金について研究を行なってきたが[6]、国のメインの奨学金について、このような要件をつけている例を知らない。「パッケージ」が発表された後、筆者や国立大学協会、私立大学連合会などが、これらの点に関して懸念を表明し、国会審議でも問題点が指摘されたが、結局ほとんど変更はなされていない。

曖昧な成績要件

他にも曖昧な点が多く残っている。たとえば、成績による要件である。成績が下位四分の一以下が連続した場合は途中で支援を打ち切るとされている。現行の給付型奨学金でも成績による要件はあるが、これは税金を使う以上、必要な単位を取得し卒業することを最終的な条件としているためである。しかし、新制度の下位四分の一という条件は、本人だけで決定できない相対的なものである。支援の対象となる学生は低所得層であるため、アルバイトなどを必要とする場合が多いと想定され、この要件を満たせない恐れがある。こうした学生は支援が打ち切られれば授業料などを納入できず、中退や除籍になる可能性がきわめて高い。そのような事態になれば学生支援制度としては本末転倒である。これに対して、「斟酌すべきやむを得ない事情がある場合の特例措置」を設けるとしている。しかし、そもそもこうした例外を設けるのであれば、なぜ四分の一と明確に設定したかが問われるが、数値目標の根拠は示されていない。

また、先に述べたように、従来の授業料減免に対する補助金は国公私立大学を合わせて約五二〇億円であるが、この制度が存続するかも不明である。各大学は独自の基準で授業料減免を行なっている。しかし、補助金がなくなれば、各大学の財源の制約で維持するのは困難な大学もあらわれるとみられ、学生支援の多様性が失われる可能性がある。既存の制度では、所得要件は大学によって異なるが、中所得層まで対象とされている場合も多い。もし既存の制度が維持されなければ、結果としてこれまで受給できていた学生が受給できず、支援の対象を狭めてしまうことになる。もちろん、すべての学生が同じ基準で学生支援を受けられることの意義は認められるが、それに付加して高等教育機関が独自の支援制度をどの程度維持できるか、この点も現時点では予断を許さない。

政策決定過程の問題

さらに、新制度がさまざまな問題点をはらんだ原因の一つは、このような重大な決定について、あまりに短期間で詳細な数値目標を含む制度が設計されたことによる。すでにみたように二〇一七年九月末から一二月はじめまでの二ヵ月程度のきわめて短期間で検討された制度の骨格が「パッケージ」として閣議決定され、その後わずか半年の検討で法案とされた。安倍内閣は、政策決定過程について、「スピード感を持って」と標榜しているが、裏を返せば「拙速」に陥る恐れがある。つまり、短期間で制度設計が行なわれたため、今回の場合、明らかに想定されるさまざまな問題について十分な検討がなされていない。その典型例が、先にみた既存の授業料減免制度との整合性である。二〇一七年度の所得連動型奨学金返還制度や給付型奨学金制度などは、筆者が制度設計に関わってから一〇年以上かけて検討され、一年あまりの文科省の会議の末にようやく創設された。それに比べて、新制度は、現在の給付型奨学金をベースに変更を加えたとはいえ、十分な検討を経たとはいいがたい。

さらにいえば、そもそも制度設計の当初から多くの問題点を含んでいた。「パッケージ」では、実務経験のある教員による授業や外部理事などの数値目標が微に入り細に入り挙げられており、しかも閣議決定のため、原則、変更できない。このため、これに続く文科省の専門家会議でフリーハンドでの制度設計ができず、「パッケージ」を具体化して細部を詰めることと、定員充足率や財務状況など、細かな要件を課すだけになった。

こうした、大学に改革を迫る要件が唐突に出てきた背景には、高等教育機関が社会の要求に応えてこなかったことに対する、とりわけ産業界の不信が背景にある。実際、「パッケージ」では、「確認大学等」について、より直截に「社会のニーズ、産業界のニーズも踏まえ、学問追究と実践的教育のバランスが取れている大学等」としている。明らかにここには、学生支援という巨費を投じるプロジェクトによって、高等教育機関を変えようとする政策意図がある。つまり、大学改革が政策の実質的な目的となっている。とくに、具体的な数値目標が挙げられている項目は、政策の重要な目標だと考えられる。しかし、たとえば実務経験のある教員による授業科目が一割以上と定める割には、それは必修ではなく、かつ奨学生に履修を義務づけているわけでもない。つまり、学生のためというより、学生支援制度が大学改革の道具として使われているのである。

文科省は、実際の運用は大学等に委ねるとしているが、シラバスに実務経験のある教員による授業かどうかを明記し、それを文科省がチェックすることになっている。当然大学側の反発もあり、新制度によって大学と社会の断絶がさらに深刻化する恐れがある。一方で、こうした動きに対して、高等教育機関は、単に批判するだけではなく、社会の信頼を得るよう一層努力する必要があることもまた確かではある。

今後の展望と課題

情報ギャップと附帯決議

もうひとつの大きな問題は、急速な導入によって情報ギャップの問題が生じる恐れが強いことである。新制度を知らなかったため、受給資格がありながら申請しないケースや、確認大学等でないことを知らずに進学して支援を受けられないケースなどが懸念される。情報ギャップ問題の深刻さは、申請すれば受給できる高校奨学給付金（年額八―一二万円）の申請漏れが年約二万人と推定されていることにあらわれている。また、大学等の場合でも、筆者らの調査では、高校の奨学金担当者の四三パーセントが「大学等奨学金について、保護者の理解を得にくい」としている。また、担当者自身も七七パーセントが「大学等奨学金について、JASSO（日本学生支援機構、旧日本育英会）の説明資料が理解しづらい」としている。

この情報ギャップの問題は、国会審議でもたびたび取り上げられ、法の附帯決議（衆議院および参議院）にも盛り込まれた。[7] これ以外にも国会審議では、これまでみてきた問題点が数多く指摘されたが、結局法案は修正されず、学生への成績要件への懸念や大学の自治への配慮を盛り込んだ附帯決議が出されるにとどまった。[8]

しかし、附帯決議には法的な拘束力はなく、今後の具体的な制度設計や運営については、文科省令などで決定するとしている。

見直し規定という希望

このように新制度は、国際的にみてもきわめて特異で不完全な制度といわざるを得ない。ただ、完璧に公平な学生支援制度が期せないことも確かである。不公平の問題は、学生支援を受けられる者と受けられない者、支援額の多寡だけではない。これまで貸与奨学金を真面目に返済した人にも納得できる制度にする必要がある。残念ながら、新制度が多くの欠陥を持っていることは否めない。

しかし、そのことは政府も認識している。というのも、この法には、次のような見直し規定が定められているからである。

附則　第三条　政府は、この法律の施行後四年を経過した場合において、この法律の施行の状況を勘案し、この法律の規定について検討を加え、必要があると認めるときは、その結果に応じて所要の見直しを行うものとする。

これが、この問題の多い制度の救いともいえるが、見直しにあたっては、学生支援の効果の検証が不可欠である。支援によって、高校生の進路選択が、短期大学や専門学校から大学へ、また、自宅から自宅外通学へ、さらに、県内から県外進学へと変わるかなど教育機会の拡充への効果や、アルバイトなどを減らして学習時間を増やす効果があるかなど、検証すべき点は多い。この点については、国会でも附帯決議でさらに強調されている。[9]

新制度が創設されたとはいえ、学生支援には、なお多くの課題が山積している。紙幅の都合上、別の機会に譲るが、とりわけ重要なのは、今回の支援の対象からもれた中所得層の問題である。これについては、教育費の負担軽減策として所得連動型奨学金返還制度の拡充や授業料後払い制度の導入などが提唱されている。いずれにせよ、長い間改革されなかった日本の学生支援制度が大きく動き出したことは確かであり、今後の推移を注意深く見守る必要がある。

1　詳しくは、小林雅之、二〇一八年、「大学と学費」、『大学事典』平凡社、国立国会図書館「諸外国の大学授業料と奨学金【第二版】」、『調査と情報：SSUE BRIEF』No.1048（2019. 3. 180）を参照されたい。

2　教育費負担の国際比較について、小林雅之、二〇一八年、「高等教育費負担の国際比較と日本の課題」、『日本労働研究雑誌』六九四号、四－一五頁、および田中秀明、二〇一八年、「高等教育費の公的負担と学生支援」『高等教育研究』第二一集、一四七－一七〇頁を参照されたい。

3　本文中の筆者らの調査について、詳しくは、小林雅之編、二〇一九年、『教育費負担と進路選択における学生支援のあり方』東京大学大学総合教育研究センターを参照されたい。
4　詳しくは、矢野眞和・濱中淳子・小川和孝、二〇一六年、『教育劣位社会』岩波書店を参照されたい。
5　詳しくは小林雅之、二〇一八年、「高等教育無償化を巡る課題」、『カレッジマネジメント』二一三号、四－八頁、および、小林雅之、二〇一九年、「高等教育無償化」、『ＩＤＥ　現代の高等教育』六〇七号、五一－五六頁を参照されたい。
6　小林雅之編、二〇一二年、『教育機会均等への挑戦：授業料と奨学金の八ヵ国比較』東信堂。
7　「政府及び独立行政法人日本学生支援機構は、本支援制度の実施により、学生等への経済的支援制度が複雑化することを踏まえ、学生等、保護者及び学校関係者等へ丁寧な説明を行うなど、貸与型奨学金制度を含む支援制度全般の更なる周知徹底に努めること」（「大学等における修学の支援に関する法律案に対する附帯決議」〔衆議院二〇一九年四月一〇日、参議院五月九日採択〕の第七項）。
8　附帯決議の第三・第五項。
9　附帯決議の第六項。

追記——修学支援新制度のその後の展開

本章で指摘した修学支援新制度の問題点を中心に、その後の状況について補足する。

まず、制度の見直しに向けて、効果検証作業が重要となる。これについて、二〇二一年四月十三日の萩生田光一文科大臣の会見によると、新制度により住民税の非課税地帯の高等教育進学率は七から一一ポイントほど向上したとされる。この点については、私たちの二〇二〇年の高卒者保護者調査でもほぼ同じ傾向が確認できた。新制度は一定の効果があったとみられる。

会見では進学の内訳は明らかではないが、保護者調査では、低所得層の大学進学率は三・六ポイントの上昇に対して、専門学校進学率は五・七ポイントの上昇となっている。低所得層では、専門学校進学希望者が多い。「手に職をつける」という職業志向が強いこと、学費や生活費が二年間で済むこと、放棄所得は、四年なら約一〇〇〇万円だが、二年ならその半分で済むことなどが理由として挙げられる。

このように、新制度は低所得層の進学に一定の効果があったと認められるが、確認大学等については、懸念された問題が生じている。文科省によると、二〇二一年三月で大学短大一〇九一校中確認校数は一〇六九校で、九八％が要件を満たしている。これに対して、専門学校は二六九七校中、確認校数一九七六校で、全体の七三・三％しか要件を満たしていない。個人として受給要件を満たしていても、約三割の専門学校には進学しても支援を受けられないという当初から懸念されていた事態が起きている。

また、新制度以前の授業料減免制度との整合性については、旧制度では世帯年収約七〇〇万円台まで授業料の減免が受けられていたが、新制度では約四六〇万円（子ども三人の場合）が最高で、支援から漏れる学生が多数存在している。これは、国会審議でも大きな問題となり、国立大学については、激変緩和措置が取られたが、私立大学については、特に措置はない。

さらに、懸念していた情報ギャップの問題も生じている。私たちの保護者調査でみると、支援の対象となる世帯の二割が新制度を知らない。こうした世帯に対して、今後いっそう周知できるかが鍵となる。

三年後の新制度の改正に向けて、効果検証などのエビデンスに基づき、こうした問題点の改善のための検討を進める必要がある。さらに、中所得層の教育費負担の軽減など、新制度の創設以後も学生支援制度には課題が山積している。

こばやし・まさゆき
桜美林大学大学院国際学術研究科教授。東京大学名誉教授。東京大学大学院教育学研究科博士課程単位取得退学。博士（教育学）。専門は教育社会学。教育格差、機会均等を研究。著書に『進学格差』（ちくま新書、二〇〇八年）、『大学進学の機会』（東京大学出版会、二〇〇九年）、共著に『大学のＩＲ』（慶應義塾大学出版会、二〇一六年）、『シリーズ大学３　大学とコスト』（岩波書店、二〇一三年）など。

⑭教員の働き方

教員という「聖職」に潜むリスク

内田　良（名古屋大学大学院准教授）

学校のリスクはなぜ見えないのか

危険な組み体操の事故、体罰、ブラックな部活動や教員の長時間労働など、学校ではさまざまな問題が起こっています。私は学校現場における事故やハラスメントなどの諸問題を「学校リスク」と呼んできました。

なぜこうした諸問題が学校で蔓延してしまうのでしょうか。一番の要因は、学校に〝教育〟という大義名分があることです。「教育だから」という大義によって学校リスクは、見える化ならぬ「消える化」してしまうのです。

その典型例が体罰です。道端で人を殴れば、暴行罪や傷害罪が成立します。一方、学校で教員が生徒を殴ったとしても、多くの場合で〝教育の一環〟として容認されてきました。文部科学省が発表した全国公立学校における教員の懲戒処分状況によると、わいせつ行為や飲酒運転をした教員であれば、二人に一人は懲戒免職になっています。ところが、体罰を行った事例は過去に数千件発覚しているにもかかわらず、解雇になった教員はほとんどいません。

度重なる事件と批判を経て、近年は減少してきています。それでも「指導の一環」「子どものため」という名目で、いまだに体罰が行われてしまっています。

近年、危険性が指摘されるようになった巨大な組み体操も同様です。一〇段、一一段のピラミッドのような巨大組み体操は、客観的に見て明らかに危険な行為です。骨折などの負傷事故も多く発生していました。しかし、その危険性は学校現場であまり認識されていませんでした。というのも、「子どもたちが一致団結する」「忍耐力がつく」「保護者が感動する」といった理由で、正当化されてしまっていたからです。

私はもともと組み体操についてよく知りませんでした。しかし、二〇一四年の五月――運動会のシーズンに、何人かの保護者から「組み体操の危険性について調べてほしい」という連絡をいただいたのです。すぐにインターネットで映像を確認したところ、かなり巨大な技を行っていて、明らかに危険に見えました。さらに調査をすると、組み体操による負傷事故が多発していることがわかり、「ヤフーニュース」の記事で組み体操の危険性を警告する緊急提言を行いました。

翌年には、ある中学校が行った組み体操で、六人の生徒が骨折を含む軽傷を負う事故が発生。全国ニュースでも報道されて、巨大組み体操の危険性が広く世間に知られるようになります。国会でもこの問題が取り上げられ、組み体操事故の防止についてスポーツ庁が通知を出すにいたりました。

結果、全国の学校で組み体操の見直しが進み、現在では、巨大な組み方はそれなりに減っています。ただ、いまだに巨大な組み方をつづける学校もあれば、ここ一〜二年でピラミッドなどの段数を、以前より増やしている学校さえあります。

体罰にせよ組み体操にせよ、重要なことは、象徴的な事故やエビデンス（根拠）によって学校リスクが「見える化」した後に、その悪い部分の見直しができるかどうかです。

可視化されているにもかかわらず、リスクある活動をつづけてしまう理由はどこにあるのでしょうか。私たちは、常にリスクとベネフィット（便益）とを天秤にかけてものごとを考えています。

ところが学校現場では、ベネフィットが強調されて、リスクが軽視される傾向があります。なぜなら、教育という活動それ自体が、子どもにベネフィットを与えよう、という営みだからです。つまり、天秤が最初からベネフィット側へと極端に傾いているのです。

たとえば部活動について「過労で倒れてしまう子どもや先生がいて大変だ」と言うと、「いえいえ、部活動にはこんな教育的意義があって、こんなに素晴らしいものなんですよ」とおっしゃる教員の方がいます。子どもや教員の過労というマイナスを別のプラスで覆い被せているのです。私はこのような考え方を「魅惑モデル」と呼んでいます。

つまり、ある教育活動にリスク（マイナス）があったとしても、ベネフィット（プラス）をたくさん被せることで、リスクは打ち消されてトータルでプラスになる、と言うのです。しかし、実際にはリスクが小さくなっているわけではありません。私たちが目指すべきは、「持続可能モデル」です。つまり、リスクそのものを低減していく。リスクが減れば相対的にプラスの側面が浮かび上がってきます。いま、毎年何人もの教員が倒れており、最悪の場合には過労死してしまうケースもあります。このような状態では、持続的な教育活動は到底行えないでしょう。

最初から天秤がベネフィットに傾いているからこそ、リスクの除去を重視する。マイナス要素が減っていけば、おのずからプラスが大きくなっていくという発想です。

学校現場からマイナスを取り除くことで、一部の教員だけでなく、すべての教員が元気に、やりがいをもって教育に携われるようにする。そのような持続可能な組織や活動のあり方を考えていかなくてはならないと思っています。

教員の多忙化と教育の危機

学校には、自分のプライベートや身を削ってでも、子どものために尽くすのが教員だという考えが根強くあります。昔から多くの教員の方々はそのような思いで働き、日本の教育を支えてこられました。そうした献身性に国や地方行政、教育学者が甘えてしまい、あれもこれも「子どものため」だからと言って、教員の仕事を増やしつづけてきたのです。

現在、多くの教員は膨大な量の業務を抱えて、毎日遅くまで残業をしています。雑務に追われ、専門性を発揮すべき授業の準備にも十分な時間を割けているとは言いがたい。そのような状態では、質のよい教育を行うことは難しいはずです。

昔の教員は現在よりも業務量が少なく、ゆとりがありました。連休や夏休みなどに海外や国内を旅行したり、じっくりと本を読んだりするなど、自己研鑽をすることができました。そこで得た知見や知識を子どもたちに伝えることは、大きな教育的効果があったはずです。いま、さまざまな制約や仕事が増えて自由度がなくなった教員は、かつてよりも魅力的に見えない職業になってしまっています。

実際、教員を目指す若い人も減っています。「教員は土日もなくて大変」「自分のプライベートを守りたい」といった理由で、教職を避ける学生が増えているのです。競争率が下がれば、適性のない人が教員になる可能性も増えるでしょう。残念ながら、このままでは教育全体の質は低下していってしまいます。

教員が元気に、やりがいをもって教壇に立てる。そんな教員に憧れる若者がたくさんいる。何とかそのようなモデルを考えていかなくてはなりません。

教員がなかなか業務を減らせない要因の一つに、保護者の存在を意識しすぎてしまう、ということがあります。クレーマーが問題というのではなく、漠然とした保護者からの評価や評判を教員が気にしすぎて、業務が増えているのです。

こうしたことは組み体操や部活動を縮小できない一因でもあります。本来、運動会も部活動も学校の裁量で縮小することができます。しかし、これらの活動を頑張れば多くの保護者から喜ばれ、とても評価される。そのため、学校は必要以上に頑張りすぎてしまうのです。こうして、減らしてもいい業務ですら削減できなくなっているのです。

「好きでやっている」ではすまない

教員の長時間労働については、教員自身が子どもたちのために喜んで働いている、という側面もあります。

私自身、「自分は好きで夜遅くまで仕事をしているのだから、余計な口出しはしないでほしい」と言われることがあります。当事者からそう言われると、それ以上何も言えなくなってしまいがちですが、本当にそれでよいのでしょうか。

現在の教育現場の現状を考えると、そのような意見にも問題点があると言えます。その教員が閉ざされた世界で長時間労働をしているのなら口出しすべきではないかもしれません。しかし現実には、その人の周囲には同僚がおり、その人の言動に同僚が引っ張られてしまうのです。

「子どものために私は夜十時まで仕事をします。私が好きでやっていることなので、ほかの方はどうぞ帰ってください」と言う教員がいる職場で、定時に帰る教員はどう映るでしょうか。〝子どものために働いていない〟教員と見做されてしまうでしょう。結局、全員が長時間労働せざるを得なくなってしまうのです。

〝子どものため〟に一生懸命働くことは教職の大前提であり、教員の誇りです。しかし、毎晩遅くまで残り、土日も仕事に捧げなければ教員としての矜持を保てないということは決してありません。教員としての献身性は、長時間労働のなかにのみあるのではなく、一日八時間の労働のなかでも、泣いている子どもに向き合うときや、周到な準備をして真剣に授業に臨むときの姿に表れるのではないでしょうか。

教員の人数や労働時間は有限である一方で、現在の学校における教育サービスは、無限にと言えるほど肥大化してしまっています。「教育は無限、教員は有限」なのです。このままでは、教員が次々と倒れていくことがどこの学校でも当たり前になってしまいます。やがては教育システムそのものが破綻する可能性すらあるでしょう。

それを防ぐには、肥大化したサービスを減らしていくしかありません。学校現場では本来、どんな業務でも〝子どものため〟になる仕事です。そのうえで、より一層大切なものは何なのかと優先順位をつけ、重要性の低いものを削っていく必要があります。

運動会や修学旅行、宿泊行事はどの程度の規模で行うのが適切なのか。現在の規模は必要ないのではないか。こうしたことを改めて検討していかなければなりません。

これまで誇りをもって、一生懸命取り組んできたことを廃止したり、縮小したりすることは、教員にとってつらいことかもしれません。しかし、疲弊しきって倒れる先生がいる学校と、精神的なゆとりをもって子どもたちとじっくり接することができる教員が多い学校では、どちらが教育の質を保障できるのか。そこをしっかり考えていただきたいのです。

また業務に関しては、教員側は保護者に対してもっと本音で話をするべきだと思います。先ほど申し上げたような、保護者の評判を気にしてばかりいるのではなく、お互いの事情を率直に話し合う「対話」が重要です。

本年（二〇一九年）、運動会を午前中で終わらせる「時短運動会」が全国的に増加しました。

名古屋市では約三分の二の学校が運動会を半日で終わらせています。これは二〇一九年一月に出された中央教育審議会の答申のもとで始まった、教育現場の働き方改革の一貫です。

しかし、多くの学校は保護者に対して、運動会を半日で終わらせる理由を〝熱中症対策〟と説明しています。時短運動会はあくまで子どもたちのためで、〝自分たちが楽をするためではない〟という心理が教員側にあるのです。

働き方改革は学校の喫緊の課題であり、時短運動会が改革の一貫であることは明らかです。そうした教員の事情をもっと正直に言っていいと思うのですが、保護者の反応を気にしすぎて、なかなかできないようです。

しかし、そうやって表面的にとりつくろうようなことをしていると、やがてブーメランとして戻ってくるかもしれません。たとえば、五月の運動会を熱中症対策と言って縮小したのなら、五月～九月頃にかけて屋外で行う体育や部活動はほとんど自粛しなければおかしい、となってしまうでしょう。

数年前ならともかく、教員が忙しいことは、いまやほとんどの人が知っています。働き方改革の追い風も吹いているのだから、「私たちはこんなに大変なんです。どうかご理解ください」と、率直な対話をすべきではないでしょうか。

教員の長時間労働は、もはや私たちが避けて通れない大きな社会問題です。多くの場合で保護者も労働者の一人なのですから、丁寧に対話をすれば、教員にも働き方改革が必要なことはきっと理解してくれると思います。もちろん「運動会はやっぱり一日やってほしい」といった意見も出るかもしれません。最初は何かしらの対立が起きるかもしれませんが、そこからお互いを理解し合っていけばよいのです。

よりよい教育のため対話が必要

学校が保護者をはじめ、第三者の意見に耳を傾けることはとても大切ですが、それをそのまま受け入れることは難しい。部活動や組み体操一つとっても、それをやりたがる保護者がいれば、やりたくない保護者もいます。第三者といっても意見はバラバラで、素直に受け入れようとすればするほど、先生たちは萎縮し、混乱していく面もあります。

ただ一つだけ言えるのは、ハラスメントやブラックな働き方など、一般的に禁じられていたり、リスクだと考えられていたりすることを「教育だから」と容認してはいけません。容認しつづける限り、学校に対する批判は、的を射たものだと評価せざるを得ません。

「教育」という大義名分のもとでのハラスメントをなくしていって初めて、「教育」の専門家たる教員の純粋な専門性、能力が浮かび上がってくるのではないでしょうか。このとき、第三者からの意見をその内容の善し悪しに関係なくしっかりと受け止めて「教育」を司る専門家として自信をもって応答していけるようになるはずです。

　また、私のように学校現場の問題点について発言していると、よく「現場を知らない部外者は黙っていてくれ」と言われます。しかし、私は〝現場を知る当事者だけが正しい〟という考え方ではいけないと思います。

　どんな活動や組織も、自分たちが誇りをもち、いいことだと思って取り組んでいることの問題点は目に入りにくいものです。「ベネフィット」を追求する教育現場ではなおさらです。現場を知らない部外者だからこそ、「ここはおかしいのではないか？」と気づけることもあります。

　ですから私はあえて「自分は現場のことは知りません。アウトサイダーの自分からは、教員の業務や働き方はこう見えます」といったスタンスをとっています。当事者じゃないからこそ、全体を俯瞰的に、客観的に見ることができる。それによって現場の人が気づかない、気づいていても声に出せない課題や問題を提起する。それこそが、私のような研究者の役割だと考えています。

　実際のところは、私が教育について調べるときの情報源のほとんどは、現場で悩んでいる方たちの声です。それに応えるためにさまざまなデータを調べた結果、巨大組み体操のように、数々の学校リスクの存在に気がつくことができました。現場には、「現場がすべて正しい」と言っている人だけではなく、まさにその現場で泣いている人もいるのです。

学校現場が重要ということは間違いないでしょう。しかし、だから「現場にいる自分たちのほうが正しい」と言って、外部の人たちを否定する態度では、対話も新しい視点も決して生まれません。

日本の教育をよりよいものに変えていくには、現場の教員と研究者、保護者や地域の人々が、互いに敬意をもって率直に対話をすることが、まずは何より大切なのです。

うちだ・りょう
名古屋大学大学院教育発達科学研究科准教授。名古屋大学大学院教育発達科学研究科博士課程単位取得満期退学。博士（教育学）。専門は教育社会学。学校管理下において子どもや教員が遭遇するリスクについて、調査研究や啓発活動を行っている。ウェブサイト「学校リスク研究所」主宰。Yahoo!ニュース「リスク・リポート」にて最新記事を発表。『ブラック部活動』（東洋館出版、二〇一七年）、『学校ハラスメント』（朝日新書、二〇一九年）など著書多数。

⑮教員免許更新制度改革

改革のための改革を止めることこそ改革

佐久間亜紀
（慶應義塾大学教授）

二〇二一年三月、萩生田光一文部科学大臣は、教員免許に一〇年の期限をつける教員免許更新制度（以下、更新制）の抜本的な見直しをするよう、中央教育審議会（以下、中教審）に諮問した。この原稿を書いている同年七月現在、文部科学省（以下、文科省）は廃止する方針を固めたと大手新聞各社が報道したものの、結論は示されていない。

問題があるなら迅速に変更して対処するべきであり、見直しに異議はない。しかし、この制度は、二〇〇九年に導入されてから一〇年余りしか経過していない。この制度の何が問題だったのか。そしてこんなに短期間で抜本的な見直しを迫られるような制度が、なぜ導入されたのか。

教員免許更新制度とは

まず、現行の更新制の概要を、簡単に確認しておこう。文科省のホームページによれば、その目的は「その時々で求められる教員として必要な資質能力が保持されるよう、定期的に最新の知識技能を身に付けること」である。この目的のために、一度取得すれば生涯有効だった教員免許に、一〇年間の有効期限が定められ、有効期間内に三〇時間以上の更新講習を受講し修了することを義務づけた。

更新講習は、大学や教育委員会等が文科省の認定を受けて開設する。講習は、必修領域（六時間以上）、選択必修領域（六時間以上）、選択領域（一八時間以上）から構成される。修了試験はあるが、文科省は「日常の職務を支障なくこなし、自己研鑽に努めている者であれば、通常は更新することが期待される」と明言し、講習さえ受ければ、よほどのことがない限り更新される。運転免許の更新イメージに近い。

山間部や離島に勤務する教員であっても、期限内に無事に受講できるように、大学などの講習開設者は初期費用を投入し、通信制やオンラインも含めた講習実施体制を苦労して構築した。一方、受講費用は各教員の自己負担とされた。平均三万円程度の講習費用に加え、交通費や宿泊費が必要となる。

導入の経緯――不適格教員の排除のために

更新制が導入された経緯を振り返ろう。

大きなきっかけは、第一次安倍政権の成立だった。教育改革を重視した安倍晋三首相（当時）は、二〇〇六年の所信表明演説で更新制を導入すると明言したのである。そして、安倍首相が内閣に設置した教育再生会議は、翌年一月に、不適格教員を排除するために更新制導入を求める第一次報告書を打ち出した。

もちろん、子どもに危害を加えるような教員は、教壇から排除される必要がある。ただし冷静に考えれば、更新制は問題のある教員を追い出すための有効な手段にはなりえないことは、当初から明らかだった。以下、当時の私の指摘を再整理しておこう。[1]

第一に、免許制度とは、個人が何を学んだかを公証するための制度であり、問題教員への対処は任用制度によって対応すべき問題である。例えばもし、誰がどうみても不適格と判断される教員がいるなら、更新期限を一〇年も待つまでもなく、すぐに対応すべきだろう。

すでに「問題教員」を教壇から追い出すための制度は、〇九年以前から多種多様に作られており、多くの教員が処分されていた。もしも、もっと多くの教員を処分すべき実態があるとするなら、必要なのは免許に期限をつけることではなく、処分の基準をどう厳しくするかなど、既存制度の運用を改善する議論のほうだった。例えば、子どもに性暴力を働いて懲戒処分となった教員が最短三年で教壇に復帰できる事態は、更新制では変えられない。この点は二〇二一年の教員免許法特例（教育職員等による児童生徒性暴力等の防止等に関する法律）によってようやく改善された。

第二に、更新制は「技能」を客観的に測定する制度であり、「資質」を判断する制度ではない。例えば運転免許更新は、「あおり運転をするような性格か」など運転手としての「資質」を判断し、トラブルを起こす前に排除することを目的としてはいないのである。しかも、日本で有効期限がある免許や資格は、運転免許、狩猟免許、競輪選手など、主に加齢による技能低下によって、安全が損なわれる資格に限られていた。つまり、教員の「技能」がベテラン教員になればなるほど衰えて、安全が損なわれることが明らかでなければ、有効期限をつける合理的根拠はなく、他資格と整合しないはずだった。

第三に、客観的に「不適格教員」と判断する指標が作りにくい。この点はすでに、既存の制度下で処分された教員が、判断の妥当性をめぐって裁判で係争する事例が少なくないことからも明らかである。教育的価値が多様化した社会においては、一部の生徒や保護者から支持される教員が、他の生徒や保護者からは別の評価を受けている、という事例も珍しくない。

中教審の対応――教員の資質向上のために

以上の問題点は、文科省と中教審には充分に認識されていた。中教審は、〇一年から「不適格教員排除」および「教員の資質向上」のための制度設計という、二つの角度から導入を検討したが、問題がありすぎるとして〇二年にはいったん導入を見送った経緯があった。それゆえ、ふたたび中教審への諮問内容に更新制導入が復活した後、〇六年の答申では、更新制の目的は、教員の資質能力を時代の変化に対応したものに刷新すること、とされたのである。

それでは、更新制は教員の資質を向上するために効果的な手段になりうるだろうか。教員の資質能力を社会の状況にあわせて刷新するのが目的なら、それこそ一〇年も待たずに、迅速に、必要な研修を実施していくほうが有効だろう。

また、免許更新と結びつけられた研修は、全国一律に公平性を担保するために、画一的にならざるをえない。研修の規模も、免許更新と結びつけられれば、大勢の受講者を受け入れなければならないため、少人数での実施は容易でない。研修の質を上げたいなら、各地域や学校の実態に即して、さらには各教員の学校種やライフステージなど個別のニーズに応じて、柔軟に内容や方法を工夫できるほうが、高い効果を期待できる。

国際比較をみても、教員免許の更新制を導入しているのは、米国などごく少数にすぎない。

多くの国では、教員数を確保するために、教員の身分の安定は重要な政策課題であり、日本のように終身在職権を与えている。

なお、米国で免許更新制が採用されているのには、独自の事情がある。米国では、教育行政の権限が分割され、教員の研修は学区と呼ばれる組織が行う。しかし、地域間格差が激しく、貧しい地域の学区では教員が不足し、税収が少ないために研修も充分でなかった。そのため州政府が、自ら権限を持つ免許制度を利用し、更新の条件として研修を課すことで、教員研修の普及と保障を図ってきたのである。一方、日本では、すでに全国に先進国でも随一の教員研修制度が整備され、特に公立校教員には徹底されている。したがって、日本は米国のように免許制度を介して研修の保障を図る必要はまったくないのである。日本の課題は、屋上屋を重ねることではなく、既存の研修制度の質をいかに上げるか、いかに有効に運用するかの方にあった。

ところが内閣府は、「教員の資質向上のために」導入するという中教審答申に苛立ちを示し、安倍首相は、〇六年十二月の衆議院特別委員会で不適格教員の排除のために更新制を導入すると明言した。この方向性は、更新期限を一〇年より短縮すると発言する伊吹文明文科相（当時）や、上述した教育再生会議の議論にも共有され、文科省と対立する事態となったのである。付言すれば、導入時の野党・民主党も独自の更新制導入案を掲げていたし、しかもその案は自民党案（現行の三〇時間）よりもはるかに重い一〇〇時間の更新講習を教員に課すものだった。

総じていえば、導入が政治決定されたあと、導入する理由をどう後付けするかについて政府内で対立し、落としどころが探られた結果として成立したのが、現行制度だったのである。

教員免許更新制の何が問題か

冒頭の問いに戻ろう。いったい、教員免許更新制の何が問題だったのか。

教員免許更新制度は、まず上述したように、改革の目的と手段が対応していなかった。不適格教員を排除するという目的に照らしても、教員の質を向上させるという目的に照らしても、効果的な結果をうみだすために有効な手段とはいえなかった。

本来であれば改革は、なにか具体的な問題状況を解決する目的のためにおこなわれるものだろう。そして改革に際しては、その解決のために何が最も適切な手段かが、データや研究に基づいて探究されてしかるべきだろう。にもかかわらず、更新制については、導入する改革が先にあり、理由づけが後から決められる経緯を辿った。更新制導入は、手段と目的が倒錯し、改革自体が目的化してしまっている日本の状況を、端的に示す事例の一つといえる。改革のための改革を止めることこそ、いま最も必要な改革なのである。

そのうえ、すでに研修制度がある上に、さらに新たな講習を課す更新制度にしたのに、教員の負担感にも配慮がなかった。教員にムチ打つばかりでアメはなく、国は持続可能性や長期的な影響を考慮した補助的政策（たとえば更新後の給与や待遇の改善など）を準備しなかった。現在文科省が見直しの理由としてあげている状況、すなわち「教員の資質向上の成果が得られていない」「教師の負担感がある」「教師の確保に影響がある」状況[2]になることは、予見されていたのである。

最大の問題は、導入前からこうなることを予測していた専門家の指摘が、生かされなかったことである。政治的には、わかりやすい改革を強く打ち出して短期的にでも支持率が上がれば、その時点で目的は達成されてしまう。そして、政治決定ありきの政策立案プロセスでは、失敗リスクを減らすために多様な意見をヒアリングする必要などないし、聞くことすらできなくなってしまう。しかし、その長期的な影響にさらされ続けるのは私たち自身だ。

教員の質を上げるには

教員の資質を向上させるために、現行の教員免許更新制度がふさわしい手段でないなら、いま何が求められるのだろうか。

紙幅がないため一点だけ指摘しておけば、質を上げたいなら待遇も上げなければならないというのが、世界で一般的な教育政策の方向性となっている。優秀な志願者を教職に惹きつけなければならないからである。

ＯＥＣＤ（経済協力開発機構）の二〇一九年報告書によれば、初等・中等教育の教員給与（一五年勤務経験者の給与）について、〇五年から一八年の経年変化をみると、給与を下降させている国は少数しかなく、日本とイングランドは一〇％の低下で、財政破綻したギリシャの二五％を除けば、世界最悪の低下率だという[3]。

日本は、教員給与だけではなく、教員数も少子化を上回る速度で削減し、待遇や労働環境も切り下げてきた。本章でとりあげた免許更新制の導入も、教員の待遇を悪化させてきた政策の一環といえる。

もしも私たちが、本当に子どものために、よりよい教員を学校に確保したいなら、一方的に教員への要求を上げ続けるだけでなく、諸外国と同様にその要求にふさわしい待遇や労働環境もあわせて準備する政策が、まずもって求められる。このことを比較教育研究は示している[4]。

確かに、日本の財政状況は厳しく、少子高齢化を背景に予算をどう配分するかは難しい問題だ。子どもや教育をどれくらい大切にするのか。すべては私たちの選択にかかっている。読者ならどう判断するだろうか。

1　拙稿、二〇〇七年、「なぜ、いま教員免許更新制なのか」『世界』二月号、一二一―一三〇頁。
2　文部科学省、二〇二一年、中教審教員免許更新制小委員会第一回配布資料、四月三十日。
3　OECD, *Education at a Glance 2019: OECD Indicators*, Paris: OECD, 2019, pp. 397-398.
4　A・ハーグリーブズ、拙訳、二〇一二年、「教職の専門性と教員研修の四類型」、H・ローダー他編、苅谷剛彦他編訳『グローバル化・社会変動と教育2：文化と不平等の教育社会学』東京大学出版会、一九一―二一八頁。

さくま・あき
慶應義塾大学教職課程センター教授・スタンフォード大学客員研究員。東京大学大学院教育学研究科博士課程単位取得退学後、博士（教育学）。専門は、教育方法学・教師教育。教師の力量形成の方法やその歴史を、日米比較やジェンダーの視点から研究。第13回平塚らいてう賞受賞。主著に『アメリカ教師教育史』（東京大学出版会、二〇一七年）、共編著『現代の教師論』（ミネルヴァ書房、二〇一九年）など。

Ⅳ　少しでも明るい未来にするために

⑯審議会

データと研究に基づかない思いつきの教育政策議論

末冨　芳（日本大学教授）

この章では文部科学省（以下、文科省）の中央教育審議会（以下、中教審）を中心に、現在の教育政策の意思決定におけるデータや研究の軽視およびその問題点をあきらかにしていく。思いつきの教育政策論議は、データや研究の軽視だけでなく、政策理念を膨れ上がらせてきた文科省の意思決定の特徴にも原因がある。

私自身は特に、「大学入試のあり方に関する検討会議（以下、大学入試検討会議。二〇二〇年一月〜二一年六月開催）」委員として、教育政策の意思決定システムの課題を明確にし、改善することに取り組んできた。英語民間試験・記述式試験の共通テスト利用を断念させる議論だけでなく、拙速で粗雑な意思決定を繰り返してきた教育政策のありよう自体を改善することも意図した発言や意見書提出を展開してきた。

大学入試検討会議と並行して行われた中教審の初等中等教育分科会・新しい時代の高等学校教育の在り方ワーキンググループ（以下、中教審高校ＷＧ）でも、政策決定の根拠とするには危ういデータ解釈をもとに高校改革の必要性がうたわれており、提案された政策も適切なものと言えるのかどうかについては大いに疑問がある状況を指摘し、少しでも妥当性・信頼性の高い政策決定にできないかと努力はしてきた。

教育政策における意思決定の課題——中教審を中心に

文科省の主要な政策方針は、中教審で決定される。教育制度・生涯学習・初等中等教育・大学の四つの分科会で構成されており、それぞれの分科会の下にさらにテーマ別会議が設置され、そこで審議が行われる。とはいえ文科省だけで独立した意思決定ができるわけではなく、大学入試政策について強い政治的圧力を大学や官僚にかけた下村博文文科大臣（当時）のような与党有力政治家や、官邸主導型政治のもとで教育再生実行会議等の影響力も無視しえない状況にはある。

官邸主導型政治により、官僚人事に対する総理や側近の影響力が強まっており、文科省もその例外ではない。そのため理不尽と思われる政策でも、自らの昇進・保身を考えた官僚が

「忖度」せざるをえない状況も、教育政策に限らず日本の政治システムの大きな課題といえる。

そうした政治的圧力を時として背景にしながらも、実際の政策に落とし込むための方針決定において中教審が大きな役割を果たす。このテーマ別部会（高校WG、教育課程部会）に委員としてかかわってきたところ、いくつかの深刻な構造的課題が見えてきた。

- 委員の多さと会議内での発言回数の少なさ、それによる議論の深まりのなさ。
- 官邸・与党方針や幹部官僚の影響力もあり、担当官僚の政策方針に関する権限が限定されている場合もある。大半の政策課題については中教審等での意見書や議論、担当官僚とのコミュニケーションによる方針の改善が可能である。しかしイシュー次第では政官ルートでの交渉や報道等を通じた場外戦ともいえる問題発信がなければ、政策方針が転換しづらいケースもある（代表例として大学入試改革）。
- 文科省のデータ収集・分析能力が十分ではなく、次に述べるように、教育委員会・学校現場や児童生徒に関する現状分析も不足する中で議論が進められてしまうこと。
- それにより、答申をはじめとする文科省の政策方針に対し、教育委員会や教職員をはじめとするステークホルダーからの信頼が低下し、またデータやエビデンスに照らし

合わせても妥当性が低下してしまっていること。

文科省に限らず、政府の政策方針はしばしば「霞が関文学」とも揶揄され、データや専門家による精密な実証・検証を欠き、抽象的な理念や提言が羅列されがちだ。その中にあって中教審答申はポエムとも思えるほどの、学問的あるいは実証的根拠のない抽象的理念で膨れ上がる傾向にあることも、中教審委員同士の間ですらしばしば心配されている。

そのデータ解釈と政策方針には妥当性信頼性があるか？

実際の例を使って説明していく。

中教審・高大接続特別部会（二〇一四年）および高校WG（二〇二〇年）では、それぞれ高校生の学習時間が短くなっているというデータが問題視されている。

高大接続特別部会は、「高校における学習時間の減少　原因は？」と称したスライドを作成し、安西祐一郎部会長（当時）が総理直属の会議体である教育再生実行会議に提出している。しかし、丁寧な分析がまったくないままに、高校における学習時間の減少は、大学・高校の「受け身の教育」が問題であると唐突に断じられてしまっている。[1] このずさんなデータの解釈は、高校生の主体性評価や大学入試改革が必要であるという主要根拠にもされ、一連の大学入試政策の迷走に拍車をかけることとなった。

私は大学入試検討会議第五回会議（二〇二〇年四月十四日）においてこの経過を「中教審・高大接続部会の資料であっさりと指摘されている事項は、『エビデンス』と呼べるレベルのデータの用い方であるのでしょうか。計量分析も扱う専門家としては、違和感を禁じ得ません」と批判し、以下のような高大接続部会の問題点と検証すべき課題を意見書において指摘している。[2]

- 高校生の学習時間の減少について、要因が詳細に分析されたプロセスが見つからない。しかし高大接続答申では「学力の三要素を踏まえた指導が浸透していない」という原因に帰着させられている。
- 学習時間×高校偏差値のほかに分析されなければならない変数は、少なくとも次のようなものがある。高校の授業形態、評価方法の特徴、保護者所得（社会経済的資源）、将来希望進路（の有無）、高校生自身が受験予定・希望の入試形態。しかしこれらの検証が文科省で行われた形跡はない。

これと同様に文科省のデータの分析力が心配になるのが中教審高校ＷＧであった。高校改革が必要だという議論の前提となった重要データとされたのが、高校生になると授業以外の学習時間が短くなる傾向、そしてそれが中学校の時の成績と関連があり、成績下位層ほど高校になって勉強しなくなるという傾向である[3]（図⑯－1）。

このデータを重要な根拠とし、高校生が学習しないのはいまの高校教育は学習意欲を喚起するような魅力に乏しいからだというロジックがたてられ「特色・魅力ある教育を実現するために」スクールポリシーを作りましょう、という政策に帰結したのである[4]。

ところが、このデータを見て「その因果関係はおかしいのでは」と気づく読者もいるはずである。

教育機会格差や子どもの貧困問題に関するアカデミックトレーニングを受けた読者なら、成績下位層ほど高校生になってから学習時間が短くなる傾向については、困難な家庭環境に起因する可能性を想定した検証が行われるべきではないかと、疑問に思うはずである。困難な家庭環境に育った高校生たちは、そもそも学習の意欲や習慣が高校入学までに十分形成されていなかったり、家計を支えるためのアルバイトに従事せざるを得なくなる。高校教育以外の要因によって学習しなくなる可能性のほうが高いことは、日本の子どもの貧困に関する実態調査でも結果が得られている[5]。

残念ながら、高校生の家庭環境要因と関連づけた分析は中教審高校ＷＧでは行われていな

図⑯-1　中学3年生のとき、あなたの成績は学年の中でどれくらいでしたか。（学校外での学習時間との関係）

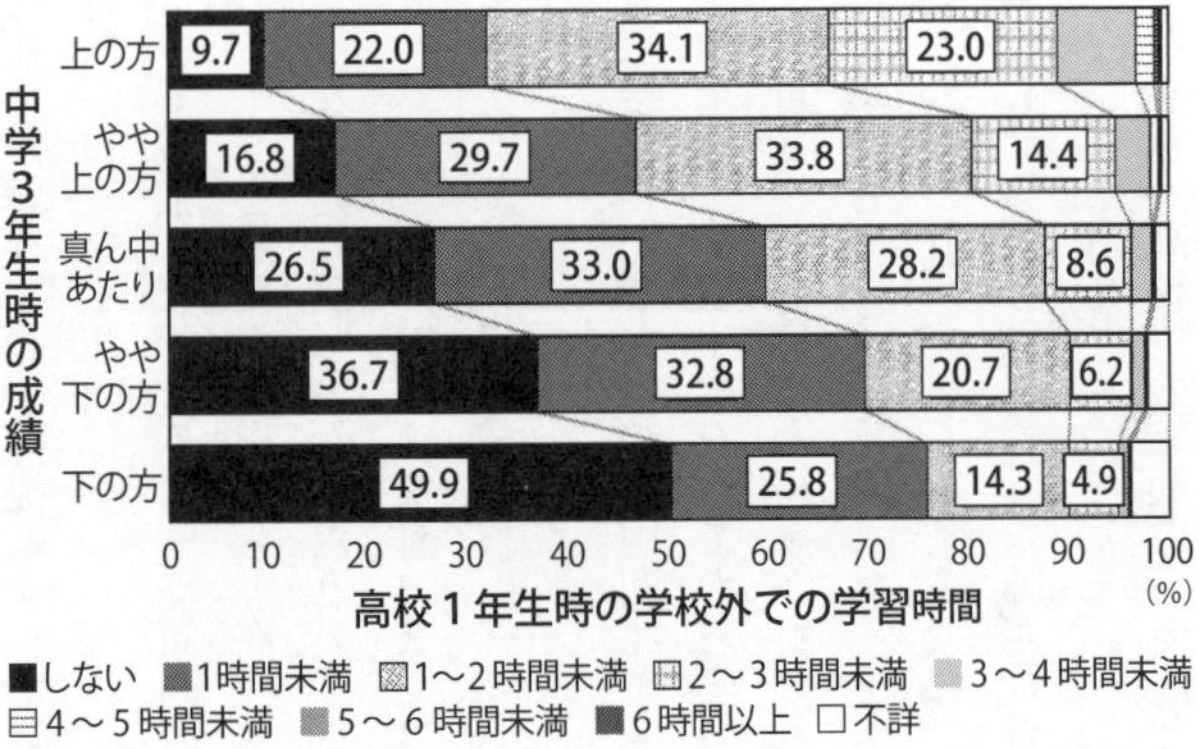

出典：文部科学省、厚生労働省「第16回　21世紀出生児縦断調査（平成13年出生児）」（平成30年9月）

い。データソースとなった文科省・厚労省「第16回　21世紀出生児縦断調査」自体も格差・貧困に関する設問が不十分であり、分析できなかったのである。

しかし、研究者であればただちに解釈ミスではないかと疑念を抱くような信頼性を欠くデータ分析にもとづき、高校生の学習時間を増やすためには、高校教育の特色化・魅力化が必要だ、そのためにはスクールポリシーを作るべきだという提言が効果をあげると想定できるのだろうか？

私自身は、大学と同様にスクールポリシー自体が形骸化し、スクールポリシーを作るために高校教員が多忙化し、高校生の学習時間にも教育の質にも大した効果はもたらさない、場合によっては高校生の学習意欲や学習時間にネガティブインパクトすらおよぼしかねないと危惧している。

この政策の帰結の検証も必要なのであるが、いまの文科省の状況では政策検証が行われても、政策の改善に結び付くような信頼できるものではないということになりがちなのである。

思いつきの教育政策議論をどう立て直すか？

このような教育政策のありようについてどう改善すれば良いのか？

私自身は、二〇二〇年四月十四日の大学入試検討会議を中心に、文科省だけでなく与野党に対しても、次のようなポイントが重要であると提言してきている。[6]

- 教育政策というのは、誰もが簡単に考えられそうで、また誰もが良いことを言えそうな政策であるだけに、つねに理念が肥大化しやすいという宿命をもっている。
- しかしながら教育においてもっとも大事なのは、教育の現場における学習者主体の実践（プラクティス）である。
- 教育の現場にいる、児童生徒・受験生・教職員や保護者の意見や不安を軽視したまま行われるいかなる改革も、よい効果にむすびつくことはない。
- またエビデンスやそのベースとなるデータや政策検証にも大きな課題がある。

・それゆえにデータサイエンスに専門性の高いアナリストを文科省でも増員し、研究者の参画を得ながら、調査設計から検証・政策提言に至る意思決定プロセスの妥当性信頼性を高めることが重要である。

・また、大学入試政策においては公平性や透明性、利益相反など大学入試が遵守すべき原理原則が後退してしまったことも、見逃すべきではない。

・教育政策は未成年であり特別な保護や支援を必要とする児童生徒を対象とするだけに、意思決定にあたっては、政策が遵守すべき原理原則の確認や確立が重要である。

ずさんな政策決定ではなく妥当性信頼性のある教育政策の意思決定のためには、専門性の高い人材や研究者の参画によるデータ収集や分析を基盤に置く必要がある。また政策理念は重要であるとしても、遵守すべき原理原則の確認は、どのような場合でも一切怠るべきではない。

また、的確なデータやその検証にもとづいた現状分析とともに、将来の取り組みを適切に決めていくための対話と議論が重要である。委員数が多いとはいえ、中教審での委員の意見発表や、委員同士の議論が政策方針をより良いものにするために影響を及ぼす場合もある。特定の委員の思いつきではなく、立場の違う委員の間での議論や検討を経ることで、より良い政策方針につながる場合もある。近年では学校の福祉的機能についての政策方針をめぐる意見報告や議論がそれに相当すると判断される[7]。

また、担当官僚との会議前後の日程での丁寧なコミュニケーションにより、研究者や専門家、当事者・支援者等の意見や懸念の重要性が伝わる場合もある。中教審委員等の政府委員でなくとも、そのテーマについて研究蓄積や取り組み実績のある研究者や当事者・支援団体等であれば、担当官僚は面談を受け入れ真摯に意見を聴き、できる限り反映しようと努力してくれる場合もある。

とはいえ前述したように、担当官僚は政策方針を変更すべきだと考えていても、上司にあたる幹部が官邸への「忖度」をしてしまえば、本来必要である政策方針の変更も行われないまま、妥当性信頼性のない政策が暴走してしまう。大学入試改革の挫折については、こうした状況をふまえた分析も必要である。

官邸主導型政治が、教育政策においてほんとうに効果をあげているのか、検証や改善策の提示も必要になるはずである。総理の側近たちに教育政策の専門家がおらず、専門性のない人材が一斉休校や九月入学のような思いつきの判断で、子ども・保護者や教職員を振り回し、子どもの安全を脅かし教育活動の生産性を下げてしまっていることも改善すべき問題である。

1　第九回教育再生実行会議・資料1-1「中央教育審議会高大接続特別部会の審議状況等について」（二〇一三年六月六日）、二、三頁
https://www.kantei.go.jp/jp/singi/kyouikusaisei/dai9/siryou1-1.pdf

2　大学入試のあり方に関する検討会議（第五回）議事録（二〇二〇年四月十四日）、大学入試のあり方に関する検討会議（第五回）「資料4　末冨委員提出資料」、九－一三頁
https://www.mext.go.jp/b_menu/shingi/chousa/koutou/103/giji_list/index.htm

3　中央教育審議会・新しい時代の高等学校教育の在り方ワーキンググループ（審議まとめ）参考資料集（1／2）、二〇頁
https://www.mext.go.jp/b_menu/shingi/chukyo/chukyo3/079/sonota/1395249_00003.htm

4　中央教育審議会・新しい時代の高等学校教育の在り方ワーキンググループ（審議まとめ）（二〇二〇年十一月十三日）、一九－二三頁
https://www.mext.go.jp/content/20201117-mxt_koukou02-000011002_01.pdf

5　代表的な例として東京都福祉保健局「『子供の生活実態調査』の結果について」があげられる。小中高校生のすべてで困窮層ほど勉強がわからないと回答する比率が高い。高校生で「学校生活が楽しい」に否定的回答をする者が多くなることが指摘されている（六八－七三頁）。
https://www.fukushihoken.metro.tokyo.lg.jp/joho/soshiki/syoushi/syoushi/oshirase/kodomoseikatsujittaityousakekka.html

6　大学入試のあり方に関する検討会議（第五回）議事録（二〇二〇年四月十四日）、大学入試のあり方に関する検討会議（第五回）「資料4　末冨委員提出資料」、九－一三頁

https://www.mext.go.jp/b_menu/shingi/chousa/koutou/103/giji_list/index.htm

7　中央教育審議会・初等中等教育分科会における岩本悠委員や今村久美委員など、教職員や研究者出身ではない非伝統的アクターの主導性と、学校の福祉的機能に関する主張や、中教審での議論の重要性については、教育政策分析の検証対象とすべきである。たとえば次の資料の重要性は高い。

岩本悠、二〇二〇、「今、教育に問われていること」中央教育審議会・初等中等教育分科会（第一二五回）・特別部会（第七回）合同会議・参考資料2（二〇二〇年四月二十七日）

https://www.mext.go.jp/content/20200427-mext_syoto02-000006819_12.pdf

---

すえとみ・かおり
日本大学文理学部教授。京都大学教育学部・同大学院博士後期課程単位取得退学。博士（学術）、福岡教育大学准教授を経て現職。専門は教育行政学、教育財政学。内閣府・子供の貧困対策に関する有識者会議構成員、文部科学省・中央教育審議会・教育課程部会委員、経済産業省・産業構造審議会・教育イノベーション小委員会委員等を歴任。著書に『教育費の政治経済学』（勁草書房、二〇一〇年）、『子育て罰：「親子に冷たい日本」を変えるには』（光文社新書、二〇二二年、桜井啓太氏と共著）など。

⑰ＥＢＰＭ（エビデンスに基づく政策立案）

データと研究に基づかない政策では「教育格差」が変わることはない

松岡亮二×中室牧子（慶應義塾大学教授）

中室　松岡先生が昨年（二〇一九年）出版された『教育格差』（ちくま新書）、評判がよいようですね。

松岡　おかげさまで、九刷で四万部を超えました（二〇二一年九月時点で一三刷五・五万部）。

中室　昨年十月、萩生田光一文部科学相の発言は「教育格差」に注目が集まる一つの契機になったのではないでしょうか。ご承知の通り二〇二〇年度から始まる予定だった大学入学共通テストでの英語民間試験について「自分の身の丈に合わせて頑張ってもらえば」と発言しました。これに対し「教育格差の容認ではないか」と批判が集中、大臣は謝罪し、発言の撤回に追い込まれました。これで入試改革自体が政治問題化し、昨年末にかけて英語民間試験と記述式問題という「改革の二枚看板」の見送りが決まりました。

松岡　「身の丈発言」はもちろん不適切な発言だったと思いますし、教育格差についての認識は大臣でもその程度なのか、と肩を落としました。ただそれよりも「批判が強まったのでとりあえず延期」みたいな場当たり的な対応にも既視感があったので危機感を持っています。この国の教育政策の決定過程は、率直に申し上げますと非常に適当で、まっとうなデータによる現状把握に基づいていません。個人の見聞レベルの現状認識でもっともらしい方向性だけ決めて突っ走るから今回のようなことになるのだと思います。

中室　教育格差を容認した大臣の失言と入試改革そのものの妥当性は、別の議論であるべきものです。事前に、パイロットテストを行って、入試改革によってどのような効果が期待できるのかということを明確にしておけば、仮に、大臣が失言したり、大臣が交代になったりしても、政策は存続したのではないかと思います。

改革のやりっ放し

松岡　中室先生が指摘されてきた「エビデンス（科学的根拠）に基づく政策立案」（ＥＢＰＭ）が必要ということですよね。ところが日本では、学校現場の視察や聞きかじった話に基づいた「これからの教育」論が散見されます。もし数百の学校を視察していたとしても、無作為に選んでいないのであれば偏った「現場」です。つまりエピソードで政策の方向性が論じられているわけです。

中室　おっしゃる通りです。今回の入試改革に限らず、戦後の教育行政はこの繰り返しではなかったかと思えます。「ゆとり教育」や「子ども手当」のように、時代の要請に応じて始まったものの、まるで流行が廃れるかのように終わってしまった教育政策は枚挙にいとまがありません。ゆとり教育も子ども手当も、今回同様、パイロットテストが行われませんでしたから、子供たちの学力・学歴・年収などの成果にどのような効果があったのかなかったのか、学術的には、いまだに定見がないという状況です。

松岡　ただ、そもそも教育政策は最終的な結果が出るまでに常にタイムラグが生じる点は確認しておくべきだと思います。少なくともある政策が実施され、大半の子供が教育を終え社会に出てから客観的に検証可能になるまで二十年はかかります。ところがその政策をやると決めた当の政治家や官僚は大体六十歳やそれ以上なので、結果がわかるころにはもう引退している。だからある政策に対して、当時の政治家や文部科学省（以下、文科省）担当者が悪いと個人の責任を追及することにあまり意味はありません。

中室　仮に自分たちの政策が失敗だったとわかったとしても、責任の追及の仕様がないわけですよね。

松岡　結果がすぐに顕在化しないので、政策を決める人たちは「明治以来の改革だ！」のように勇ましく大きな花火を打ち上げても責任が追及されることはありません。そしてその世代が引退したころにはまた下の世代から「世界の変化に対応するために新たな改革だ！」と派手な言説が出てきて、その結果が出るころには彼らも既に引退という「改革のやりっ放し」が繰り返される。これが根本にあると思います。

中室　私には、今回の大学入試改革の根底には、かつてのゆとり教育と同じ問題意識があるように思えます。つまり、暗記に頼った詰め込み型の教育から脱し、より思考力や表現力を重視した教育に転換せねばならないということです。時代の変化を考えると、この方向転換に異議を唱える人は少ないと思うのですが、結局、ゆとり教育は途中で頓挫し、大学入試改革もまた無期限での見送りとなっています（詳細と近況は本書の9章を参照）。

答え合わせは二十年後

松岡　要は日本の教育政策には過去の政策からの「学び」がないのです。後々その政策が狙い通りに機能したのか、検証できるだけの客観的なデータを取得していないことが最大の問題点です。大きな改革の最終的な「答え合わせ」は二十年ぐらい子供たちの成長を待つことになりますが、事前に綿密な調査計画があれば、短・中期的な目標とそれらが達成できたかの分析は可能ですし、必要です。

例えばゆとり教育は本当に失敗したのか、研究者が検証しようにも、そのためのデータを取っていないから他の用途のデータや取得可能な地域データによって間接的かつ限定的な評価をするしかありません。今回の入試改革でも、制度を変更する前に具体的なデータ取得計画が立てられていないようです。本来であれば「改革」の前に、短・中期的にこういう結果を目的にして、そのためにはいつどのようにして何を計測するのか、といった計画があるべきですし予算も付けるべきです。これは「改革を実行する」こと自体が目的であって、効果を検証するつもりがないことを意味します。投薬や手術の後、経過観察をしないようなものです。どんな人にどれぐらい効いたのか、副作用があったのか。そういう検証をしていないので次の政策にも活かされない。こうして「改革のやりっ放し」が続くわけです。

中室　米国では予算を要求する時に、その政策にどの程度の効果があるか（これをエビデンスと言います）を提示することが求められ、そのエビデンスの確からしさに応じて予算額が決まっています。また予算のうち数%は、エビデンスを作るために用いられる決まりになっています。

松岡　同じような失敗を回避できる可能性が上がるわけで、そう考えれば大した金額ではないですよね。

中室　例えば、小中学校で一人一台のPCを整備する計画が進んでいますが、これにどのような効果があったのかを検証することにお金を使うより、一台でも多くPCを買うことにお金を使ったほうがいいという考え方も根強くあるようです。しかし、データは道路や水道と同じく私たちの社会にとって重要な「インフラ」であり、効果検証の結果は「知的な公共財」です。ある政策が、他の政策と比較しても十分に効果を上げたといえるか、効果があったとしたらそのメカニズムはどのようなものかということがわかれば、今後の重要な道標となるからです。

凡庸な教育格差社会

松岡　日本では、データをしっかり取得・分析して「社会の現状がどうなっているか」を把握しようとする情熱がすごく弱いです。

中室　確かに、問題の所在がはっきりしないままに、たくさんの対策が打たれている例を見ることが多い。例えば、不登校やいじめ、暴力が増加している原因がはっきりしないのに、思いつくままに対策が打たれているというようなケースです。

松岡　教育は結果が出るまで時間がかかるので、政策が的外れでも空が割れるわけでもないし人が大量死するわけでもありません。しかし、実際には子供たちの可能性という血は毎日流れています。このままでは「生まれ」によって人生の可能性が大きく制限されている現状が繰り返されてしまう可能性が高いことを多くの人たちに知っていただきたくて、『教育格差』を書きました。詳しくは拙著に様々な視点によるデータをまとめましたが、端的に述べますと、戦後日本社会はいつの時代も、「出身家庭の社会経済的地位（経済的・文化的・社会的要素を統合した概念）」と「出身地域」という、本人が選んだわけではない「生まれ」によって最終学歴が異なる「教育格差社会」です。日本全体を対象とした大規模社会調査のデータを分析すると、出身家庭の社会経済的な状況に恵まれなかった人や地方・郡部の出身者が非大卒にとどまる傾向が、どの世代・性別でも確認できます。こうした日本の教育格差をOECD（経済協力開発機構）のデータで国際比較すると、OECD諸国の中では平均的です。つまり日本は国際的にみて「凡庸な教育格差社会」だといえます。

中室　社会学だけではなく、経済学もまた「教育格差」を研究対象にしています。最近の研究では、住民税の支払い記録と国勢調査を照合し、貧困世帯の子供が、「親よりも所得が高くなる確率」（＝貧困の世代間連鎖から脱出できる確率）を推定し、これには大きな地域差があることを発見しています。つまり、貧困の世代間連鎖が生じやすい地域とそうではない地域があるのです。そして、政府が引っ越しのためのバウチャー券を提供し、貧困の世代間連鎖が生じやすい地域から子供が幼少期のうちに引っ越しをすれば、大人になってからの学歴や経済状況が改善することもわかっています。

これは米国のデータを用いて行われた研究ですが、日本ではこのように格差のメカニズムそのものに焦点を当てた研究は多くありません。教育現場でも、教育格差の議論はタブー視されているように感じます。

松岡　教育格差の存在を感じている人は多いと思いますが、日本では「生まれ」による格差が目に見えづらいからこそ社会問題化しにくい状況があると私は考えています。たとえば高校だと、偏差値六〇以上の進学校と偏差値四〇以下の「教育困難校」では、生徒の「生まれ」が平均的には大きく異なりますが、大半の生徒の見た目は同じです。でも、進学校と「教育困難校」に通う生徒を比べると、たとえば親の学歴はかなり違います。高校によって生徒の「生まれ」は全然違うのに、それが「見た目」ではわからない。そのため、高校受験の結果は個人の能力や選択によるものだと見なされてしまうという解釈です。

身の丈発言の背景にあるもの

松岡　一方、米国では事情が異なります。私はあちらに十年いましたが、米国社会は肌の色と社会経済的地位が大きく重なっているので、「生まれ」が「可視化」されています。たとえば、高校でも勉強ができる特進クラスは、白人と東アジア系ばかりだったりする。一方、基礎クラスは東アジア系を除く有色人種の割合が明らかに高い。能力で選抜すると「生まれ」で別クラスに振り分けているのとあまり変わらないことが可視化されているわけです。だから米国では、「生まれ」による格差が社会の問題だという共通認識を得やすいのだと思います。貧困を含む格差は大統領選でも候補者に問われる重要課題ですし、その対策として真っ先に上がるのは教育です。

中室　なるほどね。

松岡　ただ、このような指摘に対して「経済的に恵まれない家庭や地方の出身であっても、刻苦勉励して大学を卒業し、成功した人を知っている」という反論があります。しかしながら、データが示すのは全体の傾向ですから、それと一致しない例を意図的に探し出すのはそう難しくないんです。「データが示す社会全体の実態」と「個人の見聞に基づく実感」に乖離があり、萩生田大臣の身の丈発言の背景にもそれがあると思います。

中室　一人の人間が経験できることの範囲は限られていますから、当事者の断片的な「印象」や「エピソード」だけで政策形成をすることは危険ですね。

松岡　はい。永田町の政治家や霞が関の官僚、それに教育問題を報じる大手マスコミの人たちの経験は（平均的には）偏っているわけです。その点に無自覚なまま自身の感覚に合致する政策を推進するからピント外れなことが起きてしまう。たとえば受験競争の過熱を問題視し「ゆとり」が必要だというのは「受験地獄」を経験した高学歴層からすれば腑に落ちる議論でしょう。しかし、当時の中学三年生のデータを見ると、そうした「詰め込み教育の弊害」を実感するほど長時間勉強していたのは、全体の二〇％ほどです。同世代の約半数は学校外で毎日勉強していたわけでもありません。そんな実態をデータで把握せず、授業時間を削減した結果どうなったのでしょうか。「ゆとり」という自由な時間をどう使うのか、子供たちに委ねたといえば響きはいいですが、結果は自己責任扱いになります。

日本には当てはまらない⁉

中室　東大の川口大司教授の論文が実証していますね。ゆとり教育の一環で週休二日制が導入された時に親の学歴が高い家庭の子は学習時間を増やしたけれど、学歴の低い親はそのような行動をとらなかったので、親の学歴による学習時間の格差が拡大しました。

では、どうすれば教育格差を解消できるのか。教育経済学では、教育への支出を投資と考え、投資によって子どもが将来的に得る収入がどれほど高くなるかを「収益率」として表します。海外のデータを用いた研究によれば、教育段階別の収益率を見てみると、子どもの学齢が小さい時のほうが高いことがわかっています。ノーベル経済学賞を受賞したシカゴ大学のジェームズ・ヘックマン教授は、親の学歴による学力格差は小学校入学前には既に存在していることを示しながら、貧困の世代間連鎖を断ち切るには、単純な親への再分配よりも、「質の高い就学前教育」による事前分配のほうが効率がよいと指摘しています。

松岡　こういう議論では「その研究結果は日本には当てはまらない」という人が出てきますね。

中室　確かに教育をめぐる環境が異なっていますから、その指摘は妥当です。しかし、そうであるならば余計に、日本のデータを用いた検証が必要ではないでしょうか。日本では同じ「世代内」の平等が重視されるため、海外で行われているような社会実験やパイロットテストはめったに行われません。

松岡　効果があるかどうかわからない政策を全員に対して実施することが、教育格差の縮小に繋がるかはわからないんですよね。

中室　私もそう思います。一方で、「ゆとり世代」とか「ポスト ゆとり世代」などという言葉が示すように、「世代間」の不平等は見過ごされがちです。

若い世代への投資を

中室　今回の入試改革もやはりある世代以降の大規模な制度変更を伴うものでした。しかし、今回の顚末を見ていると、このような制度変更には無理があると思わざるを得ません。センター試験を受ける生徒数は五〇万人に達します。五〇万人が対象になる制度を変更して、何も問題が起こらないなどということは考えられません。だから、諸外国ですでに行われているように「小さく始めて大きく育てる」という政策形成が参考になります。まず学校や地域といった小さな単位で実験的にパイロットテストを実施する。そこで短期的な効果検証やオペレーション上の問題の洗い出しを行い、ＰＤＣＡを回しながら徐々に都道府県や国全体に広げていくということです。

「小さく始めて大きく育てる」というやり方は、迂遠なようですが、少子高齢化の中、子供たちの世代への教育投資を充実させるためには、とても重要なことではないかと思っています。子供の教育に振り分けられる予算は年間四・五兆円程度ですが、高齢者向けの支出が多い医療費は四二兆円に達しています。二〇二五年には人口の三割が六十五歳以上になると推計されていますから、今後ますます子供よりも高齢者にかける予算への要求は強くなるでしょう。厳しい財源と少子化の下で国全体のお金を子供の教育にもっと振り向けていこうと思うならば、その合理性をきちんと証明し、納得を得る以外にないのではないでしょうか。

松岡　文教予算は何とか削らないで維持していただきたいものです。一方で本誌（『文藝春秋』）の読者はご高齢の方が多いですよね。これからの日本社会を担う若い世代への投資に賛成していただければと思います。

中室　今の現役世代には、かつての高度経済成長期のような時代の後押しはありません。現役世代がしっかりと教育を受け、労働市場で稼げる力をつけないと、高齢者世代の生活を支えられないですからね。

「テレビに出るな」という不文律

松岡　こうした教育行政の根本を問う取り組みは、上の世代の研究者や最近ですと中室先生たちが行ってきたことですが、論理を尽くして訴えてもたいして変わらないという状態が何十年も続いてきました。虚無感にすっぽりと包み込まれて、出口などないような気分になります。

中室　私は、エビデンスに基づく政策形成を訴えるアカデミアの側にももっとできることがあるのではないかと思っています。優れた政治家や行政官であっても、英語で書かれ、専門用語を多用する学術論文を読みこなせる人は少ない。米国では、専門家が一般向けに自分の専門分野における新しい発見をわかりやすく解説した良書がたくさん出版されています。これが、専門家と政策や社会を繋いでいます。一方、日本では、研究者は学術論文の執筆はしますが、対外的な発信には消極的です。経済学者の間では最近まで「テレビに出るな、霞が関に近づくな」という言葉が不文律になっていたほどです。こうした状況が、重要な政策決定の場面においても根拠のない通説やエピソードに頼りがちな現状をつくりだしていると思うのです。

松岡　私は『教育格差』を出版してから、文科省の官僚と意見交換するようになったのですが、みなさん忙しすぎて疲弊しているんですよね。十分な睡眠時間も確保できていないわけです。そういう働き方をしている人たちに、論文を読んで、なんてとても言えません。まず霞が関の「働き方改革」が必要です。

中室　それに本来政策と学術研究をつなぐ重要な接点になるべき審議会が、ステークホルダー間の調整の場と化し、機能不全を起こしているように私には思えます。加えて、日本では政策課題は「政府の仕事」という認識がある人も多い。しかし、政策の影響は広く私たちの生活に及びます。政府にのみ丸投げすることなく、民間のＮＧＯや政策シンクタンク、アカデミアもまた政策課題を解決するために積極的にイニシアチブを取るような社会にしていくのが良いのではないでしょうか。

松岡　素晴らしいです。現状を立て直すには、日本中から叡智を集めるべきですよね。中室先生、今後も頑張ってください！

中室　これからは松岡先生のように発信力のある、優れた若手研究者にこそ政策決定プロセスにかかわってもらえるようにしたいですね。

なかむろ・まきこ
慶應義塾大学総合政策学部教授。慶應義塾大学卒業。米ニューヨーク市のコロンビア大学で学ぶ（MPA、Ph.D.）。専門は、経済学の理論や手法を用いて教育を分析する「教育経済学」。日本銀行や世界銀行での実務経験がある。産業構造審議会等、政府の諮問会議で有識者委員を務める。著書『「学力」の経済学』（ディスカヴァー・トゥエンティワン、二〇一五年）は累計三〇万部のベストセラーに。

⑱全国学力テスト

全国学テは問題点だらけ：目先ではなく一〇年先を

川口俊明（福岡教育大学准教授）

「政策のためのテスト」と「指導のためのテスト」

「全国学力・学習状況調査（以下、全国学力テスト）」が二〇〇七年に再開され、すでに一〇年を超える月日が流れました。毎年八月頃になると都道府県別の平均点が公表され、その順位が報道されるので、教育にそれほど関心がなくても全国学力テストの存在は知っている方が多いと思います。本章では、現行の全国学力テストの問題点とその改善策について論じます。

文部科学省によれば、全国学力テストは大きく二つの目標を持っています。一つは国の教育政策に活かすという側面です。全国の児童生徒の学習状況を国がモニターし、教育政策に活かすための基礎資料とするというものです。ＥＢＰＭ（Evidence Based Policy Making：エビデンスに基づく政策立案）の重要性が叫ばれる昨今、教育分野でも、こうした「政策のためのテスト」が必要だということは、多くの人が納得すると思います。もう一つは、個々の学校の指導に役立てるという側面です。そこには、せっかく数十億円もの予算をかけて学力テストをするのだから、その成果を調査に参加した一人一人の子どもに還元できる「指導のためのテスト」として役立ててほしいという思いがあるようです。

この二つの目標を同時に達成するために選択された調査法が、毎年度、すべての小学六年生と中学三年生を対象に、学力テストを悉皆実施するという方法です。そこにはおよそ次のような発想があります。まず、子どもたちの学習成果を知るためには、その総まとめである小学六年生、中学三年生の学力を把握すれば十分である。一人一人の子どもの点数がわかれば、テストを指導のために活かすことができる。そして、子どもの点数を学校ごと、あるいは自治体ごとに平均していけば、個々の学校・自治体の課題もわかるだろう。現行の全国学力テストの背後には、このようなある意味でシンプルな発想があります。

こうした一人一人の子どもの点数を学校（あるいは自治体）ごとに平均すれば、その学校（自治体）の課題がわかるに違いないという考え方は、全国学力テストに関わる議論でも、しばしば目にします。各自治体（学校）がわずかでも平均点を上げようと必死になって努力しているのも、自治体（学校）の平均点が、その自治体（学校）の学校・教員の質を示しているに違いないと思われているからです。全国学力テストの点数が振るわないことを問題視し学校ごとの点数を公表すべきだという意見や、点数の低い学校の教員にペナルティを与えるべきだという見解の背後にも、こうした考えが潜んでいます。

図⑱-1　就学援助率と国語の正答率

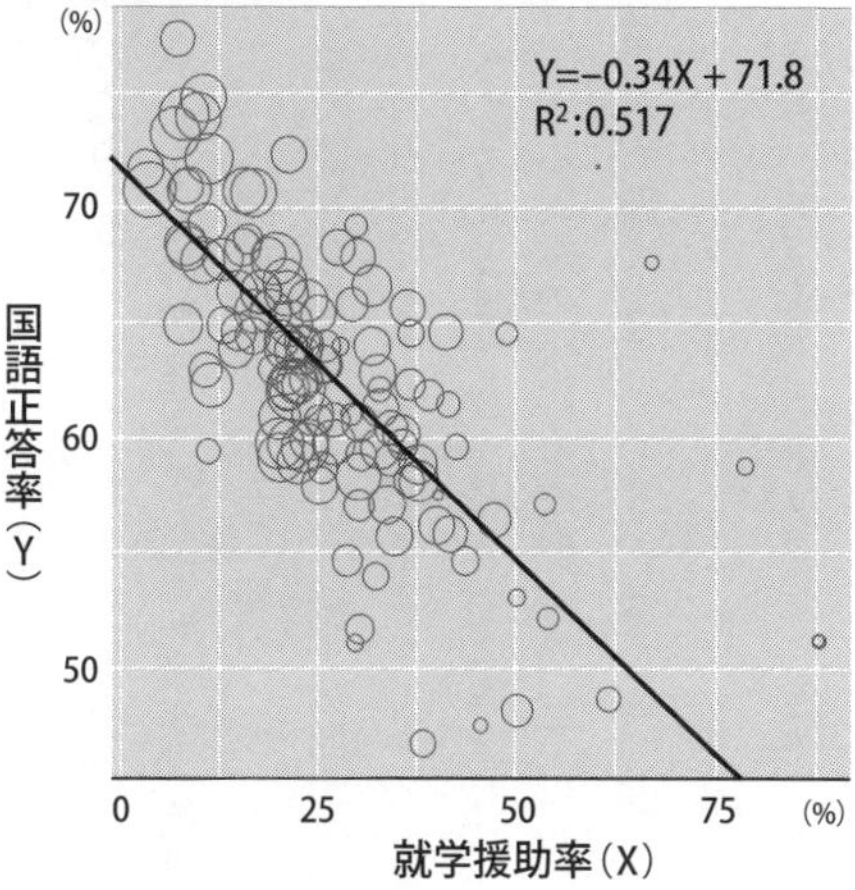

平均点だけに注目しても意味がない

学校（自治体）の平均点が、学校や教員の質の表れだと考える人は少なくありません。まず、この発想が完全に誤っているということを示しましょう。図⑱－1は、ある自治体の小学六年生のデータを利用して、学校別の全国学力テストの成績を示したものです。この図では、学校ごとの国語の平均正答率を縦軸に、経済的な事情で自治体から就学援助を受けている児童の割合を横軸にとっています。一つ一つの円は各学校を示します。なお、円の大きさは、各学校に所属する児童数を示しており、大きい円ほど規模の大きい学校ということになります。また、図中の直線は回帰直線と呼ばれ、国語の正答率（Y）と就学援助率（X）のおよその関連を示しています。簡単に言えば、就学援助率が一〇ポイント上がるにつれて、国語の正答率が三・四ポイント下がる傾向があるということです。

ここで注目したいことは、就学援助率と正答率のあいだに明らかな関連があり、しかも回帰直線付近に多くの学校が集まっているという点です。回帰直線から外れた位置にある学校もいくつかありますが、そのほとんどは円の小さい小規模校です。当然ながら、就学援助を受けている児童の中にも成績の良い子は少なくありません。そのため小規模な学校では、就学援助率が高くても、たまたま成績の良い子がいて回帰直線から離れた位置に学校が出現することがありえます。

一方で、ある程度規模の大きい学校になるとこうした偶然が起こりにくくなるため、ほとんどは直線付近に集まります。何より、図の右上（就学援助率が高くても正答率が高い）や左下（就学援助率が低くても正答率が低い）には学校が存在しません。要するに、学校・教員の質は、就学援助率の高低による正答率の差を覆すほどのインパクトを持っていないのです。ときどき全国学力テストの成績が良い学校やその学校の教員を褒めている人を見かけますが、それがもともと恵まれている地域にある学校を褒めているだけになっていないかどうか、よく見極めなければなりません。

もう一つ重要なことは、横軸に示される学校ごとの就学援助率のばらつきです。図⑱－1の自治体では各学校の就学援助率は、最低で三％から最大の八七・五％までばらついています。この差は、おそらくこの自治体に住む人々が、自由に「校区を選んだ」結果として生じたものです。多くの親は、子どもに良い学校で教育を受けさせたいと考えます。しかし、仕事の都合や経済的な問題がありますから、すべての人が自由に住む場所を選べるわけではありません。結果として、住む場所を選べる人々と選べない人々のあいだで、住む地域（そして通う小学校）が分かれていきます。

図⑱－1は、こうした分離が進んだ結果を反映したものだと考えられるのです。全国学力テストの結果を、学校・教員の質に還元したがる人は少なくありませんが、その前に、そもそも自分たちの住んでいる地域の状況が、正答率の高低差を生み出しているのではないかという視点を持つ必要があります。

全国学力テストの抱える課題

図⑱－1では、現行の全国学力テストの前提にある、個々の子どもの成績を平均すれば学校・教員の質の良し悪しもわかるだろうというシンプルな発想は間違っていることを示しました。しかし、全国学力テストの抱える問題はこれだけではありません。次に、「政策のためのテスト」と「指導のためのテスト」という二つの目標を同時に追求したことが、テストの質それ自体を損ねているという問題を取り上げます。

全国学力テストは、一人一人の子どもの指導に活かすという「指導のためのテスト」のロジックを前面に出すことで、どの子どもも同一のテストを受ける悉皆実施を正当化しています。しかし現実的には、時間の制約から出題できる設問の数はどうしても限られます。そのため、現行の全国学力テストでは、さまざまな領域を持つ国語・算数（数学）のごく一部しか測定することができません。せっかくすべての子どもが受験するのに、日本の子どもの国語・算数（数学）の全体像はよくわからないという状況になっているのです。これは「政策のためのテスト」という視点から見て問題があると言わざるをえません。

ちなみにこの問題を回避するために、PISA（OECD〔経済協力開発機構〕の実施する国際学習到達度調査）などの大規模な学力調査では重複分冊法という手法が利用されています。これは、用意した数百問の問題を複数の冊子に分割し、個々の子どもには、それぞれ異なる一冊の冊子の設問を解かせるという方法です。一人一人の子どもは異なる冊子に回答していますので、単純にその成績を比べることはできません。その一方で、国全体で見れば、幅広い領域を調査でき、全体の学力実態を適切に把握できます。

全国学力テストには、他にもさまざまな設計上の問題があります。学力の水準以外の「付加価値」という発想が導入されていないこともその一つです（中室牧子「大阪市は学力調査を『乱用』しているか」『中央公論』二〇一九年三月号を参照）。学校・教員の努力の成果を知るためには、ほんらい複数時点の学力調査を行い、「成績の伸び」を測らなければなりません。しかし、全国学力テストは悉皆実施に予算を使い切ってしまい、「政策のためのテスト」に必要な複数時点の調査ができなくなっています。

紙幅の都合もあって、全国学力テストの課題をこれ以上論じることはできません。しかし、「政策のためのテスト」と「指導のためのテスト」という二つの目標を同時に達成しようとするのは容易ではないということだけは、理解してほしいと思います。

既存の情報と接続して利用する

断っておきますが、私は全国学力テストを必要のないものだと考えているわけではありません。図⑱‐1で見たように、学力テスト自体はうまく使えば、教育格差の実態を示し、改善するべき課題がどこにあるかを示す有効なツールになるからです。ここで、全国学力テストの改善策について、今すぐできることと、長期的な視点で取り組むべきことの二点について説明したいと思います。

今すぐできることは、全国学力テストを単独で分析したり、平均点の高低のみに注目したりするのではなく、既存の情報と接続し、多様な視点で分析・利用していくことです。たとえば図⑱－1は、全国学力テストの結果に、自治体による学校の就学援助率の情報を加えて作成したものです。この図から、各学校の平均点の高低の背後に学校・教員の力の及ばない格差という社会問題があることは一目瞭然です。現行の全国学力テストには子どもたちの家庭環境に関する情報がほとんどありませんが、就学援助を受給しているかどうかといった既存の情報と接続すれば、学力格差という社会問題を把握することもできます。

また昨今は、複数の学年で独自の学力調査を実施している自治体も少なくありませんから、こうしたデータを個人単位で全国学力テストと接続・分析することができれば、「埼玉県学力・学習状況調査」（本書の19章を参照）のような「個人の伸び」を測ることも可能です。さらにここに、家庭環境に関する情報を組み合わせることができれば、厳しい状況にあっても成績を向上させようと奮闘する学校や教育実践を見いだすこともできるでしょう。

この方法は既存の情報を利用するだけなので、新しい調査を実施する必要がないという利点もあります。これは多忙化に悩む学校現場にとっても歓迎できることでしょう。私は仕事柄、教育行政の担当者と関わることが多いのですが、「縦割り行政」の例に漏れず、各部署が有する情報のやり取りは活発とは言いがたいと感じます。同じような調査を複数の部署が実施しているせいで、学校現場の多忙化に拍車をかけるのみならず、相互に結果が微妙に異なってしまい、混乱が生じたという話も聞いたことがあります。他の調査や情報と組み合わせて利用するという前提で調査ができれば、無駄を省き、効率的に情報を収集することができるようになるでしょう。

もっとも、既存の膨大なデータを接続・分析するという作業は専門的な知識を必要とするため、教育行政単独での実施は難しいかもしれません。その場合でも、教育政策の効果や教育の格差に関心を持つ研究者は日本にも少なくありませんから、かれらに協力を仰ぐことができます。本書で繰り返し指摘されているように、研究者たちは分析に必要なデータがないために研究が進まないことを深刻な問題と考えています。その点でも教育行政と研究者が協力する余地は十分にあるでしょう。全国学力テストを既存データと接続することで可能になる分析の一例としては、本章末に参考文献として挙げておいた福岡教育大学（二〇一七）や川口ほか（二〇一九）といった事例も併せて参照してください。

なお、二〇一八年度から全国学力テストの個票データの研究者への貸与が可能になりました。一歩前進したとは言えるのですが、あいにく現在の全国学力テストの個票データは個人の特定を防ぐためにＩＤ化されており、その他の情報と容易に接続できません。個人の特定を防ぐことも重要ですが、あまりにこだわるとデータを十分に活かすことができません。個人情報を保護すると同時に、データを活かす方策について、今後議論を深める必要があるでしょう。

未来を見据えた学力テストの設計を！

「政策のためのテスト」と「指導のためのテスト」という二つの目的を同時に追いかける現行の全国学力テストには、精度的な限界があります。そのため中長期的には、学力テストの目的自体を見直し、その質を向上させていく必要があります。

それでは全国学力テストは、「政策のためのテスト」と「指導のためのテスト」のいずれを目指すべきでしょうか。

私の答えは、「政策のためのテスト」に注力すべきだというものです。なぜなら、「政策のためのテスト」は国にしか実施できないからです。教育政策の効果を知るためには、ときに一〇年、二〇年という長い期間にわたって、日本の子どもたちの学力がどう変化したのかを把握する必要があります。このような長期にわたって、継続的に日本全体の学力水準を把握する調査を実施できる主体は、国以外にはほとんど考えられません。

そもそも国が実施するテストが「指導のためのテスト」である必然性はありません。各自治体・学校が、目の前の子どもたちのために「指導のためのテスト」を必要とするのであれば、それは、かれらが自身の責任において実施すればよいことです。全国の平均点と自校の差が知りたいというのであれば、国が実施しているものと同一のテストを独自に実施すれば十分でしょう。「政策のためのテスト」と「指導のためのテスト」を両立することが容易ではない以上、国がわざわざ「政策のためのテスト」の質を落としてまで「指導のためのテスト」を実施する積極的な理由はないのです。

国が実施する学力調査の好例としては、たとえばアメリカのＮＡＥＰ（全米学力調査）が挙げられます。これはアメリカの数十年にわたる学力実態の変化について、さまざまな情報を提供してくれる調査です。すでに日本語で読める文献も出ていますから、こうした調査を参考に全国学力テストを設計し直すことが必要です。

もちろんハードルは低くありません。継続的に調査を実施する上で、もっとも難しいことの一つは、後の調査と比較可能な形で、調査を実施し続けることです。調査内容をわずかでも変更した場合、それまでのデータの蓄積は無駄になります。残念ながら短期的な成果ばかりが求められる昨今の風潮で、目先の目的のために全国学力テストの調査内容は頻繁に変更されています。目先の目的のためではなく、一〇年、二〇年、あるいはもっと先の未来のために学力テストを設計・維持していくという覚悟が求められるのです。

もちろん心構えだけでなく、学力調査に関わる各種の知識・技能を習得した人材の育成も必要です。本章ではほとんど触れませんでしたが、「項目反応理論（ＩＲＴ：Item Response Theory）」をはじめとするテスト理論、社会調査の技法、あるいは教育政策の効果を把握するための各種統計技法に関する知識なしに、大規模な学力テストの設計・維持はできません。ひどい場合は、現行の全国学力テストのように誤った調査を正しいと信じ込んでしまう可能性すらあります。残念ながら、こうした知識を得るための機会が、現在の教育行政に用意されているとは言えません。それどころか、こうした知識を持った人材を育成するためのシステムすら、日本には十分に用意されていません。

このような状況を変えることは容易ではないでしょう。しかしこのままでは、全国学力テストは毎年数十億円という予算を使いつつ、将来的に活用の難しいデータを生み出し続けることになります。困難な道ではありますが、後世の人々が利用可能な「政策のためのテスト」として、全国学力テストを設計し直さなければなりません。そのためには、本章を読んだ読者の皆さん一人一人の、全国学力テストを変えようという声が必要です。身近な知人・友人に伝えるだけでもかまいません。未来の日本のために、一人でも多くの方に、全国学力テストの問題点と、その改善策が伝わることを願っています。

〔参考文献〕
福岡教育大学、二〇一七年、『児童生徒や学校の社会経済的背景を分析するための調査の在り方に関する調査研究（成果報告書）』（文部科学省　全国的な学力調査　平成二十八年度　追加分析報告書）
川口俊明・松尾剛・礒部年晃・樋口裕介、二〇一九年、「項目反応理論と潜在クラス成長分析による自治体学力調査の再分析」『日本テスト学会誌』一五巻一号、一二一～一三四頁

追記――全国学力テストは変わるか？

二〇二一年現在、全国学力テストの在り方を見直そうという動きが進んでいます。国レベルの学力水準や学力と家庭環境の関連を把握できる抽出調査実施の学力調査と、児童生徒の学習指導の改善等に利用する悉皆実施の学力調査の二本柱として、全国学力テストを位置づけ直すという提案が、全国的な学力調査に関する専門家会議の中で提示されたのです。本章の議論に引き付けると、これは全国学力テストを「政策のためのテスト」と「指導のためのテスト」に分割する試みと言えるでしょう。既に説明したように、一つの学力テストの中で

「政策のためのテスト」と「指導のためのテスト」を両立することは容易ではありませんから、専門家会議の提案は、ひとまず歓迎すべきだと思います。

一方で、いくつか気になる点もあります。一つは、先の専門家会議で提示された資料*を見るかぎり、少なくない教育委員会が、国が「指導のためのテスト」を実施することを望んでいるようだという点です。本章で議論したように、目の前の子どもたちの指導に活かすために学力テストが必要なのであれば、それは各自治体（あるいは学校）が自分たちの責任で用意すれば良いことです。にもかかわらず国に「指導のためのテスト」を望むということは、目の前の子どもに必要なテストが何かわからないと吐露しているようなものであり、これで地方の教育行政は大丈夫なのか、と考えさせられてしまいます。

もう一つは、こちらも本章で議論したように、人材の雇用・育成という論点が十分に考慮されていない点です。「政策のためのテスト」を実施するためには、テスト理論・社会調査をはじめとする各種統計技法の習得が必要です。ところが、学校現場での「即戦力」を求める近年の教育改革の成果（？）もあって、全国の教育学部・教員養成系大学のカリキュラムは学校現場での指導に極端に偏っており、これら統計技法を習得する機会は用意されていません。カリキュラム上必要とされていないので、テストに関わる知識を教えることのできる教員もほとんどいません。専門家会議では、より高度なＣＢＴ（Computer-Based Testing）

への移行も議論されていますが、教育関係者が基礎知識を欠いた状況では、絵に描いた餅でしょう。

このように、現在の変化がよい未来に繋がるのかどうかはまだわかりません。全国学力テストを改善する取り組みは始まったばかりなのです。

＊全国的な学力調査に関する専門家会議（平成三十一年四月十二日〜）（第八回）配付資料
https://www.mext.go.jp/b_menu/shingi/chousa/shotou/146/shiryo/1422597_00015.htm

かわぐち・としあき
福岡教育大学教育学部准教授。大阪大学大学院博士課程修了。博士（人間科学）。専門は教育学・教育社会学。二〇一九年、第一三回日本テスト学会論文賞を受賞。著書に『全国学力テストはなぜ失敗したのか』（岩波書店、二〇二〇年）など。

⑲埼玉県学力調査

世界が注目 子どもの成長を「見える化」する調査

大根田頼尚（文部科学省総合教育政策局）
聞き手・中室牧子、伊藤寛武（慶應ＳＦＣ研究所上席所員）

成長に光を当てたい

伊藤 「埼玉県学力・学習状況調査」（以下、埼玉県学調）は教育界のみならず企業からも注目を集めています。導入に携わった文部科学省（以下、文科省）の大根田さんに、まずその特徴についてお尋ねします。

大根田 二〇一五年から始めて本年（二〇一九年）四月で五回目（二〇二一年時点で七回）になりますが、端的にいうと子どもの成長を「見える化」する調査です。五〇メートル走を例にすると、七・五秒が目標タイムだとした時、八・五秒のAさんが一生懸命練習して七・六秒に縮めたとします。目標からするとAさんはクリアしていませんが、Aさんの成長に光を当てたい、そこが教育の本質ではないかという思いがありました。

子どもの成長を「見える化」するために、第一に同じ子どもを追いかけること、第二に試験の難易度という〝物差し〟をそろえました。

それまでは、小学校五年生と中学校二年生に対して、毎年調査を行っていました。これですと同年度内での結果比較となるため、経年的な成長を把握できません。

今は小四から中三までの六年間、約三〇万人を対象としています。同じ子どもを追いかけることで、本人も先生も成長ぶりが分かるわけです。

伊藤　どういう手法で、テストの難易度をそろえているのですか？

大根田　ＰＩＳＡ（ＯＥＣＤ〔経済協力開発機構〕の実施する国際学習到達度調査）や、ＴＯＥＦＬ等で使われている「項目反応理論（ＩＲＴ：Item Response Theory）」というテスト理論を用いています。日本国内では埼玉県が初めて導入しました。広島県福山市や福島県などが同じ手法を導入し、全国に拡大しています（二〇二一年時点で一一都府県の一〇一市町村に拡大）。

現場の誤解と反発

中室　子どもの学力を数字で測ることについて、抵抗のある教員も少なくないのではないでしょうか。

大根田　導入当初と比べれば、現場の理解は進んできましたが、まだまだ浸透を図る努力をしなければならないと思っています。

近年、よくＥＢＰＭ（Evidence Based Policy Making）と、その基になるデータの重要性が指摘されますが、現場にはそもそも教育はデータで全ては分からない、長期で検証すべきものという想いが根強くあります。

中室　ＥＢＰＭについて補足しておきますと、これは過去の慣行や行政官の経験に頼るのではなく、確かな科学的根拠（エビデンス）に基づいて政策立案を行おうという考え方です。欧米では既に、政策立案における標準的な考え方となっており、近年日本でもその機運が高まっています。

少子化が進む日本では、就学期の子どもがいる世帯が全体の二割にとどまり、教育政策への支出に対して広く国民の支持を得ることは難しくなりつつあります。社会保障を中心に、高齢者への手厚い給付が行われる一方、子どもや若者世代への投資は財源の獲得が難しくなっているのです。こうした流れを変えるには、「数の多い」特定の世代ではなく、「効果の高い」行政事業に、優先的に資源配分を行うよう、考え方を変えていく必要があります。そうでなければ、二〇二五年には六十五歳以上人口が約三分の一になると予測されるわが国においては、ますます次世代への投資は困難になるでしょう。ＥＢＰＭは厳しい財政事情の下で予算切りの方便と見なされがちですが、それは誤った見方です。限られた財源を、次世代や将来の成長が見込める分野に投じていくためには、納税者である国民の納得を得られるような合理的な根拠を示すことが不可欠だと思います。

その中で私が長年研究者として苦戦してきたのが、日本には教育投資の効果を分析するような質の高いデータがないということです。ようやく、埼玉県学調が始まり、そのデータは公募という形で研究者が研究目的で利用できることになりました。ＥＢＰＭの定着につながる非常に大きな一歩です。

大根田　ありがとうございます。よく医師の例を出すのですが、治療の前に血液検査やレントゲン撮影をしますよね。そういうデータに基づいて、プロである医師が治療方針を立てていく。教育データは、教育の成果の一部の見える化に過ぎず、魔法の杖ではないという抑制的な態度は常に必要ですが、一方で医師と同様に教員が専門性を発揮する上で、データが参考になるのではないか、と。

中室　近年、エビデンス・ベースドではなく、エビデンス・インフォームドという考え方が出てきています。医師の例にならうと、さまざまな検査をして総合的に診察を進めていくわけですが、材料が多いほうが正しい判断に近づけるということです。

大根田　全くそのとおりです。ただ、特に学校に説明する際に大事にしていたのは、EBPMの重要性ではなく、教育の本質とは何かについてです。埼玉県には、生徒指導の困難校から、課題の少ない学校までさまざまあります。困難を抱える中でたとえ平均点は低くても、成長した子ども、成長させた先生こそが教育の本質であり、その見える化のために調査をするのだと強調しました。

個々の先生単位では、いまだ埼玉県学調を平均点と比較して高い低いを見るような、よくある調査の一つだと考える方がいる中で、その誤解を解くことが引き続き必要です。大事なのは「教室に届く教育行政」。すなわち、先生が自分の中で腹落ちして、自分で分かって実行して、子どもに届いて初めて教育行政の意味はあるということです。

伊藤　たとえば「全国学力・学習状況調査」(二〇〇七年度から毎年実施され、「全国学力テスト」とも呼ばれる。以下、「全国学調」) 等の従来の調査は他県、他国との横比較ばかりでしたが、埼玉県学調は一人一人の成長を捉えていますね。

大根田　全体の中での立ち位置を知るために平均という概念は大切ですが、それに加えて過去の自分との比較という、もう一つの軸を加えた点が大きいと思います。

中室　全国学調と埼玉県学調を比較すると、前者は全国約一一〇万人の小学校六年生と中学校三年生を対象に、毎年行われる学力調査です。このような調査を「横断調査」（クロスセクションデータ）と呼びます。対象が毎年同じ学年ですから、前年からの変化は把握できません。それと比べると後者は、同一の生徒を複数年追跡している「縦断調査」（パネルデータ）です。よく「教育の効果はすぐ出ない」と言われますから、過去の政策にどのような効果があったのかを検証するためには、パネルデータは有用です。特に近年、社会科学分野では、パネルデータを用いた研究が急速に発展しています。

大根田　全国的に自分たちの立ち位置がどこかを知る意味では全国学調、個々を伸ばしていくという縦軸の部分は埼玉県学調という役割分担だと認識しています。

目に見えない「非認知能力」を測る

伊藤　二〇二〇年から大学入試改革が始まりますが、そもそもこれからの時代に伸ばすべき資質とは何だろうという問題に焦点が当たっています。埼玉県学調では、何を達成目標にすべきだと考えていますか。

大根田　埼玉県学調は、大学入試改革や、全国学調、そして新学習指導要領と一貫性を持った流れの中にあると思っています。

新しい学習指導要領では身に付けるべき資質能力として、知識・技能、思考力・判断力・表現力、学びに向かう力・人間性等の三つの観点を掲げています。新しい大学入試も今の全国学調も、この知識・技能や、思考力・判断力・表現力を測定する良問が多いので、埼玉県学調の問題作成において大変参考にしています。

もう一つ大事な点は、学びに向かう力や人間性のような、いわゆる「非認知能力（セルフコントロール）」や「学習方略（学習方法や学習態度）」ですが、たとえば自分に対する効力感、勤勉性。埼玉県学調ではそういった力も併せて調査しています。

一つには、認知能力の伸びも非認知能力などが肝になっていそうだということ。他方で、非認知能力などは現場からすれば新しい知見ではなく、日本の学校教育が伝統的に大事にしてきた力なのです。これらも併せて身に付けさせていくには、どういう指導がいるのか、そういう狙いで調査しています。

中室　「効力感」や「やり抜く力」なんてどうやって測るのか疑問に思う読者がいるかもしれません。目に見えない心理的な特徴をどのように測っているのかについても触れておきましょう。

大根田　客観的に測る方法があればベターなのですが。埼玉県ではアンケートをとっています。先行研究で非認知能力や学習方略を測るのに適しているとされる項目を入れています。

中室　伝統的に心理学分野で発展してきた非認知能力の測り方は、三つに大別されると考えています。一つは先生や親など子どもをよく知る第三者が評価するという方法。二つ目は、「ラボ実験」と呼ばれる方法です。目の前に置かれたマシュマロを、教員の指示どおりに食べずに待っていられるかどうかということで、幼児の自制心を測った「マシュマロテスト」は有名です。三つ目は子ども自身が回答する質問紙調査です。埼玉県学調ではまさにこの方法を採っていて、教育心理学の専門家が作成した質問項目を使用していますね。

大根田　OECDも認知能力・非認知能力を伸ばす教師のメカニズムへの関心が高く、因果関係を推定できる埼玉県学調を高く評価いただいていて、この非認知能力の調査をはじめ、埼玉県学調とコラボしたいというお誘いを受けているところです。[1]

AIの長所、教師の長所

伊藤　大阪市による教員の評価を学力テストに基づいて行い、それを給与などに反映させるという教育施策方針が賛否両論を呼んでいます。どう見ていますか。

大根田　子どもの力を伸ばす上で、教員が肝であることは疑いありません。ただ、教員の何が子どもを伸ばしているのかはまだブラックボックスです。教員の資質能力向上の手法の一つとして教員評価はありえますが、どのような評価方法で伸びるのか、各自治体がさまざまな試行錯誤をされている状況だと思います。

中室先生の論考（『中央公論』二〇一九年三月号）にあるとおり、大阪市が「付加価値」、すなわち子どもの成長を大事にしようとしているのであれば、そこは埼玉県と似ていると感じます。ただ、埼玉県は、学力調査の結果を教員評価に利用するのではなく、教師の内省や、教員相互の学び合いの材料にしてもらうことに重きを置いています。データを渡した上で教師が自ら考え、改善することが大事です。

少なくとも学校の中で、子どもをより伸ばしている先生の肝の部分を横展開していくべきで、それが各学校現場で起きていくように支援していきたいのです。これは教育委員会というより、校長にかかっています。

中室　私の研究室では、埼玉県戸田市との共同研究を行っています。戸田市とは、担任したクラスの学力を伸ばしている教員がどのような指導をしているのかを調べています。そのような三六人の教員への聞き取り調査の結果をみると、一様に「目指すべき目標・評価規準の設定をしている」という特徴があります。海外で行われた研究ですが、目標を示し共有したグループのほうが、それをしなかったグループよりも成果が上がることを示した実験があります。まずは授業の初めに、今日の授業の目標が何で、何を理解することが求められているのかを、教員と生徒の双方で言語化し、共有し、自覚することは、成果を上げる上で重要なのかもしれません。現在、教員の指導に関するデータを分析できているのは、戸田市を含め埼玉県下の一部の自治体にとどまっていますが、今後はもっと広範囲で教員のデータを取得し、学力を伸ばせる指導とは何かという知見をシェアしていくことができればと思います。

大根田　非認知能力や学力を伸ばす上では、幾つかの要素が大事そうだということが浮かび上がってきています。一つは教え方で、最近の言葉だとアクティブ・ラーニング。もう一つ大事なのは、子ども同士の人間関係をどうつくるか、もしくは教員と子どもの信頼関係をどうつくるかということ。我々は学級経営という言葉を使いますが、これらはいずれも現場の優秀な先生からすれば、当たり前じゃないかという点です。しかし、データで裏付けられたことが重要で、効果のある要素に重点化していくことが必要だと思います。

伊藤　素朴な疑問ですが、「効果がある指導方法」は、個人個人で違うのではないでしょうか。たとえば怠け者の私にとってはドリルを強制されたほうが学力が伸びたでしょうが、自習のほうが伸びる生徒もいるでしょう。

大根田　まず総論として、アクティブ・ラーニングや学級経営が大事だと分かってきたわけですけれども、最終的には個々人の話に行き着くと思います。埼玉県としても集まったビッグデータとＡＩを使って、子ども一人一人を伸ばしていく、「アダプティブ・ラーニング」を実現したいと考えています。一方で、教師でないとできないことをきちんと考えていくことも必要です。最近、「ＡＩやビッグデータがあれば、教員はいらない」という極論を耳にすることもありますが、少なくとも埼玉県学調を見る限り、個々の子どもの事情に応じて、そのやる気など非認知能力を伸ばしていくことは、人である教師でないとできないと思っています。

中室　私が子どもの頃、「シャープペンシルを使うと頭が悪くなる」と言われて、学校でのシャーペン使用が禁止されていたことがありました。このように新しいテクノロジーへの警戒感から、子どもに悪影響であるという根拠のない通説が現れ、固定観念となっていく。そのような根拠なき通説に振り回されるのではなく、子どもの能力を高めるために、人間がやるべきこと、新しいテクノロジーを取り入れるべきことをしっかり見極めるべきです。

大根田　そのとおりです。よく教育現場で「不易と流行」とか「創造と継承」という言葉が使われますが、それは二律背反ではありません。テクノロジーを使うことで人である教師でないと伸ばせない力を伸ばすことにより注力できるなら、そこはまさにベストミックスをしていく必要があります。一方で、なんでもかんでもＩＣＴ（情報通信技術）を使おうというのは、ありがちなのですが間違っています。子どもの能力を伸ばす、子どもに変化をもたらすのが目的だったはずなのに、使うことが目的にならないよう注意が必要です。

データの世界で、日本のイニシアチブを

伊藤　最後に厚生労働省の統計不正問題が象徴するような、行政によるデータの取り扱い方についてお尋ねします。埼玉県学調は自治体がデータを扱うという点で好例ですが、どういった困難を抱えていますか。

大根田　データは千差万別で、さまざまな目的や内容のものがあります。いずれも収集・分析・活用それぞれの段階で留意点があります。埼玉県学調は現場に利用してもらうことを念頭に置いたデータで、その点から感じたことはいくつかあります。

一つは、先ほども申し上げましたがデータは万能ではないという目線。現場の思いにどれだけ行政側が寄り添えるかが大事です。次に、効果の測定自体に統計上の制約が大きいために、施策との因果関係が出にくい中で、因果関係が出なかった施策を、その分析のみを理由に一切やめるということは短絡的で、あくまで参考情報の一つであると考えること。第三に、研究者と行政官が、データの収集・分析のやり方について対話し、歩み寄りながらデータを育てていくこと。最後に、生身の人間を扱っているという視点。統計上だといろいろな結果が出ますが、当てはめる子どもは一分の一の人生なのだと、自戒しています。

中室　私は、厚労省の毎月勤労統計調査等を巡る不祥事については、看過できない問題だと捉えています。国会では、不正の「犯人探し」に終始しているようですが、これを特定の個

人のモラルや能力の問題として片付けるのではなく、日本の統計行政にどのような問題があったのかを徹底的に洗い出すことが重要です。統計の専門知識を持つ担当者が不足していたとか、外部のチェック・監督が機能していなかったというような問題であれば、厚労省にとどまらず、埼玉県学調にも起こりえる問題かもしれないからです。

一方で、埼玉県学調では、教育長をはじめとする政策立案部局、統計担当部局と、私たち研究者のような統計ユーザーとの間で、かなり緊密なコミュニケーションがあります。分析結果の共有だけでなく、質問紙の設計や都度の改定などにも提案ができ、反映されています。政策立案部局と統計担当部局の間に断絶がなく、外部ユーザーからの監視や指摘が入りやすい体制であるというのは、国の統計行政が、地方の統計行政から学ぶべきことではないかと思います。

そして、異なる統計に同じような質問項目が重複していることや、調査員を派遣する訪問調査のようなコストがかかる方法を採っていることなど、コスト面での問題も議論すべきだと思います。

大根田　国レベルで取り組むべき課題は幾つもあって、たとえば今年度（二〇一九年度）から福島県でも埼玉県学調と同様の手法で調査を実施しますが、さらに広域的に展開していこうとしたとき、そのビッグデータの研究機関等における分析・活用には、個人情報の問題が立ちはだかります。[2]

中室　国の改正個人情報保護法は二〇一七年に施行されていますが、上乗せ条例と言って、地方自治体のほうでより厳しい保護条例を制定しているケースは少なくありません。

大根田　匿名性をどこまで担保するかといった、国内共通ルールがありません。

また埼玉県学調のデータは、分析や集計を民間企業に委託していますが、実は国際的にも能力測定分野でメジャーな企業はありません。さらに、質の高い教育データの柔軟な活用がイノベーションのきっかけとなるはずなのに、国際ルールがない中で、一歩間違えると特定の国や企業がデータを独占してしまいかねない。日本の高い学力と規範を念頭に、日本の学校教育に世界が関心を向ける中、その肝となる教員データや子どもの能力測定データに関する国際ルールを整備し、データ収集・分析・活用する環境を整えることを、日本が主導できるといいのですが。

中室　欧米諸国におけるＥＢＰＭの現状を調べてみると、日本はかなり後れていると言わざるを得ません。そこへきて、統計不正問題の発覚は、ようやく日本でも機運が高まりつつあるＥＢＰＭの推進に完全に水を差した形です。

イギリスには、政府内外に複数のＥＢＰＭを主導する専門機関があるほか、政府全体で約一二〇〇人のエコノミストを雇用し、重要な政策決定に関する効果測定を行っています。アメリカでも、政府内外の複数の専門機関に加え、二〇一六年には連邦政府の下に、ＥＢＰＭを推進するコミッションが設置され、予算要求にエビデンスが必要なこと、エビデンスへのコミットメントに応じた予算配分が徹底されています。

わが国におけるＥＢＰＭは、かつて民主党政権下で「事業仕分け」と呼ばれた「行政事業レビュー」の中で試行的検証が行われているものの、専門家との議論に耐えうる政策の効果測定が行われているとはいえません。その中で、当初、他省庁と比較して後れをとっていると見られていた文科省が、最近ではＥＢＰＭを推進する専門部署をつくり、「第３期教育振興基本計画」には「客観的な根拠を重視した教育政策の推進」を一つの柱として盛り込むなど、今は各省庁の先頭を走っています。行政が本気になればできるということでしょう。また、埼玉県学調は、その後押しをしているのではないでしょうか。

１　ＯＥＣＤが実施した、グローバル・ティーチング・インサイト（ＧＴＩ）は、実際の授業をビデオ撮影して分析することにより、教員の指導実践や生徒の学習状況についてより客観的なエビデンスを得る取り組み。日本では静岡市や埼玉県熊谷市、戸田市などで実施。このうち戸田市における分析においては、ＧＴＩにおいて認知的に深まりのある指導を行っていると評価された教員については、埼玉県学調において「授業のはじめに気が付かなかった疑問が、授業の終わりに、頭に浮かんできた」と児童生徒が回答する割合が高かったことがわかるなど、主体的・対話的で深い学びの解明に役立つ知見が見つかっている。
https://www.nier.go.jp/kokusai/gti/index.html
https://www.oecd-ilibrary.org/sites/d0f4a644-en/index.html?itemId=/content/component/d0f4a644-en

2　デジタル改革関連法のうち、デジタル社会の形成を図るための関係法律の整備に関する法律として、個人情報関連三法を一本の法律に統合するとともに、地方公共団体の制度についても全国的な共通ルールを設定、所管を個情委に一元化する個人情報保護法改正等が行われた。

おおねだ・よりひさ
文部科学省総合教育政策局 調査企画課 教育ＤＸ室室長補佐。東京大学法学部卒業、ケンブリッジ大学大学院 Educational Research 修了（MPhil）。ロンドン大学教育大学院教育経済学専攻修了（ＭＡ）。二〇〇五年に文科省入省後、初等中等教育局初等中等教育企画課専門官などを歴任。二〇一五年から三年間、埼玉県教育委員会に出向し、埼玉県教育局義務教育指導課長として「埼玉県学力・学習状況調査」の普及・改善を主導。二〇二一年四月より現職。

⑳教育DX

地方と国、教育行政の挑戦：コロナ禍における調査

八田聡史（文部科学省初等中等教育局）
渡邉浩人（文部科学省初等中等教育局）
大根田頼尚

教育行政を担う人たち——松岡亮二

文部科学省（以下、文科省）の官僚と聞いて、どんな人たちを想像するだろうか。少なくとも私は研究や報道を通して知る教育「改革」に疲弊していたので、好意的とは言い難い印象を持っていた。しかし、直接一人ひとりと対話を重ねることで、様々な制約がある中で子供たちのために奮闘する姿が見えてきた。

拙著（『教育格差』ちくま新書）を刊行して数か月後、教育行政としては耳が痛い内容であったにもかかわらず、当時の総合教育政策局長で、現・国立教育政策研究所長の浅田和伸氏から二つの依頼を受けた。一つは「全国学力・学習状況調査（全国学力テスト）」を所轄する総合教育政策局調査企画課学力調査室の調査アドバイザーになること（本書の「あとがき」を参照）。もう一つは「教育分野におけるＥＢＰＭ勉強会」で講演を行うことだった。

二〇一九年十一月、拙著を手にした約五〇人に対して文科省内で勉強会が開催された。講義だけだと一方通行になるので九〇分のうち半分を質疑応答に充てたが、所定の時間になっても多くの挙手があった。一旦終了として、個別で質問に対応すると伝えたところ長い行列ができた。業務に戻らなければならない人たちも多かったようで全員とゆっくり話すことはできなかったが、それでも立ちっぱなしのまま二時間以上の対話を行った。

その後も、多くの官僚と調査や政策について個別に話す機会を得た。すべてのお名前は書き切れないが、例えば、学力調査アドバイザーとして、学力調査室長の浅原寛子氏、前室長の今村聡子氏、初等中等教育局情報教育・外国語教育課長の板倉寛氏、教育再生実行会議のワーキンググループ委員としては（詳しくは「あとがき」）、文科省から内閣官房に出向中の内閣官房内閣審議官・教育再生実行会議担当室長の池田貴城氏と内閣官房教育再生実行会議担当室企画官の橋田裕氏、それに、前出の浅田和伸氏、初等中等教育局長の瀧本寛氏、総合教育政策局長の義本博司氏である。それぞれ職務で多忙な中、時に挑発的な私の質問や提案に対して何ができ得るか細部に至るまで誠実に示唆いただいた。

このように私が直接目を見て話したことがある官僚は、入省間もない若手を含め、教育を改善したいという強い情熱を持っているが、戦後ずっと続いてきた教育格差という実態を変えることは容易ではない。それでも諦めずに「結果を出す教育行政」（「あとがき」参照）を行うためには、地道なデータ収集による現状把握が欠かせない。そこで、本章では、地方と国の教育行政が具体的にどのようなデータ取得の取り組みを進めてきたのか、前章で埼玉県の実践を論じた大根田頼尚氏を含む三人の官僚が概説する。

①その後の埼玉県学調と新型コロナウイルスへの対応——八田聡史

ここでは、19章のインタビュー後の「埼玉県学力・学習状況調査」（以下、埼玉県学調）の実施状況や分析から明らかになった点、また、埼玉県が独自に実施したコロナ禍における小・中学校の状況調査についてお知らせしたい（筆者は二〇一八年度から二一年六月まで埼玉県教育委員会に出向していた）。

埼玉県学調は二〇二一年度で七回目の調査となった。二〇年度の調査では、新型コロナウイルス（以下、コロナ）感染拡大に伴う臨時休業等の影響で一部の市町村・学校が実施を見合わせたものの、八割以上の学校・子供が参加した。

データ分析については、近年では、データが長期間蓄積されたことで、中長期的な分析を行えるようになった。

例えば、一八年度のデータ分析では、「同年度の中学三年生のうち小学校六年生時点での学力が中程度であった子供」を対象に、その後に学力を維持向上できたグループ、学力が伸び悩んだグループの非認知能力（セルフコントロール）、学習方略（学習方法や学習態度）の状況を比較した。学力が伸び悩んだ子供はこの二つが中一時点で相対的に低く、その後もその差は縮まっていない。これは、ある時点で学力がある子供であっても、非認知能力や学習方略に課題がある場合には、その後の学力形成に躓いてしまう可能性を示唆している。こうした子供には、ドリルを解かせるといった学力面への指導だけでなく、学習計画や適切な準備といった学習方法なども併せて指導することが有効だろう。

また、分析からは、学力が高い学校であっても学力を伸ばしているとは限らず、その逆もあることが示された。換言すれば、学校の取り組み次第で学力を大きく伸ばしうることが示唆されている。

コロナへの対応――独自調査の実施

埼玉県では、コロナの影響をデータに基づいて客観的に把握し、課題を抽出した上で対策を検討するため、二〇年度中、県内の全公立小・中学校等（小学校七〇二校、中学校三五五校、義務教育学校一校）に三回（五月、八月及び二一年二月）にわたって調査を独自に実施した。ここでは、調査結果のうち、ICT（情報通信技術）活用及び教育課程に係るデータをご紹介したい。

①ICT活用の課題について

二一年二月の調査では、授業や家庭学習でのICT環境について、次年度に向けてどのような課題があると各学校が考えているかを質問した。表⑳-1では、この質問への結果のうち、主なものを記載した。

回答結果からは、学校が懸念する課題が人材・ハード・情報モラルなど多岐にわたることが読み取れる。例えば人材面では、教員の活用能力の差や研修の不足を多くの学校が挙げた。

図⑳-1 ICT活用の課題

【問】授業や家庭学習におけるICT活用について、令和3年度に向けてどのような課題があると考えていますか。

（複数回答有、単位：%）

	安全性やプライバシー等セキュリティ面での不安がある。	児童生徒の活用スキルの個人差に懸念がある。	児童生徒の情報モラルに懸念がある。	家庭のハード環境やネットワーク環境が整っていない。	ICT関係の研修が不足している。	ICT活用能力が高い教員はいるものの、教員の活用能力の差が大きい。
小学校	43.0	51.9	44.8	60.5	67.3	82.2
中学校	55.6	51.7	53.9	55.3	72.8	85.7

ハード面では、家庭のハードやネットワーク環境を挙げる学校が多かった。

これらの課題に対して、埼玉県では、従来は学校種ごとに所管が分かれていたICT活用に係る県の組織を一元化して、「ICT教育推進課」を新設した。また、ICT活用に関する研修を見直すとともに、県独自に情報モラル等をテーマにした道徳教材を新たに作成するなど、調査結果から明らかになった課題への対応を進めている。

②教育課程の課題について

二〇二一年二月の調査では、コロナにより、小六・中三の子供に大きな影響が表れていると考えられることを調査した。

その結果、小・中学校ともに八割前後の学校が「実験・実習等が制限されることで、実感を伴った学習の定着が十分でないこと」を挙げた。この背景として、各学校ではコロナ拡大防止のため、室内で近距離で行う合唱や、実験・実習等の活動を控えるか、慎重に行う必要があったことが挙げられる。なお、この質問は小六・中三の子供に関するものだが、他学年の子供にも同様の影響が想定されるだろう。

本調査結果を踏まえ、県から各学校には、「学習内容の実感」という質的な観点から子供の学習理解の状況を丁寧に見取り、必要な場合には、二〇年度にできなかった実験・実習等を行うよう通知した。

今後に向けて

以上、埼玉県学調を含めた教育データの活用に関する埼玉県の取り組みの一端をご紹介した。これら埼玉県の一連の取り組みは、一朝一夕に現場に浸透したわけではない。年間二五〇〜三五〇回程度にわたり、県の指導主事が市町村や学校を訪問し、調査結果の活用方法などを説明してきたことで、現場の理解が徐々に進んできたと考えている（実際、学力を伸ばした教員の創意工夫を校内で共有する学校は増加している）。こうしたことから筆者は、教育データの活用とは、単に学力調査の仕組みを変えたり、調査を実施したりすれば進むものではなく、市町村や学校への粘り強い働きかけが不可欠と考えている。

埼玉県では今後研究機関と連携しつつ、一連のコロナ禍調査の結果と二一年度の埼玉県学調の結果とをクロス分析することで、二〇年度の教育課程が学力に与えた影響などについて分析を進める方針である。そして、各学校の教育指導が更に改善されていくよう、分析結果（エビデンス）を基にした指導・助言・援助に努めていく。

②コロナの影響検証調査、実施過程で見えたもの——渡邉浩人

文科省では、二〇二〇年度から二か年で歴史的事象であるコロナ事案について、その感染症と学校等による学びの保障のための取り組み等が児童生徒の学習面、心理面等にどのように影響を与えているかを分析しようとする委託調査研究事業を行っている（図⑳－2参照）。このように大きく政策環境が変わる際にその検証のために大規模なパネル調査を行うなどしたものは文教行政としてはあまり例がないものと認識しており、先鞭になるものと期待している。この事業の詳細と分析結果については順次公開されていくことになると思うが、本節ではこの事業に関連して普段あまり語られることのない行政の裏側を書き記そうと思う。

図⑳-2 新型コロナウイルス感染症による我が国の初等中等教育への影響等に関する総合的な調査研究

○基本的な調査設計とスケジュール（予定）

- 学校設置者、学校、児童生徒、保護者に対するパネル調査
- 全国学力・学習状況調査をはじめとした各種調査データと接続し、分析

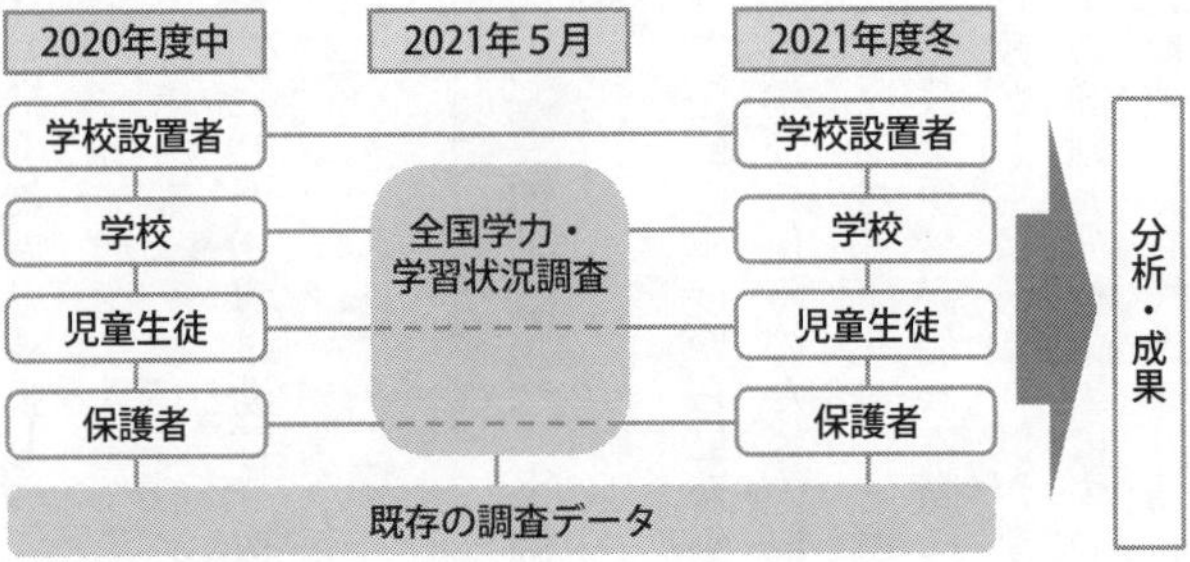

まず、私が本事業を担当した経緯について。初等中等教育企画課の総括担当の課長補佐の役割は局の事務の総合調整であり、通例直接事業を担当することはない。しかしコロナの影響検証は、児童生徒の学習面、心理面、学校の指導の在り方、教育委員会のガバナンス、地域や児童生徒の社会経済的背景など観点が多岐にわたっており、また、それぞれの担当部署が多くの業務を抱える中、有体に言えば「何でも屋」である私のところに追加的な業務として案件が転がり込んできたのである。

本格的な検証を行うためには既存の行政的な調査と分析体制では限界があり、学術的な知見を得るべく委託事業として実施することとした。こうした方針を固め、年度途中に予算を確保し、新規の事業として立ち上げることも容易ではなかったが、加えて、国が公正に事業を行うためには企画

競争等のプロセスを経る必要があり、急いで公募に出しても、その期間を確保し、審査を行うなどすると、結果として委託先と契約を締結できたのは十一月に入ってからになった。

　調査実施に当たって基本的なところで課題となったのはその規模についてである。文科省では、コロナ対応で通常ない業務負荷がかかっている学校の負担を軽減する観点から、「全国学力・学習状況調査」をはじめ、二〇二〇年度には多くの調査実施を見送った。そうでなくても学校の働き方改革が喫緊の課題である中、追加的な調査の実施は大いに憚《はばか》られるものだった。一方、コロナの影響検証は機を逸することのできないものであり、未知であるが故に調べるべきことは多くある。相反する要求の中、結果としては悉皆調査は見送りつつ、抽出数は文科省が行う通例の抽出調査よりは多く設定された。

　調査票の作成に当たっては、調査研究協力者の先生方と何度も協議を重ねた。当方の修正意見の観点は、表現の適正化等のほか、一つには先に述べた調査負担軽減のための設問の精選にあった。これに関しては、文科省が有する既存の調査データ等で使えるものは使うこととして削れるものは削った。また、特定の価値観を前提としていると受け取られかねない表現、回答者を著しく不快にさせる可能性のある表現などを回避することにも注意を払った。

委託調査と言ってもその行為は文科省に帰属することになる。実際、調査の発出後に選択肢の順番等について指摘を受けることもあった。このような調整から本書の編者である松岡氏をはじめ先生方も研究者として不本意に妥協した点も多かろうと思う。一方、国が関与する調査ということで、お忙しい中多くの関係者にご回答いただけたようにも思う。

以上は本事業実施に当たっての苦労話の一部であるが、これらのことからいくつか物を言うとすれば以下のようになる。

①機動的、戦略的にデータを取得、分析できる体制があることが重要

②悉皆や毎年行われている既存の調査は大変貴重であり、これらを最大限活用できるようにしておくことが重要

③調査は実施主体によって一長一短あり、多様な主体がそれぞれの特長をいかして調査に関わることが重要

第三期教育振興基本計画において「客観的な根拠に基づく政策立案(EBPM)」が掲げられて数年が経過したが、まだまだこの分野の伸びしろは大きいというのが一担当官としての所感だ。私自身は、多くの関係者のご協力をいただきながら目の前の課題に対して足掻《あが》いたのみで、決して皆様に誇れるものはないが、この取り組みを一つの挑戦として披瀝することで、読んでいる方の参考になれば幸いである。

③文科省が進める教育データの利活用——大根田頼尚

学びの保障オンライン学習システム（MEXCBT：メクビット）について

文科省では、緊急時における「学びの保障」の観点から、学校・家庭においてオンライン上で学習やアセスメントが可能なCBT（Computer-Based Testing）システム「学びの保障オンライン学習システム（MEXCBT：メクビット）」（https://www.mext.go.jp/a_menu/shotou/zyouhou/mext_00001.html）のプロトタイプを開発した。二〇二〇年度には、「全国学力・学習状況調査」や高等学校卒業程度認定試験の過年度の問題など、国が作成した問題をデジタル化して掲載し、約三〇〇校の小・中・高等学校において実証を行った。

二〇二一年度においては、システムの機能の改善・拡充や地方自治体等が作成した学力調査問題等のデジタル化を行い、希望する全国の学校で活用できるようにする予定である。なお、将来的には、地方自治体が希望する場合、本システムを地方自治体独自の学力調査等に活用できるようにすることについて検討中である。

教育データの標準化の取り組み

教育データを様々な教育コンテンツ間で相互に交換・蓄積・分析するためには、データの内容や形式を揃える「標準化」が必要となる。まず二〇二〇年十月に、教育データを①主体情報、②内容情報、③活動情報に分類する枠組みを提示するとともに、学習データの起点として、学習指導要領にコード付与を行い、「教育データ標準」(第一版)として公表した(https://www.mext.go.jp/a_menu/other/data_00001.htm)。

学習指導要領コードを効果的に活用することで、デジタル教科書・デジタル教材をはじめとする様々なデジタルコンテンツの連携が可能となる。

同年十二月には全国の学校にそれぞれ唯一の「学校コード」を設定して公表する等の取り組みを進めており、教育データの標準化に向けた取り組みを加速していく予定である。

教育データ利活用に係る論点整理

教育データの議論は、非常に広範な検討対象があり、全容を見通し難いが、「教育データの利活用に関する有識者会議」を開催し、初等中等教育における公教育データを中心として、現状と課題、将来的な方向性に関して一定の整理を行う論点整理(中間まとめ)を公表した。

この整理では、①教育データの定義、②教育データの利活用の原則、③教育データの利活用の目的、④教育データの利活用の視点、⑤学校現場における利活用、⑥ビッグデータの利活用、⑦生涯を通じたデータ利活用、⑧教育データの標準化について記載しており、詳細は以下ＵＲＬからご覧いただきたい（https://www.mext.go.jp/b_menu/shingi/chousa/shotou/158/mext_00001.html）。

教育データ利活用に係る取り組みの加速

教育データの利活用は、これからの教育において重要な柱である。教育データの利活用を強力に推進するため、二〇二一年四月に総合教育政策局に「教育ＤＸ推進室」を設置し、十月には国立教育政策研究所に「教育データサイエンスセンター」を創設する準備が進んでおり、今後更に取り組みを加速していく予定である。

はった・さとし
文部科学省初等中等教育局児童生徒課課長補佐。京都大学法学部卒業。二〇〇六年に文科省に入省後、内閣官房新国立競技場の整備計画再検討推進室参事官補佐などを歴任。二〇一八年から埼玉県教育委員会に出向し、翌二〇一九年から埼玉県教育局市町村支援部義務教育指導課長として「埼玉県学力・学習状況調査」の実施やコロナ禍への対応を主導。二〇二一年七月から現職。

わたなべ・ひろと
文部科学省初等中等教育局初等中等教育企画課課長補佐。東京大学法学部卒業。二〇〇四年に文科省入省後、初等中等教育局教科書課課長補佐、総合教育政策局教育人材政策課課長補佐などを歴任。高知県教育委員会に出向し、生涯学習課長、教育政策課長を務める。二〇一九年よりカリフォルニア大学 Office of the President 客員研究員、二〇二〇年より現職。

あとがき
（『教育論の新常識』という書名に相応しいと思われる）

松岡亮二

「教育格差ってあるの？」

「出身家庭の社会経済的地位や育った地域といった子ども本人が選んだわけではない〝生まれ〟によって教育成果に差があることを教育格差と呼びます。戦後、多少の変動はありますが、すべての世代で確認されてきました。他の先進国と比べると、日本の教育格差は特別に大きくも小さくもありません。日本は凡庸な教育格差社会なのです」

二〇一九年七月に『教育格差：階層・地域・学歴』（ちくま新書）を刊行以降、メディアで発信の機会があるたびに、そう繰り返し述べてきました。新聞、雑誌、テレビなど様々な媒体で扱っていただきましたが、それでも届く人は限られています。私があと何回言ったところで、個人の見聞で教育が語られ、教育格差が議論の前提になっていないまま政策が形成されてきた現実が変わることはないのではないか。そんな虚無感に包まれる日々でもありました。

教育格差という実態を周知する過程で、心がざわついているのは、どうやら発信側である私だけではないようです。

「志がすべて。貧乏家庭出身でも成功した人がいる」「日本は他国に比べれば平等だ」

拙著や教育格差を解説するために書いた記事などに対して、例や表現に違いはあっても同様の趣旨のコメントがあったり、直接問われたりすることは珍しくありません。確かに、特殊な個人や社会の一部にだけ焦点を合わせれば、家庭環境の不遇や日本の平均よりずっと困難な教育環境の地域が他国にあるのは事実でしょう。出身家庭の社会経済的地位が低く、地方出身で、女性であるという不利な条件が重なっていたとしても、大学、それも有名校に進学した実例も探せば見つかります。他の先進国でも、たとえば、米国において教育環境の地域格差が大きいのは事実です。

「日本は小さな島国」と定型句のように（日本人の間で）言われますが、面積がより小さい国は珍しくありませんし、人口に至っては一・二億人と世界でも上から一一番目で、少子化は確かに急激に進行中ですが、それでも小学生は一学年あたり一〇〇万人以上います。そのような規模の社会である以上、全体の傾向に一致しない実例を複数見つけることはそう難しくないでしょう。同様に、米国の貧困地域を参照点にするのであれば、日本の教育格差はたいしたことがないと思い込むことができます。

教育格差はあくまで全体の傾向であって、すべての人にそのまま合致するわけではありません。恣意的に選んだ実例が何十、何百とあったところで、社会全体を把握するために集められたデータが描く実態を否定することはできませんし、社会の一部を凝視したり両目を瞑《つむ》ったりしても、実態が消えてなくなるわけでもありません。

もっとも、自分の信念を補強するために意識的に特殊な事例を集めているつもりはなく、教育格差という実態があるというデータを示されても、単に「感覚」として腑に落ちない人もいるかもしれません。一人ひとりが限られた時間の中で見聞きする実例数に限りがある以上、これは自然なことです。拙著で示したように、公立の小学校であっても、地域によって様々な差があります。親の大半が大卒で大学進学が前提となっている学校もあれば、そうではない学校も同じ日本社会に存在します。個人の経験が偏ったものであり得る以上、視界に入る範囲の実例で構築された感覚で社会全体を理解するのは難しいわけです。

誰もが何らかの経験を持つので、教育は議題になりやすいテーマです。自分の（子どもの）教育についてはこうあるべき（だった）といった特定の個人にとって何が望ましかったかという思索ではなく、「あるべき教育」を論じるのであれば、それは社会全体への適応を（無意識のうちに）前提としていないでしょうか。もし（日本の）教育をどうすべきという話であるなら、「個人の見聞に基づく実感」と「社会全体の実態」に乖離があり得る点を踏まえなければ、建設的な議論はできないはずです。自身の経験や視界に入ったエピソードを論拠に教育を論じるのは、自分と友人は胃が弱いので消化器外科医を増やすべき、と国に医療政策提言するようなものです。私たちにできるのは、自分の見聞が特殊である可能性を受け入れ、データで社会全体の実態を俯瞰的に把握した上で「みんな」のために何ができるか模索し、実際に一人でも多くの子どもの可能性を具現化することではないでしょうか。

出発点は現状把握、その上で、効果のある方策の模索

本書の中で複数の論者によって何度も指摘があったように、まずは現状の適切な診断が欠かせないわけですが、この点を軽視した「改革論」が散見されます。データも不十分で、先行研究も参照しないという随分と雑な実態理解のまま、すぐに解決法の話に移るわけです。逸《はや》る気持ちはわかりますが、まっとうな診断をせずに、効果のある治療法を特定できるわけがありません。どれだけ最先端の医療であってもすべてを癒すことはできないですし、不要

な投薬や手術に狙った効果は期待できないどころか副作用の危険もあります。データで社会全体の現状把握を行うと、実態として存在する教育格差が視界に入ることになります。格差がない前提の政策は栄養不足の子どもに対して十分な睡眠を推奨するようなものなので、的外れで狙い通りの成果が出なくても不思議ではありません。それにもかかわらず、日本の教育行政は、義務教育の機会均等を建前とするばかりで、どこにどれだけの格差が存在するのか積極的に把握してきませんでした。教育格差の一部である貧困については二〇〇〇年代後半に取り上げられるようになりましたが十分とはいえませんし、貧困対策だけでは教育格差全体への対処をしていることにはなりません。

適切なデータで現状を把握した後は、子どもたちの可能性を最大限に具現化するという結果を実際に出すことができる「効果のある教育実践・政策」を実施したいところですが、日本の教育現場と行政は基本的に「やりっ放し」で、何が効果的かを示す知見は体系的に蓄積されてきていません。研究体制を充実化して、淡々とどのような実践・政策に効果があるのか検証し、知見を積み上げるという試行錯誤を繰り返す必要があります。

では、文科省が何をしてきたかというと、理念に基づいて、都道府県・市区町村の教育委員会に対して、模範的な実践や政策を「通知」するという「指導・助言」を主に行ってきました。「規範的な」「指導・助言」を「通知」したのだから、後は現場が責任を負う、という

「やりっ放し教育行政」です。この「通知行政」の一環として、教育長・校長のリーダーシップや教師の優れた実践などが「好事例」としてまとめられ、模範的な実践・政策を他の学校・地域に広げていく「横展開」が試みられてきました。

このような教育行政のやり方は、「どんな社会経済的文脈であれば実践・政策が狙い通りに成立するのか」といった視点を抜きにしている以上、効果を期待することはできません。医者が診断をせずに、「適切な」栄養、運動、睡眠が大切と原則論を述べているようなものです。確かに、十分な栄養のある食事を摂り、定期的に運動をする場所と時間を確保し、十分な睡眠を取っている個人に焦点を合わせれば、「指導・助言」行政が機能していると見えなくはないでしょう。しかし、それは「指導・助言」の効果ではなく、元々できる（あるいはできそうな）人だったのではないでしょうか。

繰り返しますが日本社会は個人で把握できるほど小さくありません。小学校で約二万、中学校で一万と少し、高校で五〇〇〇校近くあります。同様の数の校長がいて、小学校から高校の年齢層に対する教師はすべて合わせれば約一〇〇万人います。都道府県と市町村といった自治体単位であっても個人の視界には入り切りません。教育委員会の数だけでも約一八〇〇あるのです。「通知」に効果がなくても、よい実践・政策の事例を見つけることはできるわけです。でも、それらの事例を何十何百とかき集めたところで、「通知」に効果があった

「証拠」にはなりません。文科省の「通知」がなくても、うまくできていた人・組織は存在するはずです。

そもそも「模範的な事例」を示されるだけで多くの人や組織が実際に結果を出すことができるのであれば、社会はとっくに改善されているのではないでしょうか。たとえば、栄養のある食事、運動の習慣化、十分な睡眠という模範的な「指導・助言」だけで、全員が行動に移すことができるわけではありません。社会経済的に恵まれている人たちは「通知」を受ける前に多くが食事、運動、睡眠に気をつけています。また、現時点で不十分であった場合でも、栄養のある食事にお金をかけ、運動と睡眠の時間を確保できる職種といった有利な条件を持っていれば行動に移しやすいはずです。一方、社会経済的な資源が不足した状態で「模範的な事例」という「指導・助言」を受けたところで実践は難しいはずです。個々の条件の違いを見ずに、通知に従っているかどうかだけで判断すると、社会経済的に恵まれない人たちの失敗は自己責任ということになります。

教育行政は「指導・助言」通知の出しっ放しで、まっとうなデータで実態を把握することもなく、実際に結果を出すために必要な支援を十分に行ってきていないのです。模範事例を示し、それができない教育長や校長はリーダーシップが足りない、教師の努力が足りない、と現場の責任を問えば結果が改善するのでしょうか。市区町村の教育委員会や学校現場などの責任を問うより、「どのような政策であれば実際に望ましい結果を出すことができるのか」を明らかにするためにデータを取って分析すべきです。

何しろ、経年比較可能な国際学力調査（TIMSS・PISA）の結果を一〇年、二〇年という期間で見ると、日本の子供たちの学力が大きく向上してきたわけではありません（下がった分野もあります）。これらの期間、「学力向上」や「教育改革」が何度も叫ばれてきたわけですが、平均的な学力が大きく上がったり、高学力の児童生徒数が大きく増えたりしたという明確な結果が出ているわけではないのです。また、拙著に詳しいように、戦後に育ったすべての世代で教育格差という傾向を確認できます。

改革に継ぐ改革が断行されてきたはずですが、このように結果が改善してこなかったこと自体はさほど不思議な現象ではありません。日本の教育行政は、データと研究に基づかない理念的な議論の上で様々な施策を打ってきましたが、どの地域でどの程度政策に効果があったのかをまっとうな手法で検証し微修正を重ねるといった試行錯誤の知見化をしてきていません。一部の成功例（らしきもの）を「好事例」として賞賛したところで、科学的に効果があると実証されているわけではないので、同じ実践を「横展開」（他の教室・学校・地域で実施）しても期待している結果が出ないのは自然なことです。

このような教育政策の「やりっ放し」は、大半の自治体の教育政策や学校現場における教育実践においても同様ではないでしょうか。たとえ児童生徒や教育関係者から不満の声がなかったとしても、効果があったかどうかは自己評価だけではわかりません。自覚症状がなくても大病が進行することはありますし、社会経済的地位などによって親や教師が子どもの可能性を低く見積もっているからこそ教育行政と学校に対して改善するための注文がないのかもしれません。

私たちは自身が受けてきた学校経験に引っ張られ、「教育ってこういうもの」と思い込み、自分たちにできることも「こんなもの」と期待を冷却し、結果的に現状維持を繰り返しているのではないでしょうか。文科省、自治体、学校現場は、教育（行政）の専門家集団として、常に「もっとできたはずだ」と可能性を提示すべきです。

「通知」で現場に丸投げし、まっとうなデータで把握しないから結果が出たかどうかもわからないというこれまでの教育行政から、どんな現場支援ができるのかデータと研究に基づいて「結果にこだわる教育行政」に転換する。そのためには、データで教育格差を含む実態を把握し、効果を出せる方法を追求し、知見を積み上げ政策と実践を微修正するサイクルを確立する。これこそが日本の教育を根底から変える「教育改革」です。

東京の中心で吠えてみる

このようにあまりに当たり前の提案をしなければならないことを拙著や刊行後の執筆記事や取材などで嘆いたところ、内閣官房に設置された教育再生実行会議の初等中等教育ワーキング・グループ（WG）の委員にならないか、と打診を受けました。私でよいのかという逡巡はありましたが、「外で吠えるより中で提言したらどうか」（大意）と言われ（煽られ）、首を縦に振ることにしました。

二〇二〇年九月から翌年四月までの間に、初等中等教育WGが八回、高等教育WGとの合同WGが二回開催されました。二〇二〇年十月二十一日に文科省で開催された第三回会議では、萩生田光一文科大臣や文科省幹部などに対して、「『教育格差』縮小のための政策提言」と題した発表を行いました（発表資料は首相官邸のホームページに掲載されています：https://www.kantei.go.jp/jp/singi/kyouikusaisei/jikkoukaigi_wg/syotyutou_wg/dai3/siryou1.pdf）。十二月以降は終息しない新型コロナ禍によって全委員はリモートでの会議参加となりました。全会議への出席、事前の準備、文科省官僚との対話、提言案の文言の調整など、季節が変わっても忘れることが難しいぐらいの時間を費やすことになりました。

二〇二一年六月三日に公表された教育再生実行会議の第十二次提言「ポストコロナ期における新たな学びの在り方について」（https://www.kantei.go.jp/jp/singi/kyouikusaisei/pdf/dai12_

teigen_1.pdf）には、教育格差、データ取得、研究知見に基づく政策立案、研究体制の強化などについて、他の委員などのご理解・ご支援もあり、私の発言を（それなりに）組み込んでいただきました。特に「教育格差」は、過去の提言には（ほぼ）なかった論点です。提言に発言が反映された主な箇所を直接引用します。

「社会経済的地位（Socioeconomic status：SES）、地域・性別といった子供本人には変えることができない初期条件によって最終学歴や学力などの教育成果に差がある「教育格差」は、戦後日本に一貫して存在しており、「教育格差」の一部である「子供の貧困」も近年だけの問題ではないとの指摘もあります。これらの課題も念頭に置きつつ、新しい学びの在り方や格差是正のための方策を考えていく必要があります」（四－五頁）

「国際的な学力調査であるTIMSSやPISAの結果において、日本は、高い水準を維持していると評価されていますが、一方で、経年比較の差を見ると大きく上昇しているわけではないとの指摘もあります。今後は、更にデータを収集・分析して的確に現状把握を行い、効果的な政策・実践を見出す試行錯誤を重ねることが強く求められます」（五頁）

「教育格差縮小の観点も踏まえ、学習・生活上の課題や貧困などの子供の状況等に連動

した政策も検討する」（一〇頁）

「（大学の教職課程や教員免許・教員養成大学の在り方の）見直しに当たっては、これからの学校教育には（中略）教育格差の問題への対応等が不可欠であることにも留意する」（一五一一六頁）

「4．データ駆動型の教育への転換～データによる政策立案とそのための基盤整備～政策の立案・実施に当たっては、現状を的確に把握した上で政策の効果を検証しつつ進める必要があります。これまで教育に関しては、この部分が十分ではなかった面があります。（中略）教育政策においても各種のデータを効果的・効率的に取得し、学術的な知見も踏まえ分析するとともに、これらの結果を活用して効果的な政策を立案・実施していくことが強く求められます。併せて、①児童生徒に関するデータ（学習履歴や生活・健康面に関するデータ）、②教師の指導・支援等に関するデータ、③学校・自治体に関する行政データ等の取得や効果的な活用にも取り組む必要があります」（四一頁）

「国及び地方公共団体は、教育政策の企画立案の過程において、研究者等の適切な専門的知見も踏まえ、データの収集・活用を行う」（四一頁）

「国は、政策の前後にデータを収集・分析するための調査を充実する。また、全国学力・学習状況調査等の各種調査について、可能な限り学術的な知見を踏まえた調査に改

善するとともに、調査結果をもとに、学力、非認知能力、家庭の社会経済的背景等の観点から分析し、政策に生かす」（四一頁）

「国及び地方公共団体は、プライバシーの保護等を万全にし関係者の理解を得ることを前提に、データによる現状把握や各データの紐づけ（IDでの紐づけの検討を含む）を行い、①子供の成長過程を解明するための長期的な縦断調査（学校卒業後のデータの把握を含む）、②学校単位の各データの紐づけと定点観測のための継続的なデータ収集、③教師のデータの統合と調査、④ランダム化比較試験（RCT）や回帰不連続設計法（RD）を含む実証分析の積極的な活用を検討する」（四一－四二頁）

「文部科学省、国立教育政策研究所と大学・研究機関や地方自治体、民間事業者等との連携により、教育データの分析・研究に関する機能を構築し、分析や利活用を進める。その際、国の政策担当部署との連携を図る。また、国は、大学における教育データサイエンスに係る研究者や高度専門人材の養成のための取組を促進する」（四二頁）

表現としてだいぶ削ぎ落とされた項目もありますし、提言に盛り込むように働きかけても叶わなかった案もあります。また、委員の数だけ意見がある以上、提言の本文には私自身（まったく）納得していない箇所も多々あります。ただ、上記の項目については、これまでの教育再生実行会議の提言や中央教育審議会（以下、中教審）の答申といった日本の教育行政を比較対象にする限り、特に初めてこの手の会議で委員となった割には一定程度知見を反映することができたのでは、と考えています（不十分だと思われたみなさん、力不足で申し訳ないです）。

「やりっ放しでは？」と自分にも問いかけてみる

教育再生実行会議の提言は、文科省など関係省庁に影響力を持つそうです。提言をまとめる関係省庁との調整の際に実現可能性がまったくない項目は落とされているようですし、提言具体化の進捗状況は追跡確認されることになっています。

政治と行政には「やりっ放し」から「結果を出す」政策へ転換を進めていただきたいですが、そのように期待するだけでは、文科省の「通知行政」による教育委員会と学校現場への丸投げとあまり変わりません。なかでも文科省の官僚一人ひとりは、少なくとも私が直接話した人々は全員極めて優秀で公のために献身する志をお持ちのようですが、長時間労働と過剰なストレスで心身共に疲弊しているように見えます。自分以外の個人や組織に任せきった上で課題の列挙に終始しても、子どもたちの可能性を具現化するという結果には繋がりそうにありません。この社会を構成する私たち一人ひとりにもできることがあるはずです。

私は研究者として今後の政策動向を注視し、少しでも改善に繫がるように協力することを自分の責務だと捉えています。ここでは、私自身が「やりっ放し」にしないために、具体的に何ができるのか、その概要を記録として残しておきます。

まず、文科省総合教育政策局調査企画課学力調査室の学力調査アドバイザーとして「全国学力・学習状況調査」の改善に従事します。具体的には、小学校六年生と中学校三年生が対象となっている悉皆の本体調査（いわゆる〝全国学力テスト〟）と抽出の保護者調査の調査票の項目の精査です。これまで、担当官僚、それに本書の執筆者の一人である川口俊明准教授（福岡教育大学）を含む「全国的な学力調査に関する専門家会議」の委員と共に、児童生徒調査票、小中学校それぞれの学校票、最終学歴や年収など社会経済的地位を示す項目を含む保護者票を改稿してきました。二〇二一年度実施分の悉皆の児童生徒票に、家庭の蔵書数を問う項目が追加されたのは、このチームによる作業の一例です。二〇二二年度以降の調査についても議論を継続し、一〇年後や二〇年後になっても比較する価値のあるデータにするために改善を重ねます。

次に、本書の20章で解説があった文科省初等中等教育局から委託を受けている調査の実査と分析です。中村高康教授（東京大学）を筆頭とする研究チームでの共同作業で、本書の執筆者である多喜弘文准教授（法政大学）、相澤真一准教授（上智大学）、苅谷剛彦教授（オックスフォード大学）もメンバーです。20章の渡邉氏の説明にあるように教育委員会、学校、児童生徒、保護者を対象にするという、日本の教育行政では初めての大規模パネル調査となります。二〇二一年七月八日には中教審初等中等教育分科会において中村高康教授が初期分析の結果報告をオンラインで行い、苅谷剛彦教授と私も出席して説明を補いました。なお、本調査についての概要は、数理社会学会の機関誌『理論と方法』（二〇二一年三六巻二号）に共著論文が掲載されています（多喜弘文・中村高康・香川めい・松岡亮二・相澤真一・有海拓巳・苅谷剛彦「コロナ禍のもとで学校が直面した課題：文科省委託調査の概要と小中学校調査の基礎分析」）。

さらには、1章でも言及したように、教職課程において社会の実態である「教育格差」が必修化されるように働きかけます。平均的には出身家庭が社会経済的に恵まれていて、学校教育と親和性が高く大卒になった人たちが教師になってきました。だいぶ偏った層といえるわけですが、大半の教職課程では教育格差について学習する機会を十分に提供していません。このままでは教職志望の学生が社会経済的に恵まれていない児童生徒や保護者の言動などを理解することは難しく、無用な対立の種にもなり得ます。

教職課程における「教育格差」必修化のための第一歩として、前述のように、教育再生実行会議の第十二次提言に「（大学の教職課程や教員免許・教員養成大学の在り方の）見直しに当たっては、これからの学校教育には(中略)教育格差の問題への対応等が不可欠であることにも留意する」(一五一一六頁)という文言が入りました。教育格差に関して体系的に教えることを義務付けていない現在の教職課程コアカリキュラムの改訂を要望していきます。

行政に必修化を求めるだけでは具体性がないので、実際に必修科目として扱うべき項目をまとめた教科書『現場で使える教育社会学:教職のための「教育格差」入門』(ミネルヴァ書房)を作成しました(二〇二一年九月末刊行)。編者である中村高康教授と私が教職課程で扱うべき項目を精選し、各テーマの専門家合計一四人に執筆を打診し、一学期の授業用として全一五章・三コラムの構成としました。さらには、少しでも「現場で使える」教科書とするために、各章二人以上(合計三六人)の研究者による専門的な批評を受けて改稿を行いました。加えて、各回五時間のオンライン公開イベントを八回開催し、のべ約五六〇人の感想や質問を集め、追加の改稿に反映するといった作成過程を組み込みました(詳しくは教科書の「はじめに」を参照)。なお、本書の執筆者である寺町晋哉准教授(宮崎公立大学)と髙橋史子特任講師(東京大学)もそれぞれジェンダーとマイノリティを俯瞰する章を担当しています。

教職課程で必修化すべき内容を具体的に示す教科書は構想から五年かかりましたが、多くの人々の協力によって無事刊行できました。ただ、「よいもの」を作り書店の棚に並べるだけでは「通知行政」と変わりません。一人でも多くの人々に読んでいただくためには、出版記念イベントの開催や執筆陣が宣伝に努めるぐらいでは不十分です。そこで、髙橋史子特任講師が主催するオムニバス授業を東京大学で開催し、さらにそれを光文社新書として出版することにしました。教科書の執筆者全一六人が一三回の授業を分担して受け持ち、東京大学の教養学部に在籍する一・二年生の反応を中心とした講義録となります。

「教育格差」はすべての人が関わる社会の実態ですので、元々、教職課程だけではなく大学の一般教養科目としても扱う意義はあると考えていました。読み物として興味深く、かつ、本書のように手軽に目を通すことができる新書として刊行することで、教育格差を知る意義を多くの人に実感していただければ教職課程での必修化に繋がるのではないか、と期待しています。

最後に、これらの論文執筆や書籍の編著に加え、単著を執筆中です。前著『教育格差：階層・地域・学歴』よりも読みやすく、教育格差を「自分事」として理解していただけるような本になるよう努力しているところです。光文社新書より刊行されます。

みなさん一人ひとりへのお願い

本書を閉じるにあたって、教育を改善するためにみなさんにお願いがあります。教育に対する関心を心の中に留め置かないで、他者にとって分かる形で発出していただきたいのです。

様々な形があり得ますが、たとえば、データと研究知見に基づいた教育に関する書籍の購入です。

拙著刊行以降、教育再生実行会議のＷＧの委員だけではなく、自由民主党、文科省、財務省の研究所などから依頼を受けて講演をしてきました。新聞と雑誌への寄稿や取材、それにテレビ番組への出演もしました。これらのうちの大半は、読者の皆様の力添えによって拙著が版を重ねて話題になった後に受けた依頼です。一年間に刊行された一五〇〇点以上の新書の中から「新書大賞二〇二〇」（主催・中央公論新社）で三位に選ばれたことも、売れ行きと無関係とは思えません。多くの人が関心を持っているという事実があったからこそ手を伸ばした選者もいたはずです。教育関連の書籍の購入は、該当分野に対して興味がある人がいることを政治、行政、メディアに伝える一票なわけです。

本書の執筆者の多くは研究に基づいた単著を刊行していますので、執筆者プロフィールにある代表作を、是非、書店で手に取ってみてください。また、『現場で使える教育社会学：教職のための「教育格差」入門』は、教職と無縁であっても、読み物として楽しんでいただけるはずです。もし心に響く点が少しでもあったのであれば、オンラインで感想や書評などの投稿をお願いします。日常の会話の中でも話題にしてみてください。

教育関連のオンラインの記事や動画の閲覧・拡散も力となります。出版社、新聞社、テレビ局といったメディアは書籍の販売部数、ページの閲覧者数、視聴率などの動向を注視しているはずです。みなさん一人ひとりのメディア消費者としての行動の集積が、個人の経験の過度な一般化や特殊な条件でしか成立しない実践例の美化といった粗い議論ではなく、実態把握と効果検証に基づく教育論が根付くかどうかを左右しているわけです。同様に、政治と行政に対しても関心を言語化し、行動していただきたいと願います。たとえば、国政・地方選挙の際に各立候補者の教育政策の具体案を基準に投票したり、教育行政に対して「データを取得しているのですか」と問い合わせたりすることです。

今後少子化が進み、子育てに関わる人口が減っていくと、教育論を取り扱う動機が減退しても不思議ではありません。メディアや政治は私たちの映し鏡です。一人ひとりが関心を示さないことで、メディアでの取り扱いが減り、教育政策が主要な争点にならなくなれば、子供の人口規模縮小に合わせて予算を減らしながら前例踏襲をする行政ぐらいしか期待できなくなります。

みなさん一人ひとりが、書籍購入、番組視聴、ページ閲覧、政治参加といった形でまっとうな教育議論に関心を持っていることを数値として示し、オンラインの書評やSNSでの発信などで周囲を巻き込めば、教育を改善する大きな力になるはずなのです。一人でも多くの子供たちの可能性を具現化するという「結果を出す教育行政・実践」が行われる流れを作りたいと考えています。みなさん一人ひとりのご理解、ご協力、ご支援を切にお願い申し上げます。

二〇二一年八月

松岡亮二

初出一覧

①『中央公論』２０１９年11月号
③『中央公論』２０２１年１月号
⑥『中央公論』２０１９年12月号
⑦・⑧『中央公論』２０１９年８月号
⑨・⑩『中央公論』２０２１年２月号
⑪『世界』２０２１年１月号
⑫『中央公論』２０２１年９月号
⑬『世界』２０１９年８月号
⑭『潮』２０１９年８月号
⑰『文藝春秋』２０２０年４月号
⑱『中央公論』２０２０年１月号
⑲『中央公論』２０１９年５月号

その他の章は書き下ろしです。

ラクレとは…la clef=フランス語で「鍵」の意味です。
情報が氾濫するいま、時代を読み解き指針を示す
「知識の鍵」を提供します。

中公新書ラクレ
740

教育論《きょういくろん》の新常識《しんじょうしき》

格差《かくさ》・学力《がくりょく》・政策《せいさく》・未来《みらい》

2021年9月10日発行

編著者……松岡亮二《まつおかりょうじ》

発行者……松田陽三
発行所……中央公論新社
〒100-8152 東京都千代田区大手町1-7-1
電話……販売 03-5299-1730　編集 03-5299-1870
URL http://www.chuko.co.jp/

本文印刷……三晃印刷
カバー印刷……大熊整美堂
製本……小泉製本

Published by CHUOKORON-SHINSHA, INC.
Printed in Japan　ISBN978-4-12-150740-2　C1237

中公新書ラクレ　好評既刊

L465
若者と労働
――「入社」の仕組みから解きほぐす
濱口桂一郎 著

新卒一括採用方式、人間力だのみの就活、ブラック企業、限定正社員、非正規雇用……様々な議論の中でもみくちゃになる若者の労働問題。日本型雇用システムの特殊性とは？　そして、現在発生している軋みの根本原因はどこにあるのか？　日本型雇用の状況だけでなく、欧米の成功例・失敗例を織り交ぜて検証する。労働政策に造詣の深い論客が雇用の「入口」に焦点を当てた決定版。感情論を捨て、ここから議論を始めよう。

L708
コロナ後の教育へ
――オックスフォードからの提唱
苅谷剛彦 著

教育改革を前提から問い直してきた論客が、コロナ後の教育像を緊急提言。オックスフォード大学で十年余り教鞭を執った今だからこそ、伝えられること――そもそも二〇二〇年度は新指導要領、GIGAスクール構想、新大学共通テストなど一大転機だった。そこにコロナ禍が直撃し、オンライン化が加速。だが、文科省や経産省の構想は、格差や「知」の面から諸問題をはらむという。以前にも増して地に足を着けた論議が必要な時代に、処方箋を示す。

L722
増補版 駆け出しマネジャーの成長論
――7つの挑戦課題を「科学」する
中原　淳 著

突然、管理職に抜擢された！　年上の部下、派遣社員、外国人の活用方法がわからない！　飲みニケーションが通用しない！　プレイヤーとしても活躍しなくちゃ！　社会は激変し、一昔前よりマネジメントは格段に難しくなった。困惑するのも無理はない。人材育成研究と膨大な聞き取り調査を基に、社の方針の伝達方法、多様な部下の育成・活用策、他部門との調整・交渉のコツなどを具体的に助言。新任マネジャー必読！　管理職入門の決定版だ。